光緒上虞縣志

5

紹興大典

史部

中華書局

上虞縣志卷二十五上

輿地志

古蹟

漢始甯縣治順帝時分上虞南鄉爲始甯縣隋廢嘉泰會稽志三界市卽漢始甯縣址萬歷府志水經注舊治水西常有波潮之患晉中興初治今處前則猶在水西也隋開皇九年廢入會稽郡隸會稽嵊縣志謂明成化閒始隸嵊縣乾隆府廳州縣圖志廢縣在縣西南五十里○錢玫補稿國朝唐九臯始甯古治詩鳳翥龍蟠聳碧峰剡溪繚繞舊虞封低徊野渡秦時日出沒斜陽舜廟鐘風俗變遷徵近

也下落一字

古絃歌隱約小留蹤神明可
有遺碑在江樹江雲一片濃
漢司鹽都尉治水經注江水東逕上虞縣南至王莽之會
稽也本司鹽都尉治也戴校本無也今據全氏趙氏本增地名虞賓據浙
江通
志
尉司在縣治西南其北爲射圃對鑿二池奐亭其上扁曰
照心宋縣尉方申伯建燬於建炎及其再刱元至元丙
子又燬越十五年庚寅尉張興重建廳曰清心堂曰環
翠皆紫微史公題扁門廡庖湢無不備正統志○元教諭黃和中記上虞爲越中縣設
尉一至元丁亥眞定深州張君興寔來其政簡其介嚴
公且清也下車靡他務惕焉以學校廢缺是念捐貲躬

役迺藩迺墉長者山去縣一里屏蔽西南踞重岡作亭其上增壯形勢邑有眞武祠水旱禱輒應始易地改築用斥而大用昭乎神休且不鄙夷其民有惠有感春雨雩禰月散職租以餔饑弱肉強食必勇抉一無少貸凡足以敦世教芘賴生人者罔不誠信周密古之所謂尉者畏也君斯盡之尉有廨栅於宋建炎燬後百有餘年至元丙子又墮於焦土而不起來者相望養秩安祿者不及問因陋就簡者不暇問君於是政成且三載乃相攸故址耨荊薙石繚以周垣爲屋四十間棟宇之制崇庳協中丹雘之飾華質合度以庚寅九月課材閱月而斧斤論功署事有廳退息有堂門廡庖湢橧構弈弈日用百須無器不備費不於官惟祿之羸役不病民及民之時流遁四歸聚廬聯居整比如翼過者輟步驩歎昔唐有尉尉氏者考滿刺史寵以清心苦節之詞因取清心名堂最後背負蘿巖雲收天淨時若幔垂屏列用黃山谷囘環紫翠間詩語扁曰環翠堂大書摛張實惟左丞紫微史公所題鸞翔鳳翥彈壓山川高明顯爽之觀天藏神秘雲然豁露猗歟偉哉嘗謂天下事無大小如

不萌苟且之心鮮不克究者魯叔孫昭子所館雖一日必葺去之日如始至春秋稱其賢大夫一命以上皆可行所志況治所吏民之耳目非他役比君於考績之載必葺之功勤於始至賢豈在昭子下邑人請刻石堂上以詔無止予曰張公年方強仕初命作尉廉能之聲獵獵日起使之大邑厥施詎可量哉惜割雞未用牛刀如隋尉顏師古所云

嵩城在縣西北六十里其城斷續橫亘數里乃古壘也嘉泰會稽志 上虞縣故城今縣西廢地是也太平寰宇記 舊置戍守明初置臨山衛城遂廢今有嵩城市一統志○王振綱案資治通鑑吳國內史袁崧築扈瀆壘以備恩釋之者曰袁崧當作袁山松扈瀆今在平江府吳縣吳地記云松江瀉海名扈瀆洪稚存乾隆府廳州縣圖志滬瀆在上海縣北松江下流也晉袁崧築滬瀆壘備孫恩於此是滬瀆在今松江

府上海縣非在上虞也滬之爲壘列竹爲之陸龜蒙敘矢魚之具云列竹於海澨曰滬范成大吳郡志曰列竹於海澨曰滬吳之滬瀆是也則滬瀆以列竹海中而名如嘉泰志所云斷續橫亘數里所謂滬者何以稱且復加以城之名所謂瀆者又何以稱耶大抵嵩城亦當時古壘後人嫁袁之名而附會之○案嘉泰會稽志扈瀆壘即嵩城在縣西北六十里其城斷續橫亘數里乃古壘也備稿斷扈瀆爲上海辨之甚詳舊志相沿指爲今嵩城廢址明倪元璐嵩城廟碑記謂晉吳國內史袁公建嵩城孫恩之亂三吳八郡倉皇流離公禦之不一其地城之不一其鄉此嵩城其一也祠北曰嵩下市東南有亂將橋西南有孫家洞居民之說是也又云公本諱崧別傳分爲山松考資治通鑑吳國內史袁崧築扈瀆壘以備恩胡三省注袁崧當作袁山松元璐之說實本於此其指嵩城爲袁所築雖僅據居民之說別無確證然查孫恩作亂時歷四載沿海繹騷豈有定所況晉書明云牢之率衆東征屯上虞吳國內史袁山松築扈瀆壘備恩事在一時嘉泰會稽志亦云晉安帝隆安閒孫

恩攻上虞朝廷遣劉牢之袁崧沿海備恩嵩城之名當始於此是則上虞之有嵩城嵩城之爲袁築未爲無本不必執扈瀆在吳爲疑

後郭在縣西北四十二里縣治舊在百官此北門之外也萬歷志○王振綱案唐以前縣治當在今白馬湖西白馬湖即古之漁浦湖水經注云縣之東郭外有漁浦湖是也今之後郭即古治北門之郭

丞廳在縣治縣門內正統志

簿廳在縣治內米倉西正統志

尉廳在縣治容齋西南正統志

獄廳在縣治西南正統志

東廳在縣治正廳東以上五廳並宋末兵燬○正統志

綽楔門在譙樓前正統志

還珠門在縣東里餘取合浦守孟嘗去珠復還之義宋慶元中令施廣求重建既廢元至正末丞相方國珍築新城移爲通明門亦廢正統志

鳳仙門在縣南一里路通仙姑洞故名宋令施廣求建既廢方丞相改爲城門曰朝陽亦廢正統志

鏡湖別島門在縣西南西溪湖陽宋慶元中令陳炳建方丞相改爲城門曰金罍亦廢正統志

晝錦門在縣西宋紹興中鄉先達李光知紹興府邑人榮之故名卽今西門城址（正統志）

豐甯門在縣西北鵓鴣嶺方丞相築爲北門卽廢（正統志）

節婦門在縣學門左明柳宗遠妻唐泊其婦陳二嫠守節聞於朝洪武初詔旌表立之（正統志）

酒稅務在縣治東南七十步運河南（宋時酒課歲該生酒烹酒官錢一萬一千六百七十二貫二百六十文後於各鄉都分爲三十二坊管辦又設四坊帶辦戶部酒課久廢○正統志）

教場在縣西百官鎭北相傳漢時置（新纂）

百官里舊經云沿舜百官牛羊倉廩備之義又云禹會諸

侯百官會聚於此萬歷志

扶蜂里舊經云縣北有漁浦湖傳是舜漁處村民繞湖亂居故名萬歷志

粟里會稽三賦注云舜時供儲於此乾隆府志

謝公里在東土鄉太傅所居東山志

五夫里在縣北三十五里嘉慶志國朝潘思漢記略五夫里名勝區也前明邱瓊山白子族祖太常公鳳山之麓有焦婆井焉井有賦篆版蓋於井上太常如其言啟而錄之版復蓋諸井既而賦失尹姓今無存者志稱唐焦氏生五子俱官大夫孝感上聖於此立塋而里以名雖然里以五夫著而賢才文學之盛則不自五大夫始五大夫止也余嘗游覽其閒峙者有大小寒峯清風峽鳳皇玉屏琴容望恩諸山流者

有東西疊錦溪洗硯池濤斯沼石蟹澗石渠大雲黃坡蓮花七里港諸水書院則有月林南山闡易則有太極之窩訂誤則有修經之樓著述則有白雲之巢藏修則有尚志之齋浮香之閣睹茲形勝不獨里有賢士希蹤芳躅令人慨想其遺風逸韻已也嗟乎東山所以志太傅娥江所以彰孝女地以人傳也予竊怪焦氏五子垂名厥里而名卒湮沒不彰又怪太常既獲茲賦而流傳不長井版復剝蝕於流泉蔓草間徒使好古之士溯洄景慕不置也悲夫○王振綱案萬歷志有五夫河五夫市無五夫里姑因潘記附存

理學里在縣西百官鎮明俞繪居此內有俞子講學堂今尚存新纂

古孝子里在縣西門外明孝子陳衡居此新纂

游謝鄉俗傳謝康樂舊游地萬歷志○案今在嵊縣東北三十里○宋陳子高詩雨裏

落帆游謝鄉寒聲古木共荒涼四山爲我洗蒼玉況有故人歸上方自注故人汪彥章也時寓東山國慶院故云

姚邱在縣西四十里一名桃邱相傳爲舜所生處旁有虞濱嬀石舊志在指石山之東嘉泰會稽志

谷林郡國志云上虞縣東今有姚邱卽舜葬之所東又有谷林卽舜生之地復有歷山舜耕于此嘉禾降此山也太平寰宇記○按仁和趙昱建有谷林堂春草園小景分記吾家先世本上虞人谷林上虞小阜也○新增

虹㨾村在縣西南載初鄉有握登聖母祠東西有二赤岸相傳爲舜生之祥萬歷志 東西赤岸在縣西南四十五里

相傳舜生時垂虹所照宏治府志

牛羊村金仁山通鑑前編引蘇氏古史舜生於諸馮甚者指會稽上虞牛羊村百官渡爲舜所居蓋因孟子之言而附會之也今莫指其地錢玫補稿

三憮南逢吉會稽三賦注圖經上虞有地名虞濱其水經嫣石入東海江裏有上中下三憮言二女降時嫣地高險迴曲使者至險輒憮然而歎故曰三憮沈奎補稿

孟村漢孟嘗所居與會稽剡縣接界萬歷志在縣西南六十里俗呼孟家岡新纂○案嘉慶志旣云在始甯鄉反併入孟嘗宅下東西相距甚遠今分列於

此

牛步爲高僧白道猷騎牛入山之路牛隱其地有牛倒行

跡故名萬歷志

石䭾步任昉述異記上虞縣有石䭾步水際謂之步疑卽

今之䭾石步錢玫補稿○在縣南二十五里俗呼大石埠

琵琶圻在東山下小江口今呼琵琶洲萬歷志

成功嶠在縣西南三十里浦陽湯浦之匯入始甯門也嶠

屹立臨之水經注浦陽江東北逕始甯縣嶀山之成功

嶠嶠壁立臨江欹路峻狹不得併行行者牽木稍進不

敢俯視乾隆府志餘詳金石

石室在縣南太平山煉丹石右廣數丈高丈餘中拆爲二有隱者題其壁曰太平山色翠重重勾漏丹砂隱碧峰舊經云吳時道士于吉嘗築館於此今石室左有道士舊墓尚存即吉築館之地又有堂基在焉又傳葛稚川未詳萬歷志

石瀉在十五都塔嶺萬歷志○王振綱案石瀉之跡山陰縣志以爲在昌安門外今石瀉村是萬歷志以爲在縣十五都塔嶺又云瀉水門凡溪上俱有此則在十五都見王晏傳府志則謂並不在東如舊志所云在上虞是反邏敵也考南史王晏討孔顗顗以東西交逼不知所爲其夕率千餘人聲云東討寘邏石

瀏蓋東討爲一句是顗令千餘人揚之之詞實趨石瀏爲一句載筆者明其奔竄之實如左傳吾其奔也遂奔晏狄之類故王晏傳云顗竄於山嵴村村人縛之以獻晏晏斬之東閣之外是山嵴村郎今石瀏村在郡城昌安門外實顗所趨之地安得以上虞溪上之水門偶以石瀏著名而輒誣以爲孔顗趨避之所哉

舜井在百官市舜廟北東西各一昔壅爲二墩吳越時錢王鏐復浚得讖記寶物萬歷志○錢鏐記吳越寶正中旌教僧儀恩奏云按圖經西北去三十五里有舜井二口深三丈舜子生時井一爲湧泉郎淘金之處也世傳秦始皇封塞作兩墩各高一丈相去三十餘丈晉宋以來僧爲佛寺鄉人或耕鋤多得古磚甃石南去半里有舜廟北去半里爲百官橋東去二百步有機証院唐僖宗朝賜額寶正三年閏八月初九日奏上當月十四日錢王差西都上直官五十八人東郡上直官五十八人賫火糧畚鍤至井所開掘得讖記寶物一百二十餘件都抽領西都上直廂虞候盛瑗東都上

直廟虞侯孫宏西都隨身虞侯閭邱稔勾當拜祭内直殿十將于軒十六日鑿西井十九日得銀環六赤珠三一金盒一古文錢二千三百四十琥珀珠一當十大錢三當五十大錢二十四太平錢百直百三銖二十四大錢二百五十四五銖錢九百六十貨泉錢二百八十半兩錢錢三十石獅一鐫其背曰重華井天明可開腹内有水精珠一東井得銀塔一高一尺五層内有金瓶舍利二顆散金瓶二金鈴六銅鈴一銀環六銀鈴一水精珠十四琥珀珠九雜珠一大小三十五小琥珀獅子三十瑪瑙珠七玉八一玉環一銅鏡三銅爐一小瑪瑙珠六土瓶一以上共三十四件並有石匣盛之題云唐永徽四年於此造塔鎮井有重華石一片濶三尺厚九寸左右有索痕深二寸官中令造深沙神一軀足履四石寶正四年六月廿九日差錢文殷祭神鐫石吳越國王寶正三年八月十九日重開舜井收得重華石一片竊恐年移代遠莫測端由特令鐫刻用記年月己丑歲林鍾之月二十九日天下都元帥吳越國王記

又一在象田山南萬歷志○唐朱餘慶詩碧甃磷磷不

記年青蘿深鎖小山巔向來下
視千尋水疑是蒼梧萬丈天

金罍井在縣南一里天慶觀東廡晉太康中獲金罍於此井嘉泰會稽志漢魏伯陽遺蹟其下更有九小井泉甘而冽元至正閒作亭其上後圮明正德丙子再搆石亭萬歷府志萬歷閒復圮嘉慶志。元余元老記城南有小阜特立曠野外廣數十畝四山環列如畫漢魏伯陽居之著參同契鑿井以資修煉上一而下九晉太康中嘗浚治得金罍上之於朝井之得名以此始泉甘而冽不以旱潦盈縮旁有觀曰元妙歲罹洊歉莽爲瓦礫井亦榛翳至正丁亥僉憲趙公以餘暇登眺覩深酌清慨然覽古因伐石紀事且作亭以覆之僕居是邦實諗初末因識歲月以自效於柳先生復北門乳穴故事。趙檠詩夜光隱隱金罍古秋色沈沈石甃寒老樹轆轤蒼蘚合何人三咽伯陽丹。明葉砥詩亭亭金罍山古

有神仙宅漢魏伯陽父飈馭藐八極山中鼎竈無靈蹟
惟餘九井澄寒碧丹光有時夜燭天博作絳霄霞五色
誰云蓬瀛之路隔三萬睋珠宮貝闕在咫尺造化由我
非由他心竅造化竅手擘混沌殼宇宙茫茫曾不滿一
握問訊伯陽與稚川爲我稽首致我言
兩翁拍手應劃然滄海月生秋滿天

梅仙井在縣東十六里明因寺中宋孫嘉明因寺記云越之上虞距縣東十餘里有地名竹橋有井曰梅仙子眞嘗汲以煉丹案井上徑三尺下方五尺甃以石深四倍之泉清而不冽不以旱潦盈縮俗傳能愈癎疾病者輒求焉嘗以擬蘇耽橘井云○新纂

焦家井在縣東北五夫市中舊經云昔焦贛卜地穿此井水味甚甘嘉泰會稽志一在縣東通明門外今名唐家井萬歷

府志○國朝杜時芳焦婆井懷古詩聞說昔人跡未增
逸士遊五松千古立一井萬年悠碧草蒼煙斷青苔晥
氣收龍池開兩鏡鳳岫出孤邱蕭寺無聲寂村莊少客
幽荒碑沉不見殘記幸還留慨歎付啼鳥懷人看水鷗
浮生今一覺何用覓封侯○王振綱案焦贛穿井之說
不足徵信今名焦婆井在縣東門外者乾隆間有五齡
孩女墮入經三日始出不死土人謀堙之居民俞學殷
訟於官曰井古蹟也五齡孩女三日不死殆仁井焉宜
表不宜塞遂得不堙道光間爲土豪所佔
邑令周鏞立碑示禁今在俞家樓屋下

葛元丹井在縣西北二十八里蘭芎山萬歷志○今亦名丹池國朝曹章
詩仙子乘鸞去丹池幸尚存摩崖尋古蹟荷鍤劚雲根
石破通樵徑林深隱寺門江流還屈曲漁艇滿孤村

蕭家井在縣東一里等慈寺西廡側本梁蕭氏所捨宅也
嘉泰會稽志

磨劍井在縣北三十里伏龍山北深七尺廣半之云吳越王錢鏐於此磨劍萬曆志

三井在車嶺西土名張西嶴相傳吳越王遺蹟一井出泉一井出酒一井出茶厥後酒茶二井因競飲遂廢獨泉井存焉萬曆志

印田在縣東東畈下間相傳車純生於此旁有一樟木是其遺蹟新纂

孟嘗宅在縣東南一里萬曆志○嘉泰會稽志作在縣南者誤宅旁架橋又東有還珠門取合浦還珠之義嘉慶志○王振綱詩偶過孟嘗宅斷碑今已蕪

靑天冤婦雨碧水舊官珠當道曾推薦
耕田亦大夫高風餘古廟瞻拜一嗟吁

馬融宅在疊錦溪宋朱晦菴詩云疊錦溪邊馬融宅又云知是當年宰輔家則融似爲宰相意者非東漢之馬融乎萬歷志在縣北三十里後爲朱右宅嘉慶志○王振綱案東漢馬融字季長茂陵人爲南郡太守考晉史亦有馬融見陶黃傳俱非上虞人亦不官宰相朱子詩句當是比擬但上虞爲宰相者李莊簡外無人焉姑闕疑以存其舊

魏伯陽宅在縣南百樓山名勝志餘詳百樓山

謝安宅在東山卽國慶院址萬歷志餘詳東山

謝元宅在縣西南四十里其地有車騎山相近爲太康湖

一統志　水經注車騎將軍謝元田居所在右濱長江左傍連山平陵修通澄湖遠鏡於江曲起樓樓材悉以桐梓森聳可愛居人號爲桐亭樓樓兩面臨江盡升眺之處蘆人漁子汎濫滿焉湖中築路東出趣山路甚平直山中有三精舍高甍凌虛垂簷帶空俯眺平煙杳然在下水陸甯晏足爲避地之鄉矣據浙江通志○又通志引嘉泰會稽志云上虞江有琵琶圻臨江有石牀名釣魚臺爲謝元所居之地田居當是舊居之訛

孫綽宅孫綽遂初賦序經始東山建五畝之宅世說孫綽賦遂初築室畎川自言止足之分齋前種一株松恆手

自蘊治之浙江通志　國朝王振綱詩吠川築室近東山謝傅樓頭與往還記得金聲誇擲地松風一路間柴關

葛洪宅水經注三石頭丹陽葛洪遯世居之基井存焉浙江通志餘詳蘭芎山

周元吉宅在長者山宋周元吉所居萬歷志

義門劉氏宅在縣東門外土山西二小山下舊有雙闕臺綽楔門務本堂聚衣堂演馬塘雪蔭花圃傅粉井今俱廢惟洗米池及碑石尚存新纂○趙抃義門碑記載文徵

陶朱釣臺在縣西南十里西溪旁故址尚存新纂

陶宏景釣臺在縣西南釣臺山山皆巖石嘉慶志

葛稚川釣臺在縣南五十里廣利廟旁正統志高數丈枕山麓下瞰深潭水流爲雙溪萬歷志○宋華鎮葛仙翁釣磯石詩仙客乘閒學釣翁擘波時躍錦鱗紅浮槎不到寒潭上松葉泠泠自好風

王宏之釣臺在蘭芎山上虞江有三石頭宏之嘗垂釣於此萬歷府志

上虞鄉亭在縣西北虞江濱梁劉孝綽嘗於此觀潮賦詩正統志古圖經上虞鄉在縣西蘭芎里疑卽梁湖江濱也萬歷志○劉孝綽詩載文徵

雙檜亭在曹娥廟寶慶會稽續志其上雙檜甚古會稽縣志

仇亭在縣東北一十里水經漢書音義晉志皆云本邑有此亭廢久莫考正統志一曰今北鄉有柯山溝疑即其遺址萬歷志。沈奎曰據謝蘂引漢書地理志會稽郡上虞縣下云有仇亭柯水出焉東入於海案柯山溝乃夏蓋湖三十六溝之一是湖非江又在縣北幾五十里與志云東北十里里數不合俞廷颺駁之曰秦漢以來縣治在百官則柯山溝確是遺址疑里數不合者殆誤執今之縣治故也

驛亭在縣北三十七里驛亭堰旁萬歷志

東西二跳亭在東山嘉泰會稽志餘詳東山

薔薇亭在東山之麓舊址猶存東山志

野航亭在丞廨西南池上廢正統志

月亭在縣治西北廢正統志

照心亭在尉廳後射圃池上正統志　宋尉方申伯建萬歷志

濯纓亭在縣學泮橋上正統志

蠲役亭　詔旨亭在縣學儀門外左右正統志

旌麾亭在等慈門西宋湻熙中令戴闓之重建更名懷謝義取謝安隱東山也慶元中令施廣求改作金罍驛既廢基屬等慈寺正統志

觀風亭在縣南運河邊洪武初改名接官亭正統志　宋湻祐

中令魏珉建今爲水館亭萬歷志
詔令亭在觀風亭北左正統志
教條亭在觀風亭北右正統志
千巖勝概亭在東廳南古牆上正統志宋令袁君儒於縣圃坵垣上建亭萬歷志
之明亭在縣東二里宋寶祐中令趙時繖建更名寅賓元改爲東橋舖今舖遷縣治儀門外其地民佃納租正統志
適越亭在畫錦門外宋寶祐中令趙時繖建萬歷志在縣治西遺址元末爲回回拜佛堂明初廢正統志

虛籟亭在縣西南八里資聖寺旁宋鄉人杜思恭建正統志○宋楊廷秀詩楊子平生山水癖拄折瘦笻穿破屐纔聞泉石有佳致憾不使我生羽翼嚴陵七里飽往來洛陽八節畫中識放翁寄題虛籟亭始知造物無終極古言因物想其人我今因人而想物虛籟虛籟不可見相看杜子口吃吃我和長歌以贈子子去持以歸當以我詩置之虛籟壁子歸須作虛籟圖圖以贈我毋使老大終身抱此一奇疾

視清亭宋趙友直痛父艮坡死難置萬歷志○趙友直賦曰慨黃虞之不作兮衰鳳無靈抑世人之齪齪兮念誰爲之澄予實有隱衷兮竊自悼其生聊乘化以自適兮無復嬰吾之情居不懸金石出不建旄旌身不被錦繡口不嚼大烹厰其中爲一亭扁其處曰視清清於春兮光風升洗脫繁華無相淩清於夏兮南薰至冰絃操裏荷香馨清於秋兮揚皓彩天高宇肅萬籟鳴清於冬兮寒砭骨老梅幹上飛

六霙一時清兮四時清四時清兮時其恆何末俗之亡艮迺眯目而弗瞠清吟不足淸歆不能淸談何有淸隱何曾冥冥者難睹皎皎者易盲彼淮陰之弗視徒功高而赤族博陸之弗視竟以驂乘而罹刑胡憂樂之倚伏亦慶弔之相迎是以賢智達觀明哲凝晴不與鴟梟而競食不與鴻鵠而爭聲留侯視之友赤松龐公視之耦力耕視商山者爲四皓視栗里者爲淵明嗚呼惟伯夷之視兮世莫與京豁塵眸於百代之上兮聞者必興歎首陽之眘兮吾自愛吾之亭

制幹亭在縣東十二里金烏山下宋進士京制幹朱灼致仕歸隱因搆亭焉明季廢遺址尚存據採訪冊纂

迎恩亭在縣西元太平中令許思忠建廢久正統志

一覽亭在縣西南長者山巔元尉張興翀以眺四山之勝

萬歷志○明徐子喬詩雉城南去棟雲飛無數青山作
四圍狂欲捫天因策杖嘯將傳谷且搵衣落霞樹樹晴
銜麓曲澗村村靜掩扉此地投
閒堪自老倦游儻許着漁磯

尙古亭元魏壽延建沈奎補稿餘詳下福緣精舍○明唐
肅詩蘭風山中一坏土云是唐朝九
弟墓唐朝九弟鄭公孫遠自鉅鹿來茲所福州文學文
章家石首大夫民父母短碑三尺猶可讀剝落龜趺臥
榛莽有孫有孫孫心獨苦來拜松楸淚如雨藤蔓苔荒五
百年上世遺餘此其古福祈山連夏蓋湖葦載兩石歸
吾廬正憐斯文紀先德不但鐵畫銀鉤書賢孫有子復
好德重作茲臺覆茲石當口口者復有碑李公文章泰
公筆吾來正值兵革餘荒村廢城狐兔跡歸然獨映馬
鬣封喬木垂陰一千尺不見他家塚纍纍亦有圭首蟠
蛟螭只今斷裂半爲
礎敲火不禁芻蕘兒

湖心亭在西溪湖之陽久廢明萬歷十二年令朱維藩復

西溪湖乃搆子來亭於其側萬歷志

富春亭元孫邦仁建邦仁祖昶自姚遷虞之西溪湖旁邦仁留心理學嘗搆亭於湖左右山巔曰富春亭吏部郎中葉砥作記見林希元西溪湖賦沈奎補稿

草亭在縣東門外俞氏所居錢玫補稿○明趙撝謙記友人俞君員上虞東郭門外而居近市嫌其喧隘別作娛親之所即舍後曠夷之地數十畝中高矩其址立亭八九椽覆以白茅列樹花果柔竹數百十本引泉注渠而決左右外則規篙槿高籓籬名其所曰東園亭曰草亭間侍親涉園以遊入亭以息覽望江山之壯延適風景之美時課子弟持樽酒捧肴稱壽為樂意甚慊也而來徵記於餘姚趙古則先生曰大丈夫生天地間得志則正立朝廷犯顏天子之前援薦英俊誅斥奸邪綏懷夷狄出則袍鞾鞍馬而前後壯

士入則玉佩而曳長裾務欲利及於人人聲流於世世不得志則貢於荒僻笑傲侯王課耕之暇則蔭嘉樾激清泉披讀古豪傑士傳長聲放歌以舒所蘊時節則槌狗烹羊吹竹彈絲揮觴醉酒上致樂於親下盡歡於妻子嗚呼甯似夫没身於世者索升斗之祿退縮於人而不恥齷齪逐逐於分銖而不能少裕者哉今方脫謝人之所汲汲者將從吾所好非俞君吾誰與談乃爲之歌俾俞君酒後耳熱作擊缶烏烏而歌歌曰東園之邱草亭幽幽牆桑八百株春蠶可爲裘五頃肥田六角黃牛課奴勤力稻米登秋春秫作酒於以忘憂人生從所好何事乎

公侯

夏蓋山亭明嘉靖初別駕雷鳴陽建萬歷志〇明謝讜碑記距上虞治六十里

有山矗立曰夏蓋作鎮海壖尊崇擬並東逼臨山西控瀝海南扼剡台諸路殆備寇之要區也嘉靖壬子倭奴寇烏盆去山僅五里明年陷臨山去山僅二十里憲臣酌羣議遴官之能且善兵者飭兵山之下以備時柏山

雷公倅吾紹毅然任之無難色旣至申令宣威卒伍肅
肅然生氣暇迺乘馬周行相厥形勢山僻且峻人罕登
陟匪緣巖攀條不可上公獨騎迅往倏先及巔一從不
能追焉蓋自有此山未有此奇登也巔旣坦且廣故有
烽堠址公閲而歎曰無論游觀卽此瞭望大便雖一葦
在波莫逃於睫是不可弗亭也遂請貲於公帑命工糾
力搆亭三楹聳如翼如煥如哨者有止屯者有居凡遠
近盜蹤詭跡一望瞭然余深善之嘗偕客登焉萬山歷
歷在目壤縮而隘海流爲細樹如纖薺人行類蟻天下
奇觀此亦足稱矣佇久情曠觴客於亭曰不能暴風不
能侵然後多斯亭之栟櫳也客曰仁人之利溥哉軍旅
之猷庇及讌游無何公以憂去此方之人德公之保障
迺卽公所爲亭像公於其中時饗公俾余記之勒石亭
左夫覩南國之棠者思召伯之政撫峴山之碑者追叔
子之德斯祠也實感公於無疆者也或謂公勳懋此方
固矣其沛澤於紹於虞於靑於杭尤偉且渥宏且浹也
是以鐫遺愛志去思者隨在樂爲奚假此方祠之嘻捍
患恩隆拯生感切此方之人自不泯其心耳非謂限於

此以盡公也公名鳴陽永甯人○謝讜詩荒州駐蓋禹
功多萬古青青只薜蘿亭檝新營依絕巘峰巒遥拱隔
重波平臨星漢巖光冷迴絕烟塵海氣
和莫怪登高無絕徑隨雲南度玉龍窩

鎮虞亭在縣東一都大姚山上廢久 新纂

接待亭在國慶院之東明縣令劉近光建以待登遊賓客
嘉靖十六年太守湯紹恩又建一亭題曰越東形勝 東山志

子來亭在縣西南十里明萬歷十二年令朱維藩開復西
溪湖四郊之民不戒而至者日以萬計七日湖成人樂
之爲建亭今廢 康熙志○朱維藩記余宰虞三載爲萬歷甲申春二月有西溪湖之役云湖之

亥殆數里築隄防水厥功頗鉅卽以工計之殆不啻數萬用民動衆其將無未信之厲乎始而自揆聚千騶之馬於一廄則食用每見其難散千騶之馬於各郊則食用每見其易邑之以圖定者將百有四十里里率其遞遞卒其甲力分於衆多費均於各辦庶幾哉不勞而功可成也請諸臺府蕭公欣然受命焉繼復竊慮大道之隆也人私其情愛其力卽一家之事嚴君未必盡行於其子何況通邑之廣窮山濱海剛柔異性遲速異齊令出果必其惟行乎及經始後余輒往視之丁壯咸集合遠與近蟻聚蜂屯裹糧運土無早夜無晴雨不假督責旬日間湖之隄隱然若長城矣夫子樂於從父之令而民勇於從上之役其義則一而已在邑也爲順民卽在家也爲孝子余媿未能子民何幸而得斯民之信從若此哉稽諸孫因越問稱虞姚有舜禹遺化風俗近古習孝弟勤儉亦好信而尚忠徵之今日殆信然矣余少誦靈臺詩聞子來之言今得身親見之遐想周家不識太和氣象更何如也爰卽憩止處搆一小亭竊名子來而次第其事亦古人豐樂喜雨名亭之遺意歟

羅星亭在縣東三里奎文塔下水中明令錢應華建後圮崇禎甲戌邑人陳維新重建錢玫補稿○明尚書徐人龍重建羅星亭碑記載文徵　國朝乾隆間邑人錢必美捐修嘉慶志○明李拯陳赤翁修羅星亭成登臨志喜詩一柱孤擎萬堞東平鋪藻影遠涵空人臨畫檻方天上雲沐山城宛鏡中俗吏愧非作賦手大夫眞有濟川功爲憑肝膽憐千古玉乳冰壺澹味同

蒼筤亭在縣西二十五里大板橋側　國朝康熙間曹章搆此爲讀書吟眺之所新纂○慈谿裘璉賦曰亭亭獨上凌雲拂霄森森挺列蔚枝蓊梢負勁節以自矢歷歲寒而不凋抱虛心以凝物任風雨之飂飀淩霜雪兮直幹和月露兮孤標宜渭川之千畝貯之於詩瓢淇園之修竹見稱於歌謠今也搆亭於此宮築半畝窗啟四面坐臥其中展書開卷聽泉聲之

潺湲步迴廊兮宛轉看竹徑之參差喜瑱玕之如椽至若雪夜雨天春風秋月清景依然更可眷戀疏莖月描透紗窗而畫影玉骨風敲開繡閣以傳聲絲雨濕翠滴瀝空亭纔烟籠枝希露垂檻當溽暑兮銷金納涼蔭兮肌清値瓊花兮推樹環銀橋兮欹傾遭青春之芳菲兮伴侶者青雀黃鶯際秋葉之彫零兮講交者梅弟松兄穿綠苔兮石破化竹杖兮龍吟鵝溪絹上與可寫生篔簹谷内東坡題青對此君而徘徊兮動子猷之逸興懷高賢而放達兮嘗託跡於斯林子也對亭以解語知無心之多情予也推窗以舒嘯願作賦以訂盟

始甯園在縣東山嘉泰會稽志 在東山下謝靈運所棲止也萬歷志 東山之西一里爲始甯園乃謝靈運別墅一曰西莊名勝志○靈運還舊園詩載文徵

花園在縣東南一里宋楊次山置萬歷志 明嘉靖中盧鏜軍

與倭寇戰於此一統志○王振綱云今名花園畈是嘉慶志誤改楊園　國朝曹陛慶詩南朝舊宅僅墟村憑弔淒涼欲斷魂青塚高低滋露草綠池浮淺照黃昏惟餘荊棘荒烟裏無復笙歌逸響存野老競談前盛事不堪回首憶王孫

西園宋趙崇燦所居靖康初趙不抑扈蹕南渡奉詔寓居上虞等慈寺後因族繁衍崇燦遷居華渡西園見趙友直命子篇詩自注沈奎補稿○趙崇燦西園漫興詩懶燒柏葉窮青史時翦焦桐理翠絃興逐漁樵從自放機忘鳥鵲任相喧逍遙擬作瀛壺客是必輪飛弱水仙

楊園在縣西二十五里大板橋東宋駙馬都尉楊鎮別墅今尚有南北兩池遺蹟備稿

義勇園在縣治西南關王廟南明初廢正統志

休園明謝讜別業沈奎補稿○謝讜休園記昔司空圖作休休亭自謂量才一宜休揣分二宜休耄而瞶三宜休余休休同而所以休者異時有所不容一也性疏遯而憚防檢二也力不能任勞三也自解組還口不問黜陟耳不聞理亂歲積田畝所入買室東地爲園廣六十步袤百四十步名以休郎司空名亭意也門種五椰蓋擬淵明云東埶一井泉洌而甘可數十家汲兩旁植梧以蔭通西纖徑有竹十餘竿四時恆翠燠午得涼日行吟其間眞不羨千戸侯也北鑿池方僅二丈羣蓮競豔飛香嘗對而歎曰遲矣濂溪先得我心南闢小軒軒前種三桂樹露涼月白花垂垂耀金仕泰與時有鶴來集於庭余留畜之復購其一以配愛之攜之歸依依亭畔余亭坐輒翩翩對舞舞罷一鳴似巧媚余者西南搆樓四楹登之見龕赭二山赭北龕南對峙是謂海門最所寄興處海當春夏之交雲空天淨蜃氣成樓臺郭堞歷歷在目秋濤鼓怒若雪山奔崩而喧巨雷可

駭可矚又西南爲臨湖閣春晴湖漲萬楊漲綠桃花倒映若鋪錦水底上下爛然夏雨初霽羣山濕翠如新沐文霞曳漢蒲荇出沒鳧鷗鸂鶒遠近交浴秋水澄碧璧月皓懸細風不興千頃一鑑倚窗而望焉心神頓曠邀二三知己傳斝通夕浩歌明月之章悠然身世之忘也噫休矣世與我不相關矣樂斯園之遂吾休故記

南園在城南百雲湖上明副使鍾穀別墅廣可十畝極池館林泉之勝　國初時漸廢爲田今趙氏宅其一也沈奎補稿　國朝胡銑詩霞莊面逼水煙清投老歸來傍岸行松自爲舟新畫鷁柳能捲浪暗流鶯秋風衰草花俱老落日平湖月正明何處涼臺兼燠館漁歌環唱向荒城○王振綱云胡銑有獲堂集中載有十園詩各繫以小序此南園其一也有曰岵園在蘿巖山麓即今陸氏花莊曰青青園在縣治東半里曰水漣園附近南閣曰素園陳氏別業曰菘園即青青園曰半野園在城西南半里許爲陳星瑞講學處曰梅園在半野園北亦陳氏

別業曰咫園胡子琢讀書處曰淇園在城南趙獻可別業此九園人地俱不甚顯且亦不古沈奎錄入補稿今從刪

始甯墅在縣南郊宋書謝靈運父祖並葬始甯并有故宅及墅嘉慶志○靈運過始甯墅詩載文徵　國朝李方湛詩滿眼餘芳草空池記昔名青山經劫在別墅幾人耕躁進身爲累高才世獨生何如安舊隱應不墜家聲

顧墅杜京產與同郡顧歡在東山開舍授學世傳顧歡家墅在此嘉泰會稽志

東郊別墅在縣東北山之麓明劉朴築錢玫補稿○明張文淵東郊別墅引劉君廷素築室於北山之麓東皋之東扁曰東郊別墅蓋將觀稼穡於田疇取倩景於肺腑壺觴琴弈與士大

夫徜徉何樂如之間得樵童牧豎言謂廷素朝憑欄而
歎曰嗟我祖母情事未伸不肖之罪也豈以其所居之
地有憂思耶予疑而詢諸左右曰莫我知詰諸廷素廷
素曰良有以也吾祖景福公嘗爲虞庠弟子員性貧超
卓年十六而即食廩二十有七遂遺世祖母陳少吾祖
二歲即寡居享年八十有五卒冰清玉潔無少瑕玷有
司未之疏湮沒無聞此吾所以悲歎自不容已也予聞
而奇之廷素不以別墅爲樂而以別墅寄孝思賢矣哉
若人也因憶予祖母與廷素祖母同出本邑大山陳爲
嫡族姊妹行也廷素祖母前御史熊之女吾祖母前方
伯金之妹豈夙嫻閨訓姆言皆能以貞節自持乎予祖
母年二十有二遂孀居逾五十稔有司以聞欽蒙旌表
樹坊勒石廷素祖母未蒙恩典者蓋有待也姑書此引
以俟觀風者采之以達之聖明能詩者咏之以協諸韶
濩而已君名朴廷素其字與予友善弟恆又予之門生
且世戚既索予大書於卷端復徵予引予不能辭爲作
東郊別墅引○石淵之詩北山麓東皐東高人結廬蒼
烟叢叢居然獨抱事幽止混跡樵蘇朋鹿豕浮藍深沐髮

華長淡泉輕沁詩脾涼短褐閒行秋影瘦撥刼胡牀晴
籟奏穿盈疇禾黍夕陽天滿路桑麻春雨候四時佳興應
自知靜觀衆妙誰磷緇詎意高人心事惕朝暮憑欄猶
未釋嗚呼我知劉君百不憂惟爾祖母情難酬先隴嵯
峨頻入夢老雲愁絶誰爲動君不見共姜守義篇尚存
又不見隴西節婦傳清頌○陳克宅詩平坡晚景愛仙
蹤一別搆東郊數畝宫種藥圃沾桑柘雨讀書臺引稻粱
風一犂春事啼鶯外半榻閒情夢蝶中風木餘情恒寄
憾遺安還擬埒龐公○張承賚詩中山老子平坡翁隱
德弗耀太古風居家友愛出天性里門少長服至公別
築小室虞城東俗不絶兮塵不通春風滿面愛留客春
雨滿陂勤課農有時花間磅礴慨世故有時林下優游
歌年豐出入止許漁樵逢懶在亂世爭長雄倚樓南望
山萬重搜羅八極歸心胸嘗懷孝思瞻雲峰報劉無地
徒仲仲羨牆若見祖母容頻揮老淚昏雙瞳○王振綱
云嘉慶志誤作劉朴傷母今備錄徵詩原引依錢玫稿
改正
之

石壁精舍在縣西南石壁山宋謝靈運讀書處錢玫補稿餘詳山川

靈運石壁立招提精舍詩載文徵○宋劉祖尹詩結廬投老瞰羣峰隱隱松杉曲徑通剩種池邊千竿竹近營林下一巢風敧眠盡絕春來夢趺坐閒看月墮空檢點吾生婚嫁了子孫無事惱衰翁

福緣精舍在福祈山之陽元魏文炳建中有尙古亭筠深軒寄傲軒見山樓等蹟蓋其子壽延續捌成之者嘉慶志所稱魏家花園是也備稿○案朱彝尊魏氏敦交集跋仲遠父處士明叔預卜塋兆於福祈山陽結廬其下曰福緣精舍○元任士林記夏蓋湖捍海爲隄袤百里中涵邱陵林藪之勝余泛舟其下雲飛鳥泊昂紆回振之地水竹縈秀知必有處士之廬也他日錢直卿以書抵余曰子戚魏明叔好修而埋既還江海之事故邁施之業周於邱壑之間築數十楹宅湖山之勝歲時命巾車棹孤舟攜酒與客徜徉其間

倦不知返固將爲兄弟夫婦終焉之藏子幸記之以嘉夫志也余聞而喜曰豈殆余所謂處士者耶夫人生而靜者也自井田事廢造物平施之力亦窮故有事宦學之士固不得不游以訾省其身也是故皷弄毀譽衒貿是非開口見僞舉足成欺雖妻子不得告其情炳燭而不知跛漏盡而不知年非獨不哲且明也今天厚魏氏之家庶有之事固具唯諾庭行友怡政舉不耗落精術以出權謀不勞動筋力以奉拜跪時時頓置泉石錢鎛雲烟雨露之力日滋吾入且何營何求以强人事乎故其趣幽幽可以處休其地窅窅可以觀妙曠然悠然而神以全淵然隆然而智以傳噫嘻子亦知夫菟裘之營亦太晚計甕室之卜殆未忘形惟日與造物者游厚我佚我願受正以樂茲邱之下不殆處士之節歟明叔名文炳而文煒其弟云○李延興詩京城六月日如火風軒散髪執書坐頓嫌城市多煩囂欲買田廬何處可素几茶甌吹碧香有客敲扉偶相過爲言越中好山水厭土膏腴不偏頗魏氏之子文貞孫玉樹臨風色瑳瑳讀書浙水之東頭菟今摭古以自課夏蓋湖光白湧雲福

祈山氣青浮座三江帆上暮天長八月潮平秋水大亭邊獮猴長如人月黑林昏盜山果桃源人家疑此是洞口雲深畫無鎖百壺滿醉江南春擊缶高歌兒子和西蜀少陵恆苦吟南陽武侯尚高臥文貞昔在貞觀中大節堂堂不終挫好將舊學佐朝堂行見英風振頑懦索居何日賦歸來盡理遺書載輕舸我昔耕牧峴山陽門前水田足秔糯十年道阻不可歸江上秋風茅屋破舊栽松柏定成林石牆竹梢添幾箇向來耆舊安穩無每一思之淚交墮福緣林壑尚見分卜鄰擬住山之左客歸好語仲遠君歲晚寄書須報我○凌彥翀詩福緣精舍何年有學士親書湖上墳卜地依稀封馬鬣種松次第長龍文魏公笏在多遺澤夏蓋山高盡白雲前代名人留制作子孫從此藹清芬○陳樵詩湖上蘭舟水上亭有時水漲與階平亭前古柳經春弱門外孤□昨夜生海氣遙連育王塔蜃樓半入會稽城

山陰道士攜琴至寫盡風聲到水聲

存義精舍在縣東一都元姚天祥建廢久新纂

水東精舍在縣東門外即龍王堂故址嘉靖三年令楊紹芳建樓三間用塞水口前立石坊扁曰水東精舍樓之額曰奎文閣塑朱文公像祀焉萬歷十二年令朱維藩興泳澤書院於西溪湖奉文公像祀書院而重修奎文閣別立魁星祀之萬歷志　萬歷二十六年閣復圮壞令胡思伸重修以泳澤書院傾頹不堪奉祀復移文公像於閣上後圮　國朝康熙四年新改爲東嶽廟僧慧源董其事康熙志○明朱袞記自城闉而東可三里邱屹然中湍起搆其處曰水東精舍實自吾楊侯伯傳始侯下車之明年爲乙酉歲登邱而周覽進父老諮曰淵自離兑合流趨震震軸曠以谿微此莫扼與旣閭故龍

宮廢狀則慨曰固風氣而事勿經其廢也宜宜其在崇
正乎問之賚賚曰敢不協恭校師暨士曰嘉惠敢不跂
承侯於是退而思取材藉孰如撤可毀之宮民疲弗易
使孰如責犯科以力三閱月而閣翼然立已而廡以舍
繚以垣樹石表門望者稱精舍云侯慮無以端教範收
儒效爲風氣庇迺像文公朱夫子於閣而顔其楣曰奎
文俾譽髦遊而仰止焉曰茲實文公提舉過化之地爾
其尋遺範毋忽既釋菜過三峰問記袞曰校舍之外無
舍也有精舍非以廣藏也時制責校以課士應舉未嘗
一日不於文以筌蹄眡文吾見功利滋而道德薄寖至
目古爲迂闊是豈文之弊乎文無踰六經凡以載道也
習其文而遺其道豈習也故曰文莫吾猶人躬行君子
則吾未之有得言尚道也舍以精其思與學焉者也文
公還自浙東於武彝精舍與學者辨浙學之非以爲舍
六經而尊史遷舍窮理盡性而談世變舍治心修身而
喜事功大爲心術累吾邑往哲必有親被其教者至於
今日而可忘乎誠卽六經而精思與學析之弗雜守之
允固眞有以見夫道之根於人心切於日用而不可以

富貴貧賤禍福利鈍二焉則士習正而眞材出敷而典常著而功烈進以經世退以藻身斯無負吾文公之教而上可應奎山川亦與有光焉不然而取工文獵高第爲足應奎而於道若贅疣然則校舍已多又奚有茲舍耶侯名紹芳應城人癸未進士落成書其始末於石以詔吾虞之士俾永永知德且精自擇焉○徐學詩水東精舍讌坐次陳用章文韻詩空谷年來常臥痾登樓感慨不勝多簡書遼左還曾否烽火吳中近若何原注時傳遼左遣兵討蘇寇疑安正苦萬方同寇盜敢憐多病獨維摩只今撫字勞楊子此邑猶聞黄鳥歌

福山書舍在縣北三都嘉福寺內明正統間侍御羅澄讀書處今尚存新纂○明東吳錢溥福山讀書圖序略福山爲越中佳處僧寺在焉而今監察御史愼菴公家食時慕諸葛武侯靜以成學之訓購寺之西南隅隙地築室三楹又於園中築小室二間聚書數千卷閉戶誦習廢飲食忘寒暑者幾年聲色貨利凡可以動搖人之心目者舉不足爲公累葢得於盡學之功深

矣既而舉進士擢行人拜御史分巡閩滇翱翔中外輝光墳典又幾年矣而公猶惓惓然懼事或違乎道也志或汨乎物也今或背乎初也得無有棄縶之失忘筌之誚乎乃倩善繪者圖其舊學之所出入與俱觸乎目以警乎心亦仕優而學之意也

讀書堂東漢朱儁讀書處在縣西北旁有洗硯池○萬歷志○浙江通志案宏治郡志載上虞有朱買臣讀書堂旁有洗硯池考朱儁乃上虞人以孝養重於鄉閭此堂當是儁也買臣實吳人郡志誤耳○沈奎刊誤考後漢書朱儁本傳儁未嘗官侍中惟漢書朱買臣傳則云拜買臣爲中大夫與嚴助俱侍中上虞朱侍中廟朱侍中讀書堂本指買臣今既屬儁當稱太尉大司農案通志既辨讀書堂非買臣而侍中二字未改今從刊誤刪

五桂堂在縣南三十五里塘沿村宋神宗朝兵部員外黃

雲號月山者遭時亂避居於此遂家焉孫大休大賑大
輔大淸大智五人兄弟同朝不失忠藎高宗御筆賜詩
云昔日燕山竇今朝交水溪名黃庭前一椿老丹桂五枝
芳新纂

月林堂在縣北五大夫里宋淳熙閒潘畤建新纂○潘畤記余自幼喜
讀陶淵明杜子美詩淵明有性本愛邱山子美有月林
散淸影之句每志斯言他日作舍環竹而居者必榜以
月林面山爲堂必榜以愛山淳熙丁酉秋七月五夫別
墅之左右得曠土二十餘畝北抵徐山山雖不高其來
甚遠至是而止依以爲堂如屏風然而値南山色潤可
愛兩山拱揖若爲賓主者明年二月始定誅茆之計首
爲愛山堂月林堂盡望南山之勝月林堂四面皆修竹
余少所志於是乎得又爲樂壽堂浮香閣淸風峽靜止

齋喬木茂樹環舍迴抱會將詒湖北移憲湖南擢帥廣東復徙長沙一出六年友端能承乃翁意爲廳爲門爲兩廡與他屋之未備者闢小圃開徑與後山通上下縈紆遠近二三里許余初手植梅桂五十餘本友端補之益成佳勝復搆小亭二十餘所於花木之閒甲辰冬十二月余自長沙被召力辭而歸吾廬落成已二年矣余年六十有三入仕凡三十七年凡所居官不敢苟且及爲監司爲帥臣以爲一有不善被害者多往往竭思慮疲精神故血氣頓衰而疾病以生因頽然無意於世志懶多倦讀書不立程度然非有益於善心有徼於昏惰有助於閒適者則有所不暇惟樂壽堂爲敘族之所而月林堂靜止齋乃余修藏之所各一大厨貯孝經論語孟子四書易春秋禮記大字通鑑三史范純夫唐鑑陶淵明韋蘇州元道州杜子美詩本草千金諸方過欲觀覽信手抽取隨意翻閱有所會悟或不覺終卷困卽推去支頤而睡童僕無敢呼者有時聞池中魚躍或山閒鳥鳴忽然有覺舊能彈琴三十曲一從作吏浸廢不理今如隔世矣家藏二琴頗佳常置清風峽愛山堂與來

輒作數聲亦復欣然有得於心不自知其不能爲琴也諸小亭游賞各有所宜時作小詩題壁閒隨所欲言信筆直書不復苦思以事雕琢浮香閣鄰里相過止具香茗清談而已或過午則折蓮取菱芡瓜果以侑村醪雜坐茂樹修竹閒有杜陵共醉終同臥竹根意味凡相與言不過雨暘寒燠穀粟桑麻無非田野閒事未嘗議論時務及世治亂老妻兒孫輩知予愛閒無仕宦意皆安於閒靜若將終身焉蓋優哉游哉聊以卒歲而已生平最喜書畫金石刻秦漢舊物奇硯古墨之屬至是澹然悉付兒孫不以累心殊覺胸次灑落無復一塵之翳如虛空然若必利達而後可以行其志豈若予之所樂非貧賤富貴可以加損哉因書於壁以示吾子若孫云

不礙雲山堂在城中宋忠訓郎陳策讀書之所萬歷志戴表元記上虞陳策孔晨所居在雪岑青山浙江通志○宋戴復古詩元龍湖海士高臥百尺樓奈此一區宅乃在城市頭囂塵撲面不容游賴有南山慰人眼從旁買得五畝園便覺地

偏心自遠溪流滚滚瀉寒玉塔影亭亭出僧屋林廬掩映花木稠佳處亭臺三五簇可以悅雙親可以娛衆賓可以挾書卷可以羅酒尊金谷從渠誇富貴玉砌雕闌鋪錦地目前景象雖不同胸中所樂元無異陳次賈陳次賈豈是人中碌碌者丈夫有志在四方處處春風桃李場功名事業未入手營此一邱何太忙

文杏堂在華渡西宋趙氏第進士者二十有八詔建文杏坊因以名堂林希元西溪湖賦西則趙氏文杏第是也沈奎補稿○宋趙必蒸詩文杏堂開華渡西九天雨露正來肥漫誇弈葉光先宅卻羨新栽出故知千載暖回唐苑樹一時春足謝家枝欲將俚語依金玉把盞同論覺醉遲

信芳堂　瑞豐堂俱在縣圃並宋令趙希惠建萬曆志

見山堂在縣治內舊丞廳北廢正統志

思政堂在縣治內正廳東廢正統志

安樂堂在縣前通衢南基廣一角存養病軍廢久正統志

道愛堂在縣治廳後元至元丁亥達魯花赤火你赤建正統志○陳自立記聖元天造八紘盂覆包干戈以文太平愛民重本宵旰注想中外大小之吏必簡其良職是近民故擇益密至元甲申忠翊校尉達魯花赤火你赤治上虞縣越四年政成餘閒作堂於廳之後明年夏五訖事憲陵杜與可過之喜見突兀取言子游述夫子語扁曰道愛旣落觴客堂上酒未半邑人士舉手相賀曰忠翊賓惠利我盍記諸余觀吏之近於民邑爲最吏與民近其道固易行其爲愛也亦易溥然道本大公愛非小惠能以此心行此道以此道溥此愛庶幾武城之政矣縣自有虞氏支庶誕封厥繇姓著帝風渾灝式克至今治事在蘿巖之陽抗山負海宋紹興間始戹而大百餘楹屋撓欲拜丙子春燬於兵榛棘薇翳故老蕭然前任

烏馬兒肇新涖事之所廡翼矣門閎矣將退食燕息則地闕弗稱忠翊下車矜茲蕞殘以煦以濯保鄣乎禦薾絲乎征匪亟匪徐而人其蘇戴之久不翅父母道化之效有不期至而至者忠翊猶不皇曰民吾知也不吾釋也於何以慰他日桐鄉之思乎乃諗縣尹李承事文道主簿余將仕自明縣尉張君與相與經工掄材考極相方爽址之窪爲屋十有四楹位置面勢悉還其初而疏軒閒館閭爽闓燠顯敞靚深視昔倍蓰凡匠石瓴甓板榦之費官吏必捐已俸不足則又獲助於邑士一毫不強取使客迎勞授館如歸議政獻酬班坐有序晏乎其在此堂也吁聖門爲宰者不乏材數於武城致意蓋萬口之治不如一室之難也澹臺滅明非公事未嘗至其室是室之嚴所親必直諒所講必正大所履必誠必信非意之干無情之辭無一得以搖吾之清明而後可致絃歌之化忠翊其將進於是乎今益信杜君爲之言云

壽樂堂元魏壽延建沈奎補稿○元王璛至正二十五年季夏望日燕壽樂堂分韻得高字詩

愛汝華堂遠俗囂青山對面與雲高可堪好酒畢吏部更有能詩何水曹繭紙漫教題彩筆銀瓶不惜瀉蒲萄也應清曠風塵外誰道邊城似驛騷○朱右詩湖水茫茫漲碧波故人風雨亦來過詩成屢作清平調醉後同聽白苧歌氣味關情於我厚文章有道屬君多華箋落筆成千首不覺銀蟾挂薜蘿

月會堂在縣西門外倉基衖內明黃廷玉等建新纂○明謝肅黃氏月會堂記略黃氏其先江夏人後建炎中武經大夫發扈蹕南渡卒葬上虞子哲廬於墓側因占籍焉世遠族大或居郡邑或居村落族之長者曰廷玉及其弟國輔士心君定四人議曰程子謂凡人家法須月爲一會所以萃其族而修其好也其每一月舉族之人集祠堂致薦於武經公畢以長幼序拜相慰問懸族譜圖而觀焉既會又懼夫會之屢而或怠也寓書來吳乞著之文時洪武癸亥

正心堂在縣北三都永豐鄉明永樂間羅正仲建新纂○明教諭

魏福正心堂記略正心堂者上虞羅正仲所名之堂也乃父性中以德著乃兄文仲以孝聞咸稱虞北賢士正仲承賢父兄之教秉剛直寡嗜慾讀書明大義言謹行端友愛之情出自天性嘗曰同氣連枝者兄弟也天下至難得焉古人或九世同居或緦服百口同爨者皆天理民彝之在人心未嘗泯也嘗與兄弟居不異室食不異爨錢穀衣食不私取言語動靜不稍乖是必先正其心而後可故以正心名其堂又因以自號其所以警之者何其切也及兄物故正仲愈懼後人不能皆知己志恐其久而失墜因命其姪懷瑾求文以垂戒瑾奉命乞予文予司鐸上虞有年素知羅氏本末不揣固陋爲之記以告羅氏子孫尚益引而勿替也

南山書堂在縣北寒山之麓明太常潘府建廢久新纂○潘府自記南山來自天台雁蕩不遠千里岧嶤崒嵂聳拔矗天至於五夫面直北海崛然中止而有大小兩寒峯焉參差競秀近界鷹山鳳山之間乃予潘子所建書堂處也其山未至斯地三十餘里遂已旁分兩翼左爲蘭芎右

爲九龍山即沿曹娥江而下兩山拱向如相揖讓然內有牟湖新湖黃拔湖潤於東上妃湖白馬湖夏蓋湖破岡湖浸其西而南山之二寒爲益勝也故五夫雖一鄉市其在唐宋時有焦大夫李參政顯於前朱考亭潘月林父子光於後逮我國初雖有朱白雲晚年僑寓於此隨因厥子與谷府通書獲罪里中豪傑一空而中開科第雖間出亦無甚著名者由是山川淑氣涵蓄停聚三百餘年文運復興而予之書堂始建實宏治戊午冬至日也先此予在宦途苦無靜室爲游藝之所至是歲久乃成父喪釋服幸得書堂居之春秋祟祀先聖先賢及祀啟聖公惟謹明年起復改主刑曹事幾三載乃乞便養南部因得武選員外蓋爲家貧欲以祿養報母以修書報朝廷也時在留臺其心未嘗一日不與南山之念也詎意明年又遷廣東提學部署未久遽任文宗固由冢宰馬公深知亦特命也然親年愈高而便養之路不宜愈遠考校十月即自棄官歸養因得肆力書堂而前日之心釋然矣時方授徒數十申明師弟之禮期與講明正學作新士風嘗奉老母觀鄉約每見諸老深衣大

帶拜獻壽酒喜曰不圖年老觀此盛事又詣講所坐聽談經自以修經閣後所産並蒔梅分賜諸生梅數適與人當而母顏亦嘗一開隨値逆璫用事流毒興謗恐被重禍遂廢講學深自韜晦竊歎自少既無程子指導之師以開從入之路今日又無朱門相助之友以分著述之勞每有疑難積待日久靜思書院之中恍然嘗若有得也惜乎此堂之草建迨今未及一修爲益陋耳其間正德初諸生有以地僻屋陋勸易長慶廢寺之産改建之既而因人沮忌中止乃予不靳百金之費悉捨其産於縣學而別與月林書院矣幸而予愛南山之勝未嘗暫廢祀禮而書堂固前若也厥後甲戌乙亥間御史盧正夫以常同被天曹楊遂菴之重薦兩遣猶子生員十日遠來相度重建之以病弗果明春巡按鮮文卿敬慕過深剏承都憲彭濟物之重託侍講董文玉御史林以永之協謀貽書欲舉白沙廣中助田三頃供給生徒以盡崇儒重道之意亦因鮮君告病之速無及也但因一疏力薦之耳夫書堂之修不修固自有數也而數之中亦或有待焉噫潘子書雖富於著述不必積以充棟上

雖樂於教率不必引以及門堂雖建於南山不必修葺以蔽風雨自不知爲何如也若夫虞城有南山菴長樂有南山書院西湖有南山集賢堂則皆潘子平生雅愛此山隨地寓意焉而斯堂在於五夫者不與也

復古堂在縣南十里萬歷十二年令朱維藩復古西溪湖遂建堂於側以爲觀風駐節之所萬歷志　今廢康熙志

湖曲草堂明陳公英別業沈奎補稿○明張居傑詩築室瀕湖曲青蓮映碧波地偏行跡少林靜落花多門外開天鏡窗前長薜蘿杜陵千載後重賦草堂歌

百歲堂在縣西二十五里曹家莊明徵士曹一泉爲其父徵君百歲壽翁曹賢直建新纂　國朝沈文奎記古者天子臨雍尊事三老而鄉飲之禮興所以尚齒崇德禮壽者也少陵云人生七十古來稀百歲則更稀矣此曹翁質菴徵君百歲堂所爲有

可記也堂建於板橋之側其初茅茨數楹徵君哲嗣國賓一泉公增葺之裔孫隱君少泉公復重葺之少泉公嗣子余盟友培之茂才輩囑余爲之記余惟人生知己提挈之恩爲至不能忘猶憶余少時煢煢一身顛連困苦幸得少泉公解衣衣我推食食我延師借諸子課讀教誨培植於我嗚呼公眞視予猶子哉後予以坎坷魔瘴出九死一生之計走萬里外自丁卯離鄉契闊二十餘載今 大清 順帝登極受 詔使督總漕省親旋里渡娥江至板橋來謁而少泉公已仙逝矣登斯堂也恍見少泉公儀服音容如故實悲且悼又見其後賢崢嶸林立復歎徵君之德之壽爲世稀有將以鍾輿朝人瑞於未艾非苟焉已也徵君身歷六朝壽逾百齡恂恂德望惜未及見予慕少泉公之穆行懿德恍惚見乃祖徵君之留貽觀後嗣之英才輩出愈想見徵君及少泉公之遺澤孔長也古稱仁里德門予於斯堂瞻仰得之矣時順治辛卯

觀瀾堂在縣西阜李湖畔 國朝曹章別墅新纂○曹章自記辛酉之

秋曹子建書院於阜湖之瀾嶺始予先人下葬茲山幾歷年所瞻眺松楸悽焉以愴欲搆一椽墓側晨夕相依此素志也是夏鳩工啟土翦榛築垣爲堂廡之計無何天旱湖水暴涸磚石土木動出萬難不得已輕者用負重者用車數月而工成予志始慰爲堂三開曰觀瀾因地誌勝不忘本也旁分兩翼開闥啟牖爲筆牀茶竈之區題曰湖山疊翠登階一望青峯插天綠水繞庭全湖之勝盡在目中階下爲池雜植芰荷菱芡游鱗泳躍題曰漾碧池上開圃種蔬周以土牆用荆爲扉題曰聯雲圃外空地數畝栽花竹果木其上干雲拂霄蔭翳馥郁四時俱佳而春秋最勝予日與二三友朋飲酒賦詩流連忘歸致足樂也後之子孫踐是堂者體祖父之志無飭陋以廢弛無後大以遊盤讀於斯耕於斯則基將日固宇將日新庶幾斯堂之不朽也是爲記

日門館在太平山齊杜京產講授之所元末劉履亦避地於此補注選詩四明山志詳日門山下

凝虚館在縣簿廳側宋蘇主簿建正統志○石曼卿題詩載文徵

鵝山館在蒿壩南遺址尚存萬歷志

懷謝軒宋紹興初令張彥聲建李光詩云此日開軒懷謝傅直緣談笑破苻堅萬歷志

懷古軒 騰笑軒在縣廨並宋令陳炳建乾隆府志○案正統志懷古軒在縣治內東廳左騰笑軒在懷古軒北宋末兵燬

自公軒在縣治內見山堂後正統志

簡靖軒在縣治內自公軒後正統志 宋丞范承家建萬歷志○案乾隆府志靖作靜

日哦軒在縣治內簡靖軒西正統志

筠深軒元魏壽延建　錢玫補稿○明王冕題詩君家住處多幽趣繞屋琅玕淨無數蕭蕭清韻動天風冉冉晴陰生綠霧湖山掩映蒼翠稠五月六月涼如秋且開三徑待佳客底用千畝論封侯況爾此君高節古縱有雪霜那可侮平生正直少人知野草閒花徒媚嫵知君古意同古賢脫略嘯傲情翩翩我生愛竹比君癖櫛風沐雨三十年投老歸來舊溪曲竹色荒涼芳草綠歲寒無以慰孤懷只有梅花在空谷聞君有竹心遑遑便欲逕造君子堂安能爲我羅酒漿月明吹簫呼鳳凰

寄傲軒元魏壽延建　錢玫補稿○明王冕乙卯春訪仲遠宿寄傲軒觀李作遂賦長句詩花竹參差蔭石苔幽居郤似小蓬萊山光入座青雲動水色搖天白雨開得興不妨閒覓句忘機儘可自啣杯主人愛客能瀟灑許我攜琴日日來

聽松軒在縣北三都永豐鄉明洪武間羅文仲建久廢新纂

○明楊彝記凡車前高曰軒而室之前檻高者亦曰軒上虞羅君文仲築小軒於所居之偏葺其室有類乎車之軒以爲燕居之地其所樹松森秀可玩每清風過之聞其聲超然若有忘於世慮者乃扁之曰聽松以寓其意之所適而屬予記之夫松之爲植其有心也貫四時歷歲寒而後彫之操見焉是故有足尚者然物之有喙者多善鳴以鳥鳴春以蟲鳴秋非無可聽者也而有以股鳴者以翼鳴者以腹鳴者不獨有喙者而後爲善鳴也然皆不能無意也惟松之鳴也因風被之而有聲蓋有適然者矣風之在天地間隨氣升降而一噓一吸鼓舞羣動各以其時獨何意於松哉而松被之以鳴天籟之發因乎自然當其有聲則寂而感也固出於無意及其無聲則感而寂也復歸於無意故其小鳴若笙鏞之間奏其大鳴若波濤之震撼其爲類不一聽之各有所適而豈可與物之善鳴者同日道哉文仲之居是軒也宵閒晝永或讀書之暇或隱几之次中心淡泊無所爲

累而松於是乎鳴焉傾耳而聽之隨其感寓雖時有所適而果何意於其間哉蓋於其鳴也非所期於其息也非所抑是彼之有聲無聲爲一自然而吾之有聽無聽亦一自然以是心而應天下之事何往而非道乎昔陶隱居高棲華陽師友萬乘舉天下之物無足以動中者而於松風之愛獨不能忘情焉則其所以保貞白者豈無見於斯乎文仲尚友古人勤學好修而志之所存若此則誠有足嘉者是以言之時洪武甲子十一月

涵碧軒在縣西百官橫街明洪武間徵士王友俊讀書處舊址猶存新纂○明劉三吾記浙多名山水而都會會稽會稽多名山水而聚勝上虞上虞多名山水而其渾涵在王氏涵碧軒娥江橫亘鏡湖瀰漫前乎其軒所見者也夏蓋白馬上妃三澤淡靜空闊現兩景而納烟霏後乎其軒所見者也禹陵秦望日鑄雲門東山蘭亭奇峰磊拔蒼翠濃秀開劃低昂千態萬狀則皆蘸影軒之所見江而水曲者也不特此也天台鑴其西南巨海環其東北而要其所勝或流或峙或近或遠焉

能悉納而置之軒中乎然達觀元覽不以流峙殊形遠邇界跡在山而水見其清在水而山見其綠山水渾融漚波上下花明草夭柳搖荷豔翡翠之迷蜻蜓之醉日與山光水影相蕩漪飛射於戶牖盃盂几席之間友俊於是焉憑欄極目天垂野盡一碧無際蓋將超其身於俯仰之間游其神於塵埃之外者乎不然何能博而覽諸至遠約而歸諸至近之一軒耶今友俊以上召之京登對稱旨方將柄用朝廷擢任岳牧出其軒中之涵養者以康濟蒼生則所涵育蓋無既矣豈獨樂一軒株守邱園而負盛濟之友哉友俊其勉之故爲記以道其所得而擴其用於天下

時洪武壬申十一月

種德居在縣治獄廳北宋末兵燬正統志

水竹居在縣北福祈山下明洪武間陳九敘建新纂○明王霖水竹居詩後序略夏蓋湖當虞邑之勝湖上有山盤盤焉雄拔諸峰曰福祈者又一湖之最者也六朝陳氏世居之

有九敘者年鋭而氣淸學勤而志敏樂其天地山川之秀茂林修竹之幽又一假手於人而成者也闢一室顏曰水竹居凡玩物適情之具無一不置自三皇五帝之書子史百家之語莫不欲研窮之惟不與射利者交故其爲人瀟如也予嘗坐居其上將有所搆思九敘曰瑽瑽琤琤者水聲也靑靑蒼蒼者竹色也先生雖不邇聲色庸可無一言予與九敘有文字交每以無片言爲憾因抵掌而笑曰時之文士詠歌盈什顧何復懸懸於予竊有復者王謝爲晉名流鬱於時而未信故皆假山水之勝以發所藴父老相傳湖上鏡潭之水淸則必有文人秀士出爲時彥者九敘彥士也固當廣其居爲進德修業之所俾是湖之水復淸一出爲時名流使福祈之勝得繼美於蘭亭東山顧不偉歟時洪武五年壬子○

唐肅水竹居銘上虞陳九敘所居有水竹居之勝太史危先生爲之記矣九敘復來徵銘予曰謂古人因物以致警況其所居乎哉乃爲之銘俾刻諸楹閒一銘曰相爾有心宜水之鑑兮其源弗溷其流弗濫兮弗濫則平弗溷則淸兮又銘曰相爾有德宜竹之則兮其節弗抑

其中弗窒兮弗窒則虛弗抑則直兮三銘曰爾居之臧水竹之宜兮靜焉以修動焉以施兮爾修爾正爾施爾愼兮銘斯刻斯庶無愧爾居兮

恕齋宋嘉定中令樓杓建萬歷志在種德居西偏宋末兵燬正統志

容齋在縣治簿廳東宋末兵燬正統志

友樵齋在縣西南楊梅峰下元王發所築萬歷志○明危素記略余適越得越人王君爲楚語者讀之余愀然太息曰悲哉斯人之志其命之不遇者乎他日太史葉君敬常致浮圖師大同之言曰鄉也子之過越聞楚語者先君子之所作也先君子與時不偶退藏山海之間混混然與樵蘇爲羣故題燕休之室曰友樵子其爲我記之案王君諱發字景囘其大父武岡軍學教授諱汝舟多藏書君蚤頴

敏能讀之有闕遺必旁搜徧請補完乃已性至孝父病親治藥食或聘爲師則曰吾有子職安能違膝下而他適故從之遊者踵相接於門嗚呼君之畜學不可謂不勤君之制行不可謂不慎而卒隱約於山林方强而遽死余悲其命之不遇者此也友樵齋者界上虞會稽兩邑之境當楊梅峰之下襟帶浙江有樹石之勝大同雖去爲身毒學然亦能讀其父書慷慨有氣誼其弟克明則居於是而能其業者夫塞於前者未必不通於後勉爲善而已余方輯續楚辭旣錄君之作而敘識之又重葉君之請而爲是記

尚志齋在縣北徐山下明初潘鎬建 新纂○明朱右尚志齋銘上虞潘鎬子京居五夫市厭塵貿之煩囂也闢室爲進修之齋旣題之曰尚志徵言於搢紳先生以表之閒請余爲之銘銘曰

心所之志爲輿行靡息德乃腴潘京氏敦禮讓義與仁日趨向吉凶榮辱維所尙

桐亭樓在浦陽江曲晉車騎將軍謝元築 水經注○說詳謝元宅條下

總門樓在縣治南譙樓前宋嘉定十六年風圮淳祐七年令魏珉重建咸淳又圮正統志

酒樓去縣南六十步實舊酒務廨基廣四畝十步宋嘉定中監務徐褒然於廳基建樓名曰金罍偉觀專榷酒務後燬於兵正統志

皆山樓宋陳處士之居宋信詩注去丹山赤水洞天十五里劉樊昇仙之蹤尚存樓東一里爲東明寺登是樓者恍惚若與仙佛接錢玫補稿又一在崧鎮未詳誰建　國朝邑令虞景星有詩新纂○明宋信詩老來厭住城郭中眼暗車塵千丈紅十日看山坐西閣

半春多雨怕東風榻移更覺陳蕃好賦就那如宋玉工
夜對青蓮須秉燭明朝有約徧溪東高樓百尺坐元龍
客到山間度幾重雲薄霏霏含翡翠窗虛面面見芙蓉
空中書寄仙人鶴月下詩成佛寺鐘三十六峰都在眼
登臨更憶最高峰○國朝虞景星過崧鎮信宿皆山樓
枕上偶成詩魚目勞勞尾亦頳能言鸚鵡使人驚煙霞
笑傲都成癖儒雅風流已近名何待急流方勇退可
堪坦道定兼程無榮纔好希無辱贏得身閒心太平

深秀樓在賀溪倪氏建錢玫補稿○明宋僖記略上虞隱
者倪翁谷眞予姻戚也翁與其從子性樓居其邑之東南羣山間以深秀名之取歐陽公
稱滁之諸峰者之語也谷眞翁有潛德以寬厚長者稱
於鄉黨性早孤而教於其世父與其母夫人者甚篤明
愼溫恭出天性而問學不自畫翁之二幼子雖得之晩
年而端敏向學所至未易量倪氏之子弟若此獨不可
以爲古人乎然則登其樓者有覩人之明豈獨見其山
之深秀也哉余於倪氏有姻戚之好慮其諸子姓之居
是樓者以深秀之稱在乎山不在乎已而於其所宜最

者有所忽也於是乎言時至正丁未九月

疊嶂樓在賀溪倪氏建錢玫補稿○明宋僖記今年春予以事適上虞之始甯鄉行山谷中若干里雖涉水石狎禽魚而一邱一澗必及之而後見稍得其勝則目已煩足已倦乃知貪多慕遠非衰朽者之所堪也因竊自念以爲當山水之會憑高得其所庶可快意於一舉足一寓目之頃乎及抵賀溪姻戚倪君以道爲余置酒疊嶂樓啟東牖以觀則臨綠野邇清溪襟抱夷曠而羣山踴躍自南而趨北者横亘二十有餘里蒼翠交積雲氣流動可玩樓之左右去數百里又皆岡巒重拱與之勢相屬脉相貫其鄉與吾邑接凡山之高偉與獻奇秀而競出者盡在吾目中矣向之所念不終日而獲之一何快也雖然余與以道望諸峰則所謂丹山赤水洞天者在其東南十五里而近漢上虞令劉綱及其妻樊夫人昇仙之迹在焉余雖生長邑中未嘗得脫屐一往而觀其處常以爲憾今老矣猶願采藥其山中侶猿鶴賓雲月超然以釋其憂患而未果也試以

是語告以道以道指其樓之前鄮山之南而語余曰此丹山道也子倘能往吾即與之偕

見山樓在縣西四十里元至正末魏壽延建浙江通志○宋濂有記載文徵

拱辰樓在縣南二十都管溪明嘉靖中郎中徐學詩建明末兵燬新纂

憶冲樓在崧鎮沈奎補稿　國朝俞得鯉記樓之搆也以天啟初即爲予束髮讀書處辭此者二十餘年矣丁亥春叔氏復館予風景制作巳格格非舊予思憬然吟詠步履恍如故事焉遂書其名曰憶冲樓謂昔也予齡尙冲而今憶及之耳樓居鎮之幽四望曲巷深樹宛轉雜遝而斯樓居中獨開且曠無異諸峰林壑開樓之左有巨石如喬山鼎百億人不敢舁相傳爲正德中一夕風雨乘潮至實雄峙焉其餘多綠楊青桂名

花數百本西則翠野平疇浪錦千里迹不能殫登斯樓矚者由之而靜鬱者由之而舒俗者雅文者遠以故偉人碩士之英舉名秀風流之拔跡往往間從此出春之半諸弟以予憶沖言請記之予曰噫樓記人乎人記樓乎昔予處茲樓年方穉叔氏未獲雋今予年幼而長矣壯有室矣叔氏弱且衰病且死而樓獨無恙是人之大不樓若也且予與樓相距者二十年風遷代改不啻循環反覆翻若波瀾非卽樓之升沉變化耶夫人於一邱一壑隴畝之旁平生偶或佇足必爲之追憶雋遊述其行事憑弔其山川里居盛衰消長徘徊顧盼不能去卽去之猶忽忽不忍釋諸懷況此樓固童而習之少而安之者乎然而予心非復童子年不復少矣由今思昔如浮滄溟浩浩蕩蕩如遊太古荒荒唐唐飄然如秋雲之遠增人意以悲如夢魂之靜昧昧我思之書云日月如邁我心則沖此予之所以爲憶沖也夫諸弟猶然沖人也朝夕斯樓墨可謳筆可舞亦念有憶及斯樓曰乎語有之昔以非虛今以非實蓋後之憶今今之憶昔一而已矣然則樓記人乎人還記樓也夫是之謂憶沖樓

永錫樓在崧鎮　國朝順治十八年俞嗣祺建○沈奎補稿俞得鯉有記載文徵

環翠樓在縣西南瀦湖淺山下　國朝范石建又一在縣東南慶善寺內元方九思碑記見金石○新纂

西莊在東山或謂東山西岸正統志在縣西南葛仙鄉謝靈運別墅萬歷志

任公莊在縣南任家溪唐天寶間廣文館學士任文選居此新纂

白鷗莊在夏蓋湖荷葉山明謝讜所築萬歷志○謝讜詩草長不分犢徑鷗

飛多向煙濤牧子斜陽
短笛漁人淺水輕舠

水西莊在城西明高士陳以行别業尚書洪鍾撰記嘉慶志

迎山閣在縣治內萬歷志

沃青閣在縣西南定善寺內萬歷志○趙俶有賦載文徵

太常第在縣北大雲衖口明太常卿潘府舊宅背玉屏山溪口鑿池曰硯注池蓄流水右穿井曰筆峯井今池存井廢新纂

都憲第在東城內九獅橋西南明右副都御史湖廣巡撫車純舊宅燬於粵匪今僅存故址新纂

秋官上卿第在南街文武廟北曌水河上明大理寺卿贈
　刑部右侍郎葛浩故宅今廢爲民居新纂
京兆尹第在西南門街金罍山後玉帶溪之上明應天府
　尹金罍子陳絳故居新纂
給諫第在縣治東明參議王鉉舊宅新纂
太史第在縣南湖溪村明翰林學士丁進宅天啟丙寅建
　今圮新纂
楊皇后門基在縣東門外許家衕内柱牆皆石今尚存新纂
車輅院在城南郎今楊巷新纂

種德居在縣治獄廳北宋末兵燬正統志

讀書林在縣治信芳堂南宋末兵燬正統志

白雲巢在縣北鳳山南元末朱右遯世居此新纂

蘭峯隱居在蘭芎寺下明御史謝瑜别業新纂

長耆山居在縣西南長耆山明葛焜所築錢玫補稿○明徐渭詩芳構一何幽峻結憑青旻匪眞貯文史肅以棲道眞憶昔當茂年攬轡臨通津天路遠莫致帝閽儼郎神西林匿白日芳華謝青春回轅苦不早甯復驅其輪市隱狎親串山居屛氛塵兩難兼所欲四美錯可陳念子處其中翩若羲皇身嗟彼南冠者何時愜登臨○徐學詩過長耆山精舍贈百岡道丈詩久向宮牆識步趨考槃山陸學如愚紛華等是浮雲過夢寐眞成野鶴孤舊業未須窮萬卷閒情那復賦三都心齋尋取簞瓢樂陋巷於今我丈

夫○陳洙題百岡長者山居詩長者山前築別居門逕
五桂欲凌虛低徊不礙雲霄翼曲蔣還期駟馬車綠襯
苔痕依石砌青流草色映圖書君
家原是隆中後三顧應須出草廬

器物 附

桓罍宏治間青州盜發齊桓公墓獲銅罍徑二尺高如之
爲盧龍朱錦所得後歸韓桃平家虞城破罍亦殉焉王猷
定四照堂集○猷定
有桓罍記載文徵

金罍晉太康中鑿井得之井在縣南一里今天慶觀東廡
嘉泰會稽志　國朝王振綱詩神仙杳然去金罍埋古
井井底流丹泉芬芳復清泠上有連理枝龍蛇動秋影
開樽坐松風
一磬晚山靜

鴛瓦五代清泰中澄照教寺有鴛瓦飛於甌峯上其地產金沙白石嘗聞鐘磬之聲萬歷志詳見寺觀

牙像梁武帝集上虞縣民李允之掘地得一牙像方減二寸兩邊雙合俱成獸形其內一邊佛像一十二軀一邊一十五軀刻畫明淨巧迹妙絕將神靈所成非人功也中有眞形舍利六焉沈奎補稿

許承瓢眞誥云上虞吳曇拔得許承一瓢贈褚伯玉伯玉亡後留付弟子朱僧標歷代寶之可受一斛唐先天二年勅女道士王妙行詣金庭觀投龍因持此瓢還長安

嘉泰會稽志○王振綱云金庭觀在嵊縣以吳曇爲虞人故著於錄

等慈寺鐘宋紹興十一年造　宋李光等慈寺鐘銘等慈寺於上虞爲大伽藍慶歷中咸潤師所刱建經方臘之變金碧之區鞠爲草莽越二十一載有僧首妙智大師志遠始出衣囊與其徒法常兼募衆緣經營而一新之師既以大厦安四衆又欲以鴻鐘警六時悲願既深衆應如響爰涓擇吉辰精求良工得富陽人陳誠稽合律度範模陰陽凡用銅三千六百觔高廣之數厚薄之齊咸適厥中將以覺昏聾滅罪垢迷法性者尋聲而頓悟沈幽途者聞響而解脫其功甚大寶紹興辛酉九月某日也邑人李光覩茲盛事隨喜結緣銘曰諸佛出世開方便門引導衆生莫捷聲聞爰作鴻鐘以警朝昏滅除罪垢誘掖善根衆生愚癡淪墮幽扃曠劫長夜永無出期大鼓一動若輪息機如雷如霆淵達幽明聲來耳邊不於空生若夢而覺若醉而醒衆眞羣魔稽首聳聽○沈奎補稿

古鐘江湖邊昔有尼寺一夕陷於湖有鐘墮水底相傳人或見之頃歲旱湖涸忽見鐘鼻鄉人共挽出之俄頃風雨暴至鐘復沒(嘉泰會稽志)

古鏡在七都西匯嘴普濟寺(又名空浦寺)井底(萬歷志餘詳金石)○國朝王振綱詩大士無慈航普濟胡以濟一鏡沈中流義在防海澨反復廿八字剝蝕籀文細鏡兮如有靈莫被毒龍制

銅漏在縣庫元至正二十五年造(嘉慶志○國朝李方湛有記詳見金石○謝啟)焜詩菩薩線落中原爭一月一星夾日行象緯示變民怨起太史不得操權衡天命已歸皇覺夢台溫睦婺兵縱横紹興尚行樞密院夜半刁斗聞江城誰司卯酉數更漏同官范器題姓名員職不與史志一或多或少或全失四郊多壘官制紛浙東分治事倉猝銘云鑄此節晨昏乙巳五月戊午日大小奉令政無渝懸壺聚橐軍

符密儒官雍容具文藻居敬暨制楊舜筆已亡蓋箭但
有箭鐵綫文字工無鈌其高二尺圍半之其法用銅通
於律至元初平南宋時象數新須郭若思南北日官驗
推測更作候極渾天儀玉陛指陳忘日昃水晶盤照天
同規嗚呼開基纔百年神器不守鐘虡遷慶元路守刻
漏在四百載過如雲烟推步立成法可考機伍制作今
猶傳曹江蘭亭楷隸外又見篆法冰斯鐫秋雨摩挲綠
苔漬採入兩浙金石編○邑令崔鳴玉歌玉蒸知昏朝
蓂莢識朒朓剡維布令甲順時昭信示周官準天行挈
壺以命氏漢代鑄銅儀取則亦昉此聞有鑿蓮花金光
燦燦縈縈抑或狀渴烏吐納辨寸晷亦有刻節法晝夜以
百紀又聞水可秤計觔一刻矣否則數點籤更可候浮
矢體用本相同形製各殊似此壺元明物銅肌暈青紫
散亡存者三天池與受水銘欵篆清疏至正之乙巳其
一類天池鑄自天順祀器既不復完用亦難指擬典庫
謹司藏寶貴良有以虞廷咨敬授孔門訓時使應作斷
啚供勤民
請顧禔

天順銅漏明天順七年癸未造嘉慶志餘詳金石

玉玦明萬歷四年丙子建浮圖於飛鳳山巔開土築基方五尺許得古玉玦一枚色黃潤而微有血漬痕須臾又得琥珀珠二枚大如指頂其小盃盂鑪盌之類甚多皆古陶器規制甚樸卽以玦與珠寘塔相輪中萬歷志

寶鼎明萬歷二十一年甲午民耕上妃湖田得古鼎銅色微白疑雜以銀汞質雷文篆花細密不知何代物也民以獻縣令楊爲棟送學供　文廟存祭器庫萬歷志○案甲午當作癸巳

墨林石藏曹恆吉家

沈奎補稿○恆吉自記略曹子過梁湖市見異石麗質而頑理長二尺有奇高不及尺者一寸下廣上銳左軒右輊面平正背凸凹不齊如削居人鑿以爲硯泥沙塗垢穢如也審視之如有花木自然之影問其自則曰此庚午秋七月大風雷雨虞山崩洪沙石中所出也亟命舟載石而歸置讀書處汲清泉且洗且刷滓穢去而墨痕見其自下而上者若雲林畫木二株花萼數瓣石之右自上而下若芥若蕉若槲葉色愈光潤晶赫可愛名之曰墨林誌異也

古盌　國朝康熙二十九年庚午居民於長者山掘得之

沈奎補稿○范蘭詩長者山藏神仙館掘之赤色土纂纂其陰舊得古金罍其陽新得今雙盌盌中紹聖錢累百小大俱看色黃白小者叩之音韻長大者無聲同瓦石色樸既殊寶氣別小爲宋陶大無識欒州韓家見其一云是隗囂墓中出若嗟絕物無明徵究見今人有眞匹江西磁盌世運車新建燒青寫百花陶工淫巧競高

耀近推宋斗尤豪奢人心厭舊作何極古道照顏良可嗟今人制器喜繁飾古人搏土取一色今人意思含妙微古人規模差反側即看漢盌徑周尺盎然上淺下逾窄素體全無雷色滋隱文微作梅花畫漢時在庭宋在野幾世幾人經愛惜人好易驚天地心物長易見鬼神責不憂光怪稀精鑒但恐完持無善策君不見茂陵玉盌出人間乾坤此貨稱難得

九枝樟在縣西崔公祠前一本九枝相傳爲五代時物明嘉靖閒居民以元夕張燈燃燭其上被焚至今名其地萬歷志

連理樟在金罍觀殿前階右樹二株大似殿柱高數仞枝結連理交互而上中成圓形咸豐辛酉粵匪入虞被砍

斲新纂

烈婦樟在縣西南南穴孫烈婦祠旁嘉慶志

安南牡丹在縣西四都大山下明陳金奉使安南見其國有牡丹名玉樓春者異之攜歸植園中歷今數百年繁豔如昔新纂

伏波銅鼓重五百兩古製斑駁藏連氏枕湖樓新纂○山陰沈寶森

銅鼓歌摩天金刀寒銅柱界蠻煙梟號何蹀躞銅馬金門立漢家火德鼓鑄成伏波一出空南溟莽莽武溪流毒淫娥江日落寒濤聲揚來奇響發水上驅策雷電爭彭鏗想見援枹馘鯢鯨將軍聲鼓催南征龍涎猩血蝕不得古綠剝剝疑銅精連君古英傑好古羅璆瑛鼓兮賀汝得所主漢盤周鼎那敢爭何當借此爲諫鼓勿以

后族埋勳名不然疊作漁陽摻一爲薏苡鳴不平蒼梧曾爲賢園寶自注商寶聽守梧得一貝多士題識亥越城璧合珠聯上湖渚天寒老鶴相對鳴自注君家有古銅鶴

李氏硯宋李莊簡舊物沈奎補稿○李光端硯銘贈六十五姪孟容紫淵之精膏潤不枯以昇猶子旌其勤渠村門著述如漢仲舒期汝裒然飛聲天衢○孟堅硯銘端巖之珍玉德斯具祕藏深淵如士未遇出爲世用匠石一顧溫潤中涵文彩不露伏膺寒窗守此貞素研窮經史講磨世務伸紙落筆三峽倒注丹墀縱言靑瑣緩步收功翰墨繄汝之助○孟珍端溪方硯銘端溪之石非鑿非斲爲汝硯斯文是力惟古聖賢是鑽是研飛聲丹陛落筆萬言○孟傳硯銘席上之珍鑽之彌堅曰吾衣鉢尼父所傳孰爲汝師南極老仙匣而藏之以昇曾元秉德之操如石之堅種學績文以磨以研治吾墨莊若農服田鹵莽滅裂其報亦然我銘斯硯以貽孟傳方寸之地破暗發蒙涓滴之水膏潤無窮溢爲江河升爲雲龍匣之藏之不敢妄用以全其

功

松花石硯藏沈奎家沈奎補稿○案余金熙朝新語乾隆七年庶子張南華鵬翀蒙召對賜御書是日賜松花石硯上有御製銘以靜爲用是以永年八字詞館諸臣豔稱奇遇後此硯不知何時散失嘉慶中郡人沈廷楷從江南歸購此硯以贈沈奎父烺背面八字一字不苟與熙朝新語適合

龍泓硯藏王氏寶硯山房硯左側有米芾龍泓二隸字右側有壬子趙芳洲惠亦山八字背有趙文敏楷字跋云吳興趙孟頫子昂寄贈京口石民瞻大德庚子夏五凡二十字又有文待詔隸字跋云嘉靖辛丑溧民耕土得

之今藏史有孚氏是歲九月既望長洲文徵明識凡二十八字新纂
倪文貞遺像古衣冠立梧樹下石旁曾鯨寫照有波臣小印藏縣南西山下徐氏家新纂

上虞縣志卷二十五下

輿地志

塋墓

漢

郡功曹王充墓在縣西南十四都烏石山萬歷志國朝嘉慶十二年邑人林鑑修治嘉慶志咸豐五年林鼎臣謝簡廷重修立石採訪○案舊志祗書某墓不書某官嘉泰志及省府志有書某官某墓者有祗書某墓者今遵用其例

合浦太守孟嘗墓在縣東南二里於越新編

尚書魏朗墓在縣西北四十二里〔正統志〕

孝子楊威母墓在縣東北上〔水經注○案萬歷志嘉慶志並云縣北亦有楊威墓水經注無此文刪〕

孝婦包娥墓在縣東北五里蘿巖山下〔正統志○國朝邑令莊綸渭包孝〕

婦歌吁嗟乎予于役過孝娥嶺喟然太息而低徊鏡鸞隻青春頹華黍代冰霜摧心誓井水去纖埃姑老壽終姑女奚疑哉誣鴆冤獄胡爲來恐傷姑心不忍剖甘蹈白刃況陰霾於時上天怒不止旱成三年災吏再陳冤太守理罪人斯得與雲雷大雨滂沱潤四野孝娥心跡光昭回雖死能令衆膽落宇宙生氣爲之開笑從夫壻游地下人間黃鵠歌空哀至今嶺頭魂魄毅碧血猿鳥鳴蒿萊姓氏當與東海比北宮孝養何能偕聞之東漢包全女全以孝聞一萌根荄以孝繼孝孝尤摯曹娥終古相追陪風雷不外一誠格金縢玉井千秋垂〔井至今存邑人稱爲〕

抱我爲擴其址而崇其臺墳外地邑人輾轉售諸余捐俸贖還更買青松三萬栽俾茲孝娥之墓長崔嵬

孝女曹娥墓在曹娥廟左今屬會稽縣界萬歷志

葛仙翁墓在縣西南四十里葛公山巔有石室高丈餘狀如冢嘉泰會稽志○案府志云神仙傳葛元居會稽語弟子張恭曰今當解去遂入石室而卧三晝夜大風折木良久而止然燭視之但有衣在豈即此地而名墓耶備稿云廣輿記廣信府鵞湖山有葛元塚又句容縣有葛元墓弁此而三未知孰是

晉

太傅謝安墓在縣西北四十里史云安葬在建康梅岡此云安墓未詳案南史謝靈運父祖並葬始寧或是謝元父子墓爾○嘉泰會稽志○案萬歷志曰謝文靖墓在東山非也金陵志云安葬

梅嶺岡後彼陳始興王叔陵葬母彭氏發墓棄其柩而安有裔孫爲長興令乃遷葬於此備稿曰廣興記云謝安墓在上虞孫枝東山考云車騎親載旅櫬申首邱之義同生七人相從於東山又按謝邈死難方明逃免營舉凶功數月乃畢是舉數十喪皆於始甯卜兆安厝謝氏墳在東山者自安石下何啻數十據諸說安墓所在當以萬歷志之說爲可從嘉泰志謂謝元父子墓是也備稿引東山考及謝方明傳語竟謂始甯卜兆何啻數十恐未盡然謝元疏中雖有同生七人凋落得及視息瞻睹墳柏云云而相從東山要自孫枝添說何足依據即謝邈傳云並害兒弟竟至滅門然南史惟邈弟沖沖子明慧爲孫恩所殺見謝石及沖子方明傳餘無可考方明營葬或爲沖與邈暨明慧墓邑志塋墓似當删太傳謝安墓增補車騎將軍謝元秘書郎謝瑍散騎常侍謝沖諸墓然其地是否在今東山不可考矣

魏道微墓去縣西北四十里案道微於謝安山昇仙安得有塚疑葬衣冠也○正統志

唐

沈府君墓在寶泉鄉見新出土沈府君墓誌銘

處士葉再榮墓在寶泉鄉孝敬里見唐麋簡墓誌銘

吳越公主墓在縣北小越伏龍山正統志○國朝王振綱詩臨安城中錢婆留吳越一鎮據上游能驅銀浪三千弩能固金湯十四州虞東有湖恣登眺湖上古井清泉劉隆隆黃土起高冢白楊蕭瑟風雨秋云是當年公主墓漆燈明滅青燐浮鈿蟬金雁瘞芳草伏龍臥虎悲松楸蘭岫迢迢隔雲樹蘆灘歷歷眠沙鷗君看豐碑字滅石橫臥安知其中不藏貍貉與蚍蜉

宋

周元吉墓在長者山萬歷志

校書郎劉瑜墓在智果寺西阜墓傍有古松一株高數百丈大數十圍覆垂於地於越新編國朝康熙庚戌六月爲大風吹折康熙志○案劉氏譜瑜祥符間進士乾隆府志作漢校書郎誤

資政殿學士李光墓在二都姜山萬歷志○案備稿云方輿路程考略云在餘姚竹山案竹山與姜山相去不遠墓碑係朱子所題國朝周鼒謁李莊簡公墓詩當年怒目指咸陽欲斥權奸抱恨長嶺外青鞋雲路黑塚邊丹樹日痕黃靈旗閃閃空山雨喬木森森古篆堂南渡山河公浩氣至今樵牧肅瞻望

武經大夫黃發墓在蘭芎山麓補稿○案杭世駿黃應乾傳發高宗時爲武經大夫

龍圖學士趙子潚墓府志作趙繡誤在瑞象寺前劉漢弼墓北斷

碑猶存萬歷志○明趙若虛斷碑詞嗟我龍圖公邱墓象山裏洪雨頹高岡年深失修理人侮子孫微
逐日加侵毀雖有宰木生盜之光如洗石虎樵磨刀石羊牧玩戲石馬眠竹籬石人臥荒地剩有一碑銘先代胡公製上下除竊龍高約丈三四刻石頌功勳密密皆文字既爲冰霜砭復因風雨漬濛濛莓苔生齾齾塵埃蔽字畫不分明魚豕難辨異擾擾仕宦流皆來閱遺址近寺僧道璉聲聲怨累已乃生大毒心夜碎豐碑峙官府責近鄰枉罪平民罪復遇賀邑侯欲取誌文紀爲憫先賢遺追悔事中止雲頭龍剝落足下龜裂體從此石散分石散文章廢雖有一紙摹藏之示衆世近因倭寇侵將去人家寄入家不收拾鼠損紙遂棄今人生已遲無復見碑記嗟嗟此石碑亦有興與替此碑雖可亡口碑猶未已康熙志

兵部尚書宋延祖墓在任嶴口

郎中豐誼墓在縣東五里於越新編

經略潘時墓在縣西北三十里正統志○案備稿云朱子墓誌謂葬永豐鄉姜希嶼

而道萃編別有一傳云

後遷西十里曾家峫

觀文殿學士孫邦仁墓在油車畈朱山嶴口萬歷志

文州防禦使趙不抑墓在化度寺山補稿

武翼郎趙善傳墓在蔡墓山杜君廟側備稿

侍郎劉漢弼墓在縣西南十里瑞象寺前萬歷志即南嶴竹

陡灣一名侍郎岡墓前表有詔修劉忠公墓道七字○採訪

鄞縣丞劉漢儀墓在縣北蘿巖山側傳嶴採訪

司農卿劉漢傳墓在二都狀元嶴嘉慶志

提刑趙彥𥟕墓在縣北五夫鳳凰山正統志○案嘉泰志作在五夫山鳳凰村誤

朝散大夫趙彥繩墓在永豐鄉金雞山孫爌湖集

承奉大夫葛曦著作郎葛季昴墓並在縣後山萬歷志

廣州知府趙良坡墓在西溪湖眠牛山墓上有樟木三株於越新編○元林希元題趙良坡趙友直墓銘宋有遺澤慶諸遠孫惟公壯志卓彼超羣篤約以禮博學於文務行仁政四海必聞視其不義藐若浮雲惟臨大節盡命忠君父忠子孝起自一門名垂萬世以鎮乾坤據此疑友直墓亦在是山

知縣趙良坦墓在邑之玉霧山補稿

進士夏夢龍墓在縣東南十里正統志○案夢龍湻祐庚戌進士嘉慶志列入元人誤

黄柟墓在阜李湖萬歷志

孝子錢興祖墓在五夫鳳凰山萬歷志○案孝子生宋嘉定癸酉卒元至元己卯故舊志皆列元今從錢玫稿改此

靖林侯竺均墓在寶泉寺左女仙山採訪

郭知府墓在縣北十里阜李湖東正統志○案康熙志作郭知縣名與年甲均不可考

承議郎主管官誥院王茂孫墓在保泉鄉圭山之原乾隆府志

○案茂孫時代無考

孝女朱娥墓在縣南六里董家嶴萬歷志

侍郎倪思墓在賀溪餘姚縣志○案備稿云倪思其先自青州扈蹕南遷居吳興宋史有傳但載其知紹興不言居餘姚餘姚志以爲墓在賀溪湖州府志則云在烏程縣西十五里未知孰是

龍圖閣學士通奉大夫尚書黃度墓在葛仙鄉鳳凰山絜齋集○案度宋史有傳字文叔新昌人隆興元年進士

承事郎孫洋墓在永豐鄉孔堰孫燭湖集○案備稿云洋字叔度餘姚人嘉泰元年十二月與夫人王氏合葬

觀文殿學士王爚墓在葛仙鄉新昌縣志○案爚宋史有傳字仲清新昌人

端明殿學士會稽縣開國伯王克謙墓在鳳凰山之原克謙字德炳會稽人咸淳丁卯二月與夫人高平郡君史氏合葬○乾隆府志

元

孝子俞文珪墓在縣北五癸山麓備稿

隱士張岳墓在薑家嶴萬歷志

樞密院都事王霖墓在鮑家嶴萬歷志

吳淞教諭徐昭文墓在縣北四十里橫山西麓採訪

隱士徐瑞卿墓在縣北四十里厲家嶺西王廉撰墓誌銘採訪

縣尹林希元墓在縣西南瑞象寺左於越新編

縣尹李睿墓在城北三里葉眺之原萬歷志

明

徵士劉履墓在縣西象田山萬歷志

晉府長史朱右墓在蘭風山萬歷志

薛氏三世墓贈吏部郎中薛廷玉禮部主事薛文舉吏部郎中薛常生墓俱在縣西南駱家嶺萬歷志

葛氏七世墓徵士葛貞墓在董家嶴御史葛啟墓在官樣獅子山贈大理寺卿葛文玉墓在板橋下王山贈大理

寺卿葛用聲墓在大井嶴大理寺卿葛浩墓在方嶴山

西參政葛木墓在麻茆舊作嶴常熟知縣葛㮇墓在姥嶺

袁州同知葛焜墓在大井嶴萬歷志

徵士范文煥彰誤舊作墓在官㨾山萬歷志

侍郎劉鵬墓在二都萬歷志

郎中劉諫墓在南嶴覆船山萬歷志

御史王誠墓在牛欄嶴萬歷志

饒州知府葉祗墓在縣西南駱家嶺萬歷志

江陵丞鍾霔墓在任家滙萬歷志

戸部侍郎杜思進墓在任嶴萬歷志

僉事謝肅墓在横塘内謝郎灣康熙志

禮部尚書嚴震墓在九都東華村採訪○案萬歷志在嚴巷頭松樹墩誤

東阿知縣貝秉彝墓在貝家嶴萬歷志

福建按察使僉事徐喬年墓在方山康熙志

徵士張程墓在樊家嶺萬歷志

庠士張輝墓在西黄浦萬松山萬歷志

布政使張居傑墓弟僉事居彦墓俱在道士嶴萬歷志

知府張嵩墓在官様山萬歷志

通判林釗墓在屈家堡康熙志

車氏四世墓政和丞車勿墓在家上西山贈雲南參政車克高車廷器墓並在英畧副都御史車純墓在董家畧萬歷志

御史葛昂墓在客山下萬歷志

知州顧琳墓在西大園萬歷志

御史范宗淵案名清墓在西溪湖山萬歷志

南貴州道監察御史葛詡墓在官様山萬歷志

贈刑部尚書洪榮甫墓在蘿巖山下萬歷志○備稿曰在今木斗山

布政使陳金墓在驛亭萬歷志

參議王鋐墓在西城內山萬歷志

州判韓琪墓在九都裴屠村採訪

教諭范升墓在東官樣山萬歷志

孝子俞正儀墓在潛家嶴萬歷志

教諭俞繪墓在湖田灣萬歷志

布政使王進墓在蕭家嶴萬歷志

布政使陸淵之墓在西横山萬歷志

太常少卿潘府墓在大雲嶴嘉靖間賜祭奠浙江通志

贈禮部主事陸金墓在横山北萬歷志

贈工部主事張璁墓在西黄浦萬松山萬歷志

訓導葛銘墓在板橋畈上樊家嶺萬歷志

訓導葛瑀墓在丁高山萬歷志

教諭范璉墓在駱家嶺萬歷志

贈大理寺評事陳世英墓在楊家溪萬歷志

教授錢暠墓在駱家嶺萬歷志

知州范塤墓在石塘嶴萬歷志

孝子杜湮墓在王家橋萬歷志

姚氏三世墓教諭姚鏜墓在查山贈兵部員外郎姚霽墓
在磁窰山太僕寺卿姚鳳翔墓在應家㠗萬歷志

參政張九容墓在板橋紗帽山萬歷志

浦城知縣劉珩墓在蔡墓山萬歷志

徵士鍾欽禮墓在南山萬歷志

處士許璋墓在縣後山黃泥岡萬歷志○明陳維新弔許半圭墓詩北山萬疊蓮花
護中藏大隱先生墓秋暮訪謁落木深雨榛烟棘步履
誤已無子孫祠下居老農指是前高樹長松巋肅方碑
蹲剝蘚捫識處士字丹文隱現入人目新建題年嘉靖
四先生陽明洞中友持慮懷疑新會走芒鞋踏破羣迷
開一點空虛納萬有吁嗟乎漢南龍光占星文天下誰
人不識君紫氣霏微吳楚分鄱湖血猩艎艫焚大藤未

掃寬蘇湖脇從罔治遹岑孤西南用兵稱得志姚安山川列版圖滌蕩勳光韓襄毅辛勤經略東潛夫泉石心英雄手風雲略烟霞守眞隱絕著書避宅甘棲畝確乎不可拔潛龍初用九誥券簪纓偉麒麟蘿巖破屋齊芻狗功高謗速身後名剷跡息機生前叟生前身後彈指間古心如對青山朽日暮荒巒毒霧起徘徊不去還自喜虎豹窺羣麋鹿指仰視高山俯流水我來弔古大奇特不拜通侯拜處士

韶州同知韓鉄墓在鄭家𡸣萬曆志

將樂知縣陳大經墓在橫山龍舌萬曆志

福建按察僉事陳大紀墓在孝閭嶺萬曆志

徵士徐文彪墓在黃家𡸣萬曆志

郎中張文淵墓在萬松山弟沐陽知縣文澐墓在蘿巖山

下萬曆志

玉山知縣孫景雲墓在南穴萬曆志

興化知府朱袞墓在黃泥山萬曆志子刑部員外郎朋求墓在岡側補稿

知縣石淵之墓在大尹山萬曆志

瀓江知府顏燵墓在西北城下萬曆志

倪氏三世墓倪鎧墓在孟家墓之平洋倪應蘄墓倪湅墓並在白馬湖山乾隆府志○王振綱曰萬曆志載倪鎧墓在橫山前倪應蘄墓在孔家堰蕭家嶴又康熙志倪湅墓在白馬湖山下岡詳略互異附錄存之

副使陳楠墓在蒲灣山萬歷志

光祿少卿徐子熙吏部郎中徐子俊墓並在裏車山萬歷志

朝城訓導徐子麟墓在車山萬歷志

贈大理少卿徐子忱墓在裏溪山萬歷志

通判徐子宜墓在俞村山萬歷志

御史葉經墓在鄭鑑山萬歷志

御史謝瑜墓在姜山萬歷志

御史陳紹墓在魏官山嘉慶志云在皁李湖瑞蓮堂側弟刑部郎中縉墓在杜家山萬歷志

侍郎陳洙墓在甑箅山萬歷志

工部主事胡景華墓在馮浦山萬歷志

贈大理少卿徐學詩墓在管溪石龍頭山萬歷志

銅陵知縣陳佐墓在東横山萬歷志

應天府尹陳絳墓在崑崙山萬歷志

貴州參政徐維賢墓在方山嘉慶志○案萬歷志誤作石隴山

孝子須有文墓在十六都須宅泗洲塘嶺下邑令胡思伸旌墓立石採訪

大興知縣謝讜墓在荷葉山萬歷志

僉事張承賚墓在梅塢邱潭嶺萬歷志

贈南雄同知陸如大墓在何家嶴萬歷志

王昌二墓在十九都達溪眼狗山採訪

副使金柱墓在龔嶴萬歷志

蘇州同知徐希明墓在洪巖山萬歷志

神秘營副將顧景元墓在九都太平橋北採訪

陳希周墓在夏蓋山楊家園補稿

主事謝師嚴墓在鮎魚山萬歷志

鍾億墓在上黃嶴萬歷志

工部郎中顧充墓在九都桑家村旁採訪

贈兵部右侍郎徐鄰墓在石家西嶴嘉慶志云在溪西虎尾山子工部員外郎宗孺墓在陳家嶴戶部尚書人龍墓在戴家山康熙志

贛州府推官唐藩墓在十一都虎李巷山康熙志

四川按察使徐良棟墓在方山康熙志

主事徐觀復墓在柯家山康熙志

工部員外郎徐爾一墓在隱地山康熙志

副使徐景麟墓在溪南山康熙志

副都御史陳維新墓在屈家堡康熙志

左庶子丁進墓在浮山康熙志

唐芳墓在縣東花園畈康熙志

主事趙燮墓在五夫東潛鄉浙江通志

湖廣德安同知趙德遴墓在上妃湖梅花地乾隆府志

翰林學士徐復儀墓在方山康熙志

王肅墓在上舍嶺徐家嶴萬歷志○案肅官階年甲里居無查故附於此

丁節孝墓在大齊嶴康熙志

烈婦宋黎氏墓在阜李湖東採訪

上虞巡檢邱鈞母馬氏墓在鳳鳴山之原補稿

兵部尚書陶諧墓在花浦嘉靖二十八年諭祭葬乾隆府志

雲南左布政使司陶幼學墓在王家滙乾隆府志

吏部侍郎董玘墓在十二都大善村海螺山一名隆祐山新增萬歷間諭葬乾隆府志

國朝

贈通奉大夫趙鶴墓在五夫里東潛鄉鎮龍橋浙江通志○王振綱曰鶴字康侯明武德將軍燮英次子歸安庠生爲殿最之祖

州同趙汝舟敎諭趙汝旭墓並在五夫朱家灘浙江通志

建甯同知趙振芳墓在十都洪山湖備稿

御史王世功墓在六都西成橋新增

孝子謝甯渙墓在五都二里永安橋田補稿

孝子王全璧墓在蛟山弟全琮墓在虹樣村備稿

息縣知縣徐自任墓在王家嶴山新增

新安知縣徐雲祥墓在戚家嶺弟徧修雲瑞墓在裏溪梅花墩新增

教諭朱亦楝墓在九都唐家橋江西戴均元題墓採訪

通渭知縣王煦墓在縣後山黃泥岡備稿

湖北上荆南道錢駷墓在南門外樊家嶺備稿

知府陳瀛墓在楊家溪備稿

奉政大夫王望霖墓在西陡亹鮎魚山備稿

孝廉方正錢玫墓在朱村備稿

孝子袁翊元墓在孔家畧採訪

贈道銜候選知縣陳景祺墓在小官山嶺黃泥山採訪

贈道銜龍溪知縣錢世敘墓在黃泥岡琵琶墩下採訪

烈婦陳金氏墓在夏蓋山麓羊角井頭補稿

古墓附

蔡墓在縣西十里世傳是蔡伯喈墓案邕固嘗避難至越然史載邕六世祖與其父及母死廬墓事不聞有墓在此也死獄中又不在越非漢蔡邕明矣太平御覽載人有夜坐論史忽有叩戶自稱蔡邕字伯喈者人曰死王允獄中非子耶鬼曰彼自東漢之蔡伯喈也吾姓字適同耳以此推之殆亦此類姑存之○嘉泰會稽志○案正統志云去縣西十五里五龍山儒先蔡邕葬此故名非讀曹娥碑蔡邕也萬歷志云在縣西五龍山世傳爲蔡邕父母墓王山史云蔡邕係上虞孝子非漢中郎諸說以嘉泰志爲最初當從前志列入漢代今仍據嘉泰志附後

楊素墓在縣西北五里亦見舊經或謂素死長安又非越人疑有同姓名者爾○嘉泰會稽志

焦氏墓在五夫里東齋記事紹興上虞縣有村市曰五夫故老云有焦氏墓於此後五子皆位至

大夫因名又云余嘗過其處見道旁古石塔有刻字可讀乃會昌三年余珠所記云草市曰五夫因焦氏立塋於此孝感上聖而爲名○新增

玉岡古墓在縣署後玉岡山相傳元末上虞尹死亂葬此

國朝知縣張致高記曰袁太史枚小倉山房全集內載錢辛楣少詹言上虞署後有古墓相傳新令至必祭之乾隆間有冉姓者宰其地不修此禮一日至廳審事見有古衣冠客乘輿至徑上堂曳冉入書室家僕從之聞冉語多嘵嘵不可辨忽厲聲言我姓蘇名松元末進士尹上虞死亂葬此汝獨不修祀事乎良久乃蘇遂朝服祭之道光庚戌八月之杪余來宰是邑將入官解吏呈儀請祭署內後園忠節公從之循階北上大樹環繞草木蘩茂巍然而馬鬣者在焉折而西南歷石級以下爲明堂明堂之北爲祠祠爲墓門碑高四尺餘字漫滅不可識邑志莫紀世代名字不可考但相傳爲賢宰忠節公之墓云爾竊以所見揆之袁太史之說不爲無徵

夫懷忠抱節之士能使百代興起俎豆不墜而不能壽
其名於一編半簡之餘於是託物以自鳴如神降石言
譎異或亦其生平浩氣常留天壤必不與澌然者俱盡
而後達之八因假稗官之口以破後世之疑者乎簡齋
之說不得盡指爲誕也因考邑志虞邑一殘於晉之孫
恩再殘於元之方國珍皆不紀邑宰名氏與其事蹟豈
當亂離之後文獻中絕乎明末則甫田余颺知縣事甲
申都門之變土賊乘機竊發颺率鄉勇巷戰格退之初
不言颺死節事如先生爲元進士豈遭方國珍之難而
湛身者歟惜乎簡齋之書出之詭俶未敢遽以傳信而
後之八得一遺文又矜矜焉恐其有合與其過而廢焉
不如過而存之是以誌其文論其世以備後之君子採
擇焉光緒三十年知縣唐煦春
復有記勒石墓前○新增
案塋墓之志所以禁樵采而防護之也自墓大夫之職
不修往往名賢邱隴有數百年後而爲牛羊踐踏者雖
然傭丐皁隸子孫亦知世守必一一登之記載亦冗濫
而鮮當茲據嘉泰志省府志正統萬懋各志暨采訪冊

依時代爲次首錄鄉之賢者異方之賢次之女之賢者
附鄉賢後明以前見舊志者都錄　國朝擇賢名較著
者錄其他年世未遠後嗣能守姑從闕如以俟來
者至若前志傳疑確無依據過而存之通錄簡末

上虞縣志卷二十五下

上虞縣志卷二十六

食貨志

戶口按田攤派之丁入田賦中此著滋生實數而已

宋

大中祥符四年上虞戶五千一百四十一丁二萬八千二百五十七嘉泰會稽志

嘉泰元年上虞戶三萬三百三丁三萬二千三百一十九不成丁九千四百五十八嘉泰會稽志○按乾隆府志及嘉慶志引此條二千作三千九千作四千皆誤

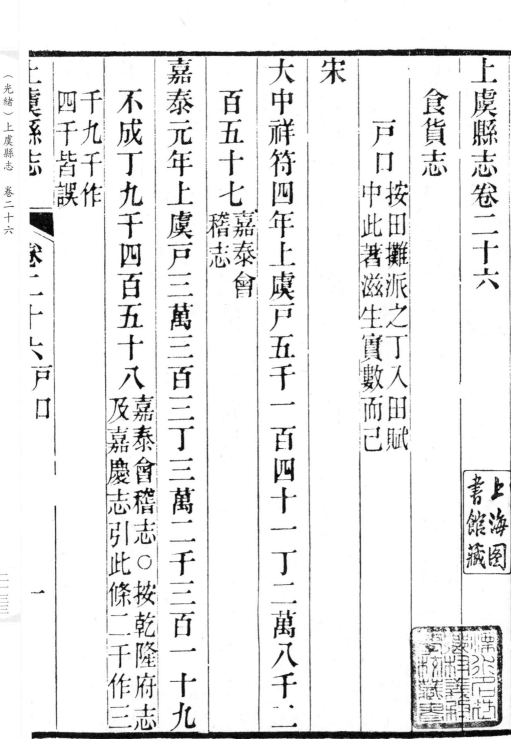

明

洪武二十四年戶三萬三十七口十三萬七百三十四萬歷志○按萬歷府志作一十三萬一千七百三十四

永樂二十一年戶三萬一千九口九萬二千二百四十一萬歷志

永樂籍上虞戶三萬四千一百十九口八萬萬歷府志

天順籍上虞戶同永樂籍萬歷府志

嘉靖十年戶二萬二千四百一十二口四萬四千三十六萬歷志

萬歷十年戶一萬九千三百十一口三萬五千六百三十八萬歷志○按萬歷府志戶口數與此同戶下注民之戶一萬七千八百八十軍之戶九百四十匠之戶三百一竈之戶一百九十陰陽之戶五捕之戶三僧之戶二十五道之戶三口下注男二萬三千二百五十九婦一萬二千三百七十八細數與總數不相符合當有誤字

萬歷三十四年戶一萬九千三百一十有一丁口三萬五千六百八十有二其男丁二萬三千二百五十有九婦女一萬二千四百二十有三內分鄉民人丁一萬六千六百一十五竈丁一千八百五十四鄉民婦女九千四百六十三市民人丁四千七百九十市民婦女二千九百六十○萬歷志

國朝

康熙籍上虞戶一萬五千二百一十三舊有民戶軍戶匠戶竈戶陰陽戶捕戶僧戶道戶諸名色不一今惟別以紳戶衿戶民戶竈戶口六萬八千九百三十八男四萬四千二百五十九婦二萬四千六百七十九○康熙李府志　五十二年三月十八日　上諭海宇承平日久戶口日繁嗣後直隸各省地方官遇編審之期察出增益人丁止將實數另造清冊奏聞其徵收錢糧但據康熙五十年丁冊定爲常額續生人丁永不加賦於是各直省郡縣將新增人丁實數繕造清冊名爲　盛世滋生冊是歲上虞縣增益人丁四千四百一十一口俞府志

雍正四年實在人丁三萬八千一百八十八丁口九年編審舊管人丁三萬八千一百八十八丁口新收人丁一萬五千八百一十二丁口開除人丁一萬五千五百七十一丁口實在人丁三萬八千四百二十九丁口實在市民人丁五千一百七丁內除原額完賦市民人丁四千七百九十丁外實

盛世滋生寄居人丁三十二丁土著人丁三百一十六丁其增益人丁三百四十八丁實在市民人口三千一百八十八口內除原額完賦市民人口二千九百六十口外實

盛世滋生寄居人口一十五口土著人口二百三十五口其增益人口二百五十口實在鄉民人丁一萬七千七百九十七丁內除原額完賦鄉民人丁一萬六千六百一十五丁外實

盛世滋生土著鄉民人丁一千二百八十六丁實在鄉民人口一萬一百八十二口內除原額完賦鄉民人

口九千四百六十三口外實盛世滋生土著鄉民八口七百九十九口實在竈丁一千九百一十四丁內除原額完賦竈丁一千八百五十四丁外實盛世滋生土著竈丁六十四丁○乾隆通志

乾隆五十六年上虞縣戶五萬七千三十五戶男女大小丁口十七萬六千五百七十七丁口乾隆府志

嘉慶籍上虞戶六萬四千一百七十二口十七萬八千二百六十六嘉慶志

同治八年編審男大五萬九千四百九十七丁男小二萬二百七十三丁女大五萬一千五百六十六口女小一萬四百九十三口加入籍棚民一百三十七丁口寄籍

棚民六十九丁口本縣煙戸冊

光緒十六年編審實在男女大小十四萬七千二百三十六丁口加入籍棚民一百十四丁口寄籍棚民七十九丁口本縣煙戸冊

田賦上

明

洪武籍上虞田地山蕩池塘共八千九百八頃四分一釐

田三千九百一十九頃二十一畝二分九釐一毫　地八百四十六頃九十畝六釐二毫　山四千一百二十八頃一十四畝四分七釐五毫　池九頃一十七畝一分五釐　蕩三頃六十二畝九分二釐五毫　塘九十

四畞五分七毫

○萬歷府志

萬歷籍上患田三百七十九頃四十四畞一分四釐三毫

中患田六百九十六頃三十畞九分五釐七毫　熟田二千八百三頃九十畞二分六釐一毫　破岡等畈患田三十六頃二十一畞六分　例不起耗竈田六十二頃二十八畞七毫　池塘瀝二十七頃五十畞一分四釐五毫　地八百三頃一十九畞三分三釐四毫　蕩五頃五畞六分九釐八毫　山四千九十八頃八十七畞九分三釐七毫　學山三十頃八十五畞萬歷志○按萬

歷府志萬歷十三年田地山蕩池塘瀝共八千八百八十三頃六十四畝四分九釐八毫內田三千九百四十六頃二十六畝八分七釐二毫地七百七十七頃五十六畝七分五釐五毫山四千一百二十九頃七十二畝五分三釐七毫蕩四頃七十四畝三分八釐一毫池二十頃一十二畝五分五釐二毫塘五頃一十六畝二釐一毫瀝五畝一分三釐九毫熟池塘瀝一十七頃二畝二分四釐七毫中患塘瀝四頃八十六畝三分六釐二毫下患塘瀝三頃四十五畝一分三釐五毫與徐待聘縣志頗有參差徐志成於萬歷三十四年其中相距二十一年必有陞改之處已無可查考

國朝

康熙十年上虞田地山蕩池塘瀝共八千九百三十四頃五十三畝四分九釐七毫七絲五忽田三千九百八十頃七十四畝三分

九釐六毫八絲五忽　地七百九十四頃三十七畝一分二釐六毫九絲　山四千一百二十九頃七十二畝五分三釐七毫　蕩池塘瀝二十九頃六十九畝四分三釐七毫○俞府志○按康熙縣志所載皆萬曆時舊額此乃康熙六年清丈後實數

乾隆四十九年上虞田地山蕩池塘瀝共九千四百二頃三十四畝一分六釐九絲三忽五微　上患田　原額三百七十九頃四十四畝一分四釐三毫自康熙六年至乾隆八年歷案新增田五十七畝八分三釐二毫除乾隆三年豁免田四頃二十三畝六分七毫七絲　中患田　原額六百九十六頃三十畝九分五釐七毫自康熙六年至乾隆四十五年歷案新增田三十五頃七十二畝八分二釐二毫七絲六忽除雍正六年乾隆三年豁免田四頃四十六畝四釐九絲　熟田　原額二千八百三頃九十畝二分六釐一毫自康熙六年至乾隆三

十年歷案新增田六十二頃五十六畝九分六釐九毫六絲七忽五微除雍正六年至乾隆二十年豁免田七十三頃六十九畝一釐六毫五絲七忽

破岡等畈患田 原額三十六頃二十一畝六分自雍正十二年至乾隆四十五年歷案新增田一百八十二頃三十九畝五釐一毫七絲四忽 **例不起耗**

竈田 六十二頃二十八畝七毫

地 原額八百三頃一十九畝三分二釐四毫自康熙六年至乾隆四十五年歷案新增地二百七十頃五十一畝五釐九毫八絲三忽除乾隆三年至乾隆四十五年除地一十三頃二十九畝五釐三毫四絲

山 四千九十八頃八十七畝五分三釐七毫

學山 三十頃八十五畝

蕩 原額五頃五畝六分九釐八毫自康熙六年至乾隆三十年歷案新增蕩二十畝三分八釐

池塘瀝 原額二十七頃五十畝一分四釐四毫自康熙六年至乾隆三十年歷案新增池塘瀝二頃四十二畝四分二釐六毫一絲除乾隆八年池改墾田除池一畝一釐三十年塘改爲田除塘三分七釐四毫〇乾隆府志

嘉慶九年上虞田地山蕩池塘瀝共九千六百七十頃八十五畝六分八釐二毫六絲三忽上患田三百七十五頃七十八畝三分六釐五毫五絲　中患田七百二十七頃五十七畝七分三釐七毫六忽嘉慶五年新陞二百一十一頃四十一畝五釐三毫五絲四忽　熟田二千七百九十二頃七十八畝二分一釐四毫一絲五忽　破岡等畈患田二百十三頃三十八畝三釐四毫三絲四忽嘉慶五年新陞六十二頃二十八畝九釐二毫四絲一忽　例不起耗竈田六十二頃二十八畝七毫　地一千六十頃四十六畝三分七釐七毫五絲三忽　山四千九十八頃八十七畝五分三釐七毫　學山三十頃八十五畝蕩五頃二十六畝七釐八毫　池塘瀝二十九頃九十一畝一分八釐六毫一絲○嘉慶志

見存實額

上患田原額三百七十九頃四十四畝一分四釐三毫康熙六年爲清查各省等事案內丈出田一十一畝雍正七年爲欽奉
上諭事案內首報陞科田三十二畝一分九釐乾隆八年爲確查開報陞科事案內陞科田一十一畝八分八釐五毫二絲又爲加陞田糧事案內地改墾田二畝七分五釐五毫除乾隆三年爲請陞勸墾等事案內坍荒田四頃二十三畝六分七毫七絲

實該田三百七十五頃七十八畝三分六釐五毫五絲

中患田原額六百九十六頃三十畝九分五釐七毫康熙六年爲清查各省等事案內丈出田四十八畝康熙十六年爲籌餉期於有濟等事案內清出田一十四畝三分三釐二毫二絲六忽雍正六年爲飭查坍沒田糧等事案內陞科田三十二頃三十畝雍正七年爲欽奉
上諭事案內首報陞科田三十七畝七釐一毫五絲乾隆八年爲確查開報陞科事案內陞科田三畝六分又

爲加陞田糧事案內地改墾田七畝七分三釐二絲乾隆四十五年爲加陞田糧事案內地改墾田二頃三十二畝八釐七毫嘉慶五年爲遵　旨核擬具奏事案內報墾額外民願於當年起科田一百三十八頃四十七畝六分九釐三絲六忽又嘉慶五年爲遵

旨核擬具奏事案內報墾額外民願於次年二年後起科奉文統入於嘉慶五年入額田七十二頃九十三畝三分六釐三毫一絲八忽除乾隆三年爲請中勸墾等事案內坍荒田四頃一畝八分四釐五毫七絲雍正六年爲飭查坍沒田糧等事案內豁免沿海坍缺田四十四畝一分九釐五毫二絲實該田九百三十八頃九十八畝七分九釐六絲

熟田原額二千八百三頃九十畝二分六釐一毫康熙六年爲清查各省等事案內丈出田二頃畝四分二釐八毫八絲五忽康熙五十年爲遵例陞科事案內陞科田一十七

畝四分雍正六年爲飭查坍没田糧等事案内陞科田三十五頃畝雍正七年爲欽奉　上諭事案内首報陞科田八頃二十七畝一分九釐六毫九絲又爲確查開報等事陞科田九十畝雍正十一年爲確查開報等事案内陞科田六畝六釐八毫五絲雍正十二年爲確查開報等事案内陞科田七頃三十畝六分四絲乾隆二年爲確查開報陞科事案内陞科田二畝九分九釐九毫八絲七忽五微乾隆八年爲確查開報陞科事案内陞科田一頃九十五畝五分三釐九絲七忽又爲加陞田糧事案内地改墾田五十五畝二分二釐七毫一絲又爲加陞田糧事案内地改墾田一畝一釐乾隆三十年爲確查開報陞科事案内陞科田六頃七畝二釐二毫八絲八忽又爲加陞糧銀事案内地塘改墾田二十三畝四分八釐四毫二絲除雍正六年爲飭查坍没田糧等事案内豁免沿海坍鉠田四十九頃八十八畝八分五釐四絲八忽雍正七年爲請定各省耕耤等事案内置買耤田壇基共田五畝四分八毫乾隆三年爲請申勸墾等事案内坍荒田一十四頃六十二畝二

分九釐四毫一絲一忽乾隆九年爲再飭悉心等事案內豁免築塘廢棄田一頃二十六畝八分六釐三毫九絲八忽乾隆二十年爲彙報秋禾一隅被水等事案內被水冲坍沙石壅漲田一十七頃二十二畝一分一釐

實該田二千七百九十二頃七十八畝二分一釐四毫一絲五微

破岡等販患田原額三十六頃二十一畝六分雍正十二年爲確查開報等事案內陞科田一百三十九頃八十二畝五分九釐三毫二絲三忽又續報陞科田一十四頃九十七畝九分六釐二毫二絲八忽乾隆八年爲確查開報陞科事案內陞科田一十九畝三分乾隆十四年爲確查開報陞科事案內開墾田九十五畝八分應於乾隆十五年起科乾隆十五年爲確查開報陞科事案內陞科田七十三畝七分乾隆十六年爲確查開報陞科事案內陞科田一頃二十四畝八分乾隆二十五年爲確查

開報陞科事案內陞科田一十頃二十八畝九分八釐四毫二絲三忽乾隆四十五年爲確查開報陞科事案內陞科田一十四頃一十五畝九分一釐二毫嘉慶五年爲遵　旨核擬具奏事案內報墾額外民願於三年四年後起科奉文統入於嘉慶五年入額田六十二頃二十八畝九釐二毫四絲一忽除乾隆五十二年爲墾田已廢等事案內坍豁田五頃二十二畝六分一釐七毫四絲　實該田二百七十五頃六十六畝一分二釐六毫七絲五忽

例不起耗蘆田六十二頃二十八畝七毫

地原額八百三頃一十九畝三分二釐四毫　康熙六年爲清查各省等事案內丈缺地八頃八十二畝一分九釐七毫九絲一忽康熙十六年爲籌餉期於有濟等事案內清出地一頃六十九畝六分九釐六毫三絲六忽雍正七年爲欽奉　上諭事案內首報陞科地一十二頃九十八

畝九分二釐七絲五忽雍正十二年爲確查開報等事案內陞科地一頃五十九畝九分四釐四毫乾隆二年爲確查開報陞科事案內陞科地一畝二分又爲飭查坍沒田糧等事案內原坍田畝復漲陞科地四十九頃二十七畝七分四釐一毫七絲應於乾隆四十年起科乾隆八年爲確查開報陞科事案內陞科地五頃四十六畝一分五釐五毫四絲一忽乾隆十一年爲遵
旨議奏事案內開墾地二百四頃四十七畝四分五釐七毫應於乾隆十三年起科乾隆十三年爲確查開報等事案內開墾地九十畝應於乾隆十四年起科乾隆二十五年爲確查開報陞科事案內開墾地六十八畝二分七釐九毫一絲六忽乾隆三十年爲確查開報陞科事案內陞科地二十畝四分八釐乾隆四十五年爲確查開報陞科事案內陞科地二頃三十三畝三分八釐三毫乾隆五十年爲確查開報陞科事案內陞科地五畝四釐七毫一絲除乾隆三年爲請申勸墾等事案內坍荒地一十頃三畝九分九釐二毫二絲五忽除乾隆八年爲加陞田糧事案內地改墾田除地六十五畝七分

一釐二毫三絲乾隆九年爲再飭悉心等事案内豁免築塘廢棄地四畝一分五釐一毫二絲九忽乾隆三十年爲加陞糧銀事案内地改墾田除地二十三畝一分一釐二絲乾隆四十五年爲加陞田糧事案内地改墾田除地二頃三十二畝八釐七毫　實該地一千六十頃四十六畝三分七釐七毫五絲三忽

道光二十年報墾新陞額外沙地二頃二十畝六分四釐七毫六絲三忽

山原額四千九十八頃八十七畝五分三釐七毫

學山原額三十頃八十五畝

蕩原額五頃五畝六分九釐八毫康熙六年爲淸查各省等事案内丈出蕩八畝

二分六釐三毫雍正七年爲欽奉　上諭事案內首報陞科蕩八畝五分四釐五毫乾隆三十年爲確查開報陞科事案內陞科蕩三畝五分七釐二毫　實該蕩五頃二十六畝七釐八毫

池塘漊原額二十七頃五十畝一分四釐四毫　康熙六年爲清查各省等事案內丈出池塘漊二頃一十一畝三釐康熙十六年爲籌餉期於有濟等事案內清出池二畝五分六釐九毫二絲雍正七年爲欽奉　上諭事案內首報陞科池一十五畝八分三釐六毫九絲乾隆八年爲確查開報陞科事案內陞科池二分乾隆四十五年爲確查開報陞科事案內陞科池一十二畝七分九釐除乾隆八年爲加陞田糧事案內池改墾田除池一畝一釐乾隆三十年爲加陞糧銀事案內塘改爲田除塘三分七釐四毫　該池塘漊二十九頃九十一畝一分八釐六毫

一絲

原額戶口人丁三萬五千六百八十二丁口內

市民人丁四千七百九十口乾隆九年爲再飭悉心等事案內題免人丁一口四分七釐九毫乾隆三十年爲請申勸墾等事案內題免坍荒人丁二十六口六分七釐七毫乾隆二十年爲彙報秋禾一隅被水等事案內題免被水沖坍沙石壅漲人丁二十口五釐九毫二絲一忽乾隆二十四年陞科人丁一十口九分八毫五絲一忽實該人丁四千七百五十二口六分九釐三毫三絲

市民人口二千九百六十口乾隆九年爲再飭悉心等事案內題免人口九分一釐四毫乾隆三十年爲請申勸墾等事案內題免坍荒人口一十六口四分八釐五毫乾隆二十年爲彙報秋禾一隅

被水等事案內題免被水冲坍沙石壅漲八口一十二口三分九釐五毫二絲八忽乾隆二十四年陞科八口六口七分四釐七絲實該八口二千九百三十六口九分四釐六毫四絲二忽

鄉民八丁一萬六千六百一十五口乾隆九年爲再飭悉心等事案內題免八丁五口一分三釐一毫乾隆三年爲請申勸墾等事案內題免坍荒八丁九十二口五分三釐四毫乾隆二十年爲彙報秋禾一隅被水等事案內題免被水冲坍沙石壅漲八丁六十九口五分七釐九毫六忽　乾隆二十四年陞科八丁三十七口八分三釐八毫一絲八忽實該八丁一萬六千四百八十五口五分九釐四毫一絲二忽

鄉民八口九千四百六十三口乾隆九年爲再飭悉心等事案內題免八口二口九

分三釐七毫乾隆三年爲請申勸墾等事案內題免坍荒八口五十二口七分三毫乾隆二十年爲彙報秋禾一隅被水等事案內題免被水沖坍沙石壅漲人口三十九口六分二釐八毫五絲二忽乾隆二十四年陞科八口二十一口

五分五釐三絲實該八口九千三百八十九口二分八釐一毫七絲八忽

竈丁一千八百五十四口

照田起丁每田九十二畝二分三釐派市民八丁一丁每田一頃四十九畝二分四釐派市民八口一口每田二十六畝五分九釐派鄉民八丁一丁每田四十六畝六分八釐派鄉民八口一口每竈田三畝三分六釐派

竈丁一丁以上本縣賦役全書

合縣田畝字號凡二十三都外加鎮都城都皆仍萬歷之舊鎮都即五夫村城都近城村即萬歷之坊都　國朝添設恩都即湖陸爲田字號計一百三十五圖圖即里也

一都共二圖天地元黃宇宙熟田　二都共六圖洪荒日月盈昃熟田內昃字一號起至二千九百號止皆熟田以下皆老畈田又荒字除破岡畈三千五百五十號內皆老畈田外皆作熟田　三都共十圖辰宿列張寒來暑往秋收熟田　四都共三圖冬藏閏熟田　五都共五圖餘成歲律呂熟田　六都共五圖調陽雲騰致熟田　七都共三圖雨露中田　八都共七圖結爲霜金生麗水玉熟田　九都共九圖出崑岡劍號巨闕珠稱熟田　十都共

十一圖夜光果珍李柰菜重芥薑海鹹河淡熟田　十一都共四圖鱗潛羽翔
熟田　十二都共四圖龍師火帝鳥熟田　十三都共二圖官人皇
中田　十四都共四圖始制文字乃上中田內始字一號起二千九百九十九號止中田以下皆上田又制字一號起二千五百號止中田以下皆上田又文字一號起二千五百號止上田二千五百一號起至五千九百號止中田五千九百一號以下皆熟田又字字一號起二千五百號止皆上田二千五百一號起至七千四百七十五號止皆中田七千五百七十六號以下皆熟田又乃字一號起至二千四百九十九號止皆中田二千五百號以下皆上田　十五都共四圖服衣裳推
上田　十六都共二圖位讓上田　十七都共三圖國有虞
中田　十八都共三圖陶唐弔熟田　十九都共三圖

民伐罪熟田　二十都共三圖周發商湯熟田　二十一都共六圖坐朝問道垂拱中田內朝字一號起至三百號止皆熟田以下皆中田　二十二都共八圖平章愛育黎首臣伏戎羌熟田　二十三都共十四圖遐邇壹體率賓歸王鳴鳳在竹白駒熟田　鎮都共二圖食場熟田　城都共十圖化被草木賴及萬方蓋此熟田　恩都共二圖時和年豐熟田內年字一號起至三十號止熟田其餘中田惟時和豐皆熟田　續陞民安物阜老畈田　附時和年豐老畈田　附民安物阜新畈田　奉公守法新陞中田內奉字一號起至一百四十號止爲新陞中田一百四十一號起至三百號止作畈田　務本力農新陞畈田

渣大渣湖田老畈田　浮龍熟田　沙梁湖沙湖老畈田　附

天地黃老畈田　漳老畈田　東宙西宙熟田
寅列宿

附夏蓋湖歷次報陞田畝總數

雍正六年報陞田六千七百三十畝按依分數三十畝當作二十八畝六分六釐二毫四絲○時字一千九百六十一畝三分八釐三毫一絲七忽和字一千二百三十八畝六分三釐六毫二絲三忽年字一千七百二十八畝六分四釐三毫豐字一千八百畝　雍正七年報陞附和字田九十畝雍正十一年報陞田一萬四千六百九十五畝五分五釐八毫四絲七忽按依分數當作一萬四千八百三十六畝九分七釐四絲九忽○民字三千九百四畝二分四釐三毫四絲安字八百二十四畝一分五釐四毫八絲物字二千五百九畝六分七釐四毫四絲皁字四千七十畝附時字一千八百二十七畝三分二釐三毫一絲二

忽附年字一千七百一畝五分七釐四毫七絲七忽乾隆二十五年報陞田一千二百二十八畝九分八釐四毫二絲二忽按依分數當作一千一百二十三畝三分七釐六毫三絲六忽○附民字一百二十一畝一分八釐九毫七絲四忽附安字五十畝七分六釐一毫五絲五忽附物字一百十六畝八釐四毫九絲附阜字五百十一畝一分六釐五絲七忽附時字一百四十八畝五分三釐二毫三絲八忽附年字一百七十五畝六分四釐七毫二絲二忽乾隆三十年報陞田五百七十三畝三分三釐四毫八絲按八絲當作八忽○附時字八十六畝四分五釐一毫一絲五忽附年字五十九畝九分六釐二絲三忽附豐字四十六畝五分二釐七毫八絲附民字十九畝九分六釐八絲附阜字三百六十畝四分三釐四毫一絲乾隆四十五年報陞田四百七十畝附阜字一百七十畝附列宿字三百畝

以上六次共陞田二萬三千七百八十六畝五分三釐九毫九絲按依上數當作二萬三千八百二十二畝三分四釐三毫三絲三忽○備稿

嘉慶五年報陞中田二萬一千一百四十一畝五釐三毫五絲四忽按依分數五釐三毫五絲四忽當作八釐四毫四忽○奉字五百一十八畝六分四釐公字四千三百八十一畝四分三釐一毫六絲四忽守字四千六百六十四畝六分三釐八毫七絲八忽法字二千三百十六畝四分六毫六絲二忽務字一千三百七十五畝八分一釐三毫六絲八忽本字三千九百十一畝五分六釐一毫三絲力字一千一百六十畝七分一釐四毫二忽農字三千六百三十一畝八分七釐九毫○按本字三千九百十一畝依總數當作三千九十一畝百字必誤加報陞畈田六千二百二十八畝九釐二毫四絲一忽按依分數當作一分一釐九毫四絲四忽

○奉字七百四十五畝五分二釐七毫二絲五忽公字一千五十七畝四分九釐七毫三絲七忽守字一千五百三十七畝五分九釐二毫九絲七忽法字三百九畝四分九釐四毫五絲三忽務字八百二十九畝七分二釐七毫三絲六忽本字一千七十七畝四分四釐二毫七絲九忽力字一百二畝七分三釐一絲七忽農字五百六十八畝

一分七毫

共續陞田二萬七千三百六十九畝一分四釐五毫九絲五忽按依上數當作二分三毫四絲四忽○本縣田畝冊

以上田額

南齊

上虞百戶一滂南齊書周顒傳建元初爲長沙王參軍後軍參軍山陰令縣舊訂滂民以供雜史顒

言之於太守聞喜公子良曰竊見滂民之困困實極矣
役命有常祗應轉竭蹙迫驅催莫安其所每至滂使發
動遵赴常促輒有柤杖被錄稽顙階垂泣涕告哀不知
所振又云山陰邦治事倍餘城然略聞諸縣亦處處皆
蹟唯上虞以百戶一滂大爲優足按賦役之專
隸上虞者此爲最古舊志不載今補之○新纂

宋

嘉泰元年上虞夏戶入身丁錢舊管三千二百九十八貫
二百文今催五千一百二十六貫七百二十文　紬一
千三百三十五疋三丈七尺今催一千八十六疋一丈
一尺四寸三分　絹一萬三千九十九疋二丈一尺今
催一萬二千四百四十九疋一丈八尺一寸二分三釐

按乾隆府志引此條二分作三分誤綿六千九百七十二屯二兩二錢五分五釐今催四萬六千一百九十七兩二錢五分五釐三毫五絲　秋苗米上虞額管三萬七千八百九十七石六斗六升一合五勺合零就整三百三十四石二斗三升坍江等三千四十六石二斗四升合催三萬四千五百一十七石一斗九升一合五勺　和買絹七千二百九十七疋三丈五尺八寸舊額之外創增和買係經建炎三年十一月紹興二年九月八年二月淳熙八年閏三月紹熙元年二月五次蠲減之數　役錢一萬三千九百五十一貫九百八十六文　水陸茶錢八百五十

二貫八百六十六文　小綾二百疋折一千二百三十
三貫八百文按乾隆府志引二百疋作三百疋誤　職田米一千三百七
十四石九斗四升　折帛錢三萬九千三百一十三貫
八百文係將人戶鹽稅紬綿絹丁鹽和買絹數內科折每紬一疋折納一丈三尺三寸綿一兩折納五
錢丁鹽稅絹一疋折納八尺和買一疋折納一丈和買每疋折錢六貫五百文它絹若紬每疋並折七貫文綿
每兩并耗折四百六十文　折紬綿五千六百二十七兩每紬一疋數目折納
一丈三尺三寸以綿一十七兩折絹一疋　折稅絹麥一千二百八十九石
九斗五升以二石四斗一升折絹一疋　折苗糯米三千六百三十
五石四斗七升三合以一石折苗一石一斗一升　課利稅祖額四

千六十一貫四百九十一文遞年趁到二千八百八貫二十六文　茶每歲批發六百斤住買六百斤　酒租額九千六十六貫三百七十文遞年趁到五千五貫五十三文嘉泰會稽志○按嘉泰志尚有經制錢總制錢添收頭子錢增收米墨勘合錢止列紹興府總數無上虞分數故不錄

明按嘉慶志沿府志之舊列元至元籍實無稅額惟泰定籍有夏稅鈔秋糧米租鈔酒醋課鈔稅課鈔茶課鈔歷日鈔店地鈔諸名目而已今不列

洪武籍夏稅麥五百四十三石四斗九升五合一勺鈔二千四百二十四貫三百三十文麥苗一千二百七十五石三斗五升六合九勺秋糧米三萬九千六十四石六斗九升八合九勺租鈔一萬二千

四十九貫一十三文賃房鈔一百三十七貫九百六十三文

萬歷籍農之賦四曰夏稅麥一千七百三十九石八斗六升七合四勺徵於田地曰秋糧米三萬六千四百七十四石四斗四升二合一勺八抄合田地池塘瀝派徵曰夏稅鈔四百八十五錠四百四文於田地池瀝蕩派徵曰秋租鈔二千五百四十三錠三貫九十八文田地塘瀝蕩參酌派徵○夏秋鈔每貫折銀二釐

廛之賦一曰房租官瓦房賃鈔二百四十八貫二百七十五文

傳之賦二曰馬價四百五十三兩一錢八分六釐四毫曰驛夫輸本府入各驛

均徭

兵之賦一曰兵餉銀二千六百二十六兩六錢八分四釐六毫

戸之賦二曰蕩價四十二兩九錢八分八釐先責辦於竈戸後派於田輸鹽運司曰諸鈔油榨碓麻鈔門攤契鈔茶引油契本工墨鈔樹株果價鈔酒錯鈔漁課鈔共銀一十兩二錢一分六釐四毫遇閏如月數加增分派於漁茶油治等戸間或派於田蕩

口之賦二曰鹽糧米內分三項顔料解京者每石折六錢解各學者折八錢解各倉者折五錢常本折半計米十九石六斗六升六勺責辦於鄉都成丁之人每丁七勺四撮遇閏增加曰鹽鈔每貫折銀一釐輸京庫及本府庫計銀二百二十二兩五錢一分二釐責辦於城市成丁之人每丁一釐五毫遇閏增加

里之賦三謂之三辦曰額辦銀有桐油銀白硝鹿皮狐狸皮銀弓箭弦條銀胖襖銀藥材銀農桑絹銀俱解京計二百六十三兩五錢六分三釐曰坐辦銀有水牛等皮料銀歷日紙銀軍

器料銀淺船料銀段疋銀漆木料銀四司工料銀果品
銀牲口銀蠟茶銀菉笋銀俱解京計一千八百五十九
兩四錢四　曰雜辦銀有科舉禮幣進士舉人牌坊銀預
釐一毫　備上司各衙門書手工食銀軍器
路費銀上司各衙門新官到任隨衙下道家伙祭祀猪
羊品物等項銀修理各衙所城垣民七料銀武舉銀戰
船民六料銀文廟啟聖祠名宦鄉賢祠社稷山川厲壇
祭銀各祠廟祭銀鄉飲酒禮銀孤老布花米柴銀表箋
綾函紙劄工食銀表箋委官齎捧盤費銀拜進香燭銀
拜賀萬歲冬至正旦令節習儀香燭銀迎春芒神土牛
春花春鞭三牲酒席銀門神桃符銀三察院按臨門厨
米菜銀三察院考試生員試卷果餅花紅紙劄筆墨府
學銀恤刑按臨心紅紙劄油燭柴炭門皁厨役工食米
菜銀各上司及查盤委官心紅紙劄油燭柴炭并門皁
工食米菜銀上司按臨并本府朔望行香講書紙劄筆
墨銀府送使客下程銀縣送油燭柴炭銀兵巡道駐劄
士夫交際下程酒席銀水利道坊夫工食銀提學道按
臨考試生員試卷果餅花紅紙劄筆墨銀季考生員試

卷果餅花紅紙劄府學銀歲貢生員正陪路費花紅旗匾酒禮銀起送科舉生員路費花紅酒席銀迎宴新舉人旗匾花紅彩緞酒席銀起送會試舉人路費卷資酒席銀賀新進士旗匾彩緞酒禮銀兵巡道新任祭門猪羊三牲香燭銀府縣新官到任祭門猪羊酒果香燭銀府縣新官到任修理衙宇銀府縣應朝起程復任酒席銀府縣陞遷給由酒席銀修理各察院分司公館銀修理府縣廳堂公廨監房教場及養濟院等處工料銀城垣畫圖紙劄顏料銀優恤節婦養贍米布銀上司并府縣卷箱架扛鎖索棕罩銀察院分司公館置備家伙銀府縣心紅紙劄等項銀府縣皁隸工食銀府縣官船水手銀短遞夫工食銀經過使客皁隸工食銀馬匹草料并馬夫工食銀大小河船價并稍水工食銀預備雜用銀俱留府縣庫計三千六百四十五兩一錢八分七釐三毫

力之賦二曰銀差曰力差嘉靖四十三年後二差一概

徵銀雇募有各驛館夫各倉斗級巡鹽應捕鋪兵解戶
獄卒弓兵傘夫皁隸分守溫處甲首看守各
館門子各學庫子祠夫閘夫各場工腳巡欄南京直堂
皁隸柴薪三院座船水手布政司廣濟庫庫子縣耳房
庫子各學庫子布政司首領都司運司府縣衞首領柴
薪府縣馬夫各學齋夫各學膳夫會同館長夫府縣及
儒學公堂家夫包陪富戶各渡稍夫民壯捕兵健步預
備織造坊夫短送夫惟巡鹽應捕一項先議免僉役徵
銀抵課止用民壯弓兵巡緝巡鹽察院批再議紹興府
議仍照額名數選募勤實之人充役共銀五千三百八
十六兩九錢一
分五釐五毫

自一條鞭法行後賦額大率二項曰本色米共七千六
百六石四斗五升六合六勺熟田每畝米二升一勺六
抄上患田米一升五合三
勺中患田米一升七合六勺竈田米一升八合三勺四
抄熟池塘瀝米一升一合二勺上患池塘瀝米一升八

勺五抄中患池塘瀝米一升九勺五抄曰條折銀共三萬一千三百四十六兩一錢八分四釐六毫熟田每畝銀六分七釐六毫上患田銀六分七釐七毫中患田銀六分七釐六毫竈田銀四分八釐六毫地銀一分五毫山銀二釐九毫五絲蕩銀三分五釐七毫熟池塘瀝銀四分五毫五絲上患池塘瀝銀四分四毫一絲中患池塘瀝銀四分五毫人田丁共銀一錢五分九釐九毫此外不入條鞭者惟鹽糧米數見前鹽鈔銀數見前油榨鈔二兩八錢六分八釐五毫漁課鈔十兩八錢二分二釐四毫四絲漁戶出辦

海之賦一曰鹽入鹽法○以上萬歷府志

國朝

康熙籍額徵上患田每畝原徵銀七分六釐五毫并九釐等銀實徵一錢九釐九毫　徵米四

合五中患田每畝原徵銀七分七釐三毫并九釐等銀
勺實徵一錢一分一釐一毫徵米四合七
勺熟田每畝原徵銀七分八釐五毫并九釐等銀實徵
一錢一分三釐一毫徵米四合七勺七抄
破岡等畈患田每畝原徵銀六分六釐三毫并九釐等
銀實徵九分五釐四毫徵米四合一
勺例不起耗竈田每畝原徵銀七分七釐三毫并九釐
等銀實徵一錢一分一釐一毫徵
米四合
七勺計田三千九百七十八頃一十四畝九分六釐
八毫共徵銀四萬四千六百五十五兩六錢三分一釐
三毫七絲五忽二微共徵米一千八百七十九石五斗
九升五合八勺七抄九撮二圭七粟
地八百三頃一十九畝三分二釐四毫每畝原徵銀一
分一釐并九釐

等銀實徵一分五釐七毫　徵米六勺　共徵銀一千二百六十九兩四分
五釐三毫一絲九忽二微共徵米四十八石一斗九升
一合五勺九抄四撮四圭
山四千九十八頃八十七畝五分三釐七毫每畝原徵銀二釐九毫實徵四釐二毫　徵米二勺　共徵銀一千七百二十一兩五錢二分
七釐六毫五絲五忽四微共徵米八十一石九斗七升
七合五勺七撮四圭
學山三十頃八十五畝每畝原徵銀一釐一毫實徵銀一釐六毫　徵米一勺　共
徵銀四兩九錢三分六釐共徵米三斗八合五勺

蕩五頃五畝六分九釐八毫每畝原徵銀三分五釐實徵銀五分二毫　徵米二合一勺　共徵銀二十五兩三錢八分六釐三絲九忽六微

共徵米一石六升一合九勺六抄五撮八圭

池塘瀝二十七頃五十畝一分四釐四毫每畝原徵銀四分二釐二毫實徵銀六分六釐徵米二合五勺　共徵銀一百六十六兩六錢五分八釐七毫二絲六忽四微共徵米六石八斗七升五合三勺六抄

市民八丁四千七百九十口每口徵銀一錢五分四釐　市民八口二千九百六十口每口徵銀一釐四毫　鄉民八丁一萬六千六百一

十五口每口徵銀一錢五分八釐五毫鄉民八口九千四百六十三口每口徵銀七釐七毫竈丁一千八百五十四口每口徵銀七釐七毫計三萬五千六百八十二丁口共徵銀三千四百六十二兩四錢二分二釐四毫

以上共科地畝人丁銀五萬一千三百五兩六錢七釐五毫一絲五忽八微除優免銀八百一十五兩二錢七毫外實該科銀五萬四百九十兩四錢六釐八毫一絲五忽八微　共科米二千一十八石一升八勺六撮八圭七粟康熙志原作一撮六圭五粟誤○按此乃六年前未清丈之數俞府志康熙十年田地山蕩池

塘瀝八丁等項共徵本色糧二千三十六石七斗三升
一合一勺零折色銀五萬一千三百八兩七錢八分四
釐四毫零則清
丈後實數也

隨糧帶徵鹽課水鄉蕩價銀四十二兩九錢八分八毫三
絲五忽每兩滴硃路費一分七釐該銀七錢三分六毫七絲四忽一微九塵五渺拖船稅銀
八兩滴硃路費銀一錢三分六釐不入田地解運司轉解戶部共銀五十兩九錢八
分八毫三絲五忽路費銀八錢六分六釐六毫七絲四
忽一微九塵五渺

遇閏加銀四百八十三兩二錢八分一釐五毫七絲三忽
五微一塵三渺九漠一埃三纖六沙除拖船稅銀不加閏外每正銀一兩

加閏銀九釐五毫六
絲五忽一微六塵
額外歲徵漁課熟鐵折苎麻七十二斤九兩七錢六分奉文
折七徵三折色麻五十斤十三兩二錢三分二釐該折
銀二兩五錢四分一釐三毫五絲路費二錢五分四釐
一毫三絲五忽遇閏加麻四斤三兩七錢六分折銀二
錢一分一釐七毫五絲路費二分一釐一毫七絲五忽
　本色麻二十一斤十二兩五錢二分八釐該銀一兩
八分九釐一毫五絲路費一錢八釐九毫一絲五忽遇
閏加麻一斤十三兩四分該銀九分七毫五
絲路費九釐七絲五忽係漁戶出辦解工部　共銀三兩
六錢三分五毫路費銀三錢六分三釐五絲
本縣額徵課鈔二百七十四錠一貫五百八十八文折銀
二兩七錢四分三釐一毫七絲六忽有閏加鈔一十二

錠二貫六百五十四文折銀一錢二分五釐三毫八忽

市鎮門攤鋪行出辦歸經費欵用

本縣稅課局額徵課鈔六千六十七錠三百八文折銀六十兩六錢七分六毫一絲六忽有閏加課鈔五百四十九錠一貫五百六十一文折銀五兩四錢九分三釐一毫二絲二忽均徭內編巡攔役銀抵辦今撥充兵餉

本縣河泊所額徵課鈔一千二十一錠三貫二百二十八文折銀一十兩二錢一分六釐四毫五絲六忽有閏加課鈔六十錠三貫九百九十二文折銀六錢五釐九毫

八絲四忽漁戶一百三十一名出辦今歸經費支銷

本縣河泊所額徵課鈔五百七十五錠四貫九百二十五文折銀五兩七錢五分九釐八毫五絲有閏加課鈔三十九錠八百七十五文折銀三錢九分一釐七毫五絲均徭內編巡攔役銀抵辦今歸經費支銷

本縣帶辦五夫稅課局額徵課鈔二千七十六錠六百三文折銀二十兩七錢六分一釐二毫有閏加課鈔二百三十錠八百一十七文折銀二兩三錢三釐六毫三絲四忽均徭內編抵辦撥充兵餉○以上康熙志

乾隆籍額徵田地山蕩池塘瀝人丁外賦等項銀共銀五萬三千八百三十六兩與下分數不合當作九百六十七兩五錢九分五釐八絲六忽一微八塵二渺五埃內田之賦四萬六千五百七十七兩五分七毫有奇地之賦一千六百七十五兩四錢五分三釐有奇山之賦一千七百二十六兩四錢六分三釐六毫有奇蕩池塘瀝之賦一百七兩六錢七分四釐七毫有奇人丁之賦三千四百三十五兩五錢六分六釐四毫有奇外賦各欵共徵銀一百三十兩九錢三釐一毫有奇即入前項編徵加顏料蠟茶藥材匠班等銀共一百八十八兩八錢八分六釐二毫有奇又加收零積餘米改徵銀四錢一分八毫有奇外賦不入地丁科有鹽課漁課課鈔路費等銀二十五兩八分九釐一毫有奇

額徵米共二千一百一十六石二斗四合一勺二抄八撮三圭四粒八黍五粞內田之賦一千九百六十二石一斗二升一合三勺有地之賦六十三石六斗二升四合七勺有奇山之賦八十二石二斗八升六合有奇蕩池塘瀝之賦八石五斗八升二合七勺有奇內除去收零積餘米四斗一升八勺有奇

額徵加閏銀五百八十九兩六錢八分八釐八毫有奇以上乾隆府志

嘉慶籍額徵田地山蕩人丁等銀五萬六千五百一十五兩六錢八分九釐五毫六絲七忽一微五塵九漠五埃

二纖加收零積餘米改徵銀四錢一分八毫一忽六微
五塵　顏料蠟茶新加銀四十六兩九錢八分一
釐二毫八絲六忽三微六塵五渺　顏料蠟茶時價銀
一十兩六錢四分六毫四絲八忽二微八塵一渺二漠
五埃　藥材時價銀五兩四錢一分三釐七毫一絲三
忽六塵二渺五漠　匠班銀一百二十五兩八錢五分
六毫二絲九忽
六微六塵六渺

額徵本色月糧米折銀二千四百二兩二錢四分七釐一
毫三絲一塵六渺四埃

新陞米一百十二石一斗九升二合三抄二撮八圭七粟
八粒一黍五粞折銀一百三十四兩六錢三分四毫三
絲九忽四微五塵三渺七漠九埃

新加夏蓋湖丈新陞米一百二十四石八斗九升八合一
勺三抄五圭一粟九粒折銀一百四十九兩八錢七分
七釐七毫五絲六忽六微二塵二渺八漠
外賦不入田畝拖船稅銀八兩一錢三分六釐
漁課銀三兩九錢九分三釐五毫五絲
課鈔銀十二兩九錢五分九釐六毫三絲二忽
共實徵銀五萬九千四百一十六兩八錢三分一釐一
毫五絲四忽二微六塵八渺三漠二埃二纖
地漕鹽驛等項額徵耗羨銀三千五百四十七兩九錢三

分九釐三毫九絲七忽四微九塵一渺五漠四纖五沙
內應解漕項耗銀三百二十九兩一錢六釐五毫八絲
七忽　留縣漕項解費銀六十五兩八錢二分一釐三
毫　又地丁等欵解費銀二百六十三兩二分七釐
坐支本縣養廉銀八百兩　應給浮欵孤貧銀糧銀八
兩一錢九分七釐　應解司耗羨銀一千八百一十九
兩二錢九分六釐四毫一絲四微九塵一渺五漠四纖
五沙　又解餉餘銀二百六十二兩四錢九分一釐佐
雜養廉銀縣丞典史巡檢各六十兩共一百八十兩赴
司請領　備公額設銀一百五十八兩八錢原設二百
兩奉藩憲飭減設一百五十兩八錢本縣養廉八兩○
以上嘉
慶志
光緒籍額徵地丁加顏料藥材等項共銀五萬六千七百
八兩一錢四分五釐二毫四絲五忽一微六塵二渺二

漢五埃

外賦入地丁科徵銀一百三十兩九錢三釐一毫七絲五忽一微九塵五渺内鹽課水鄉蕩價銀四十二兩九錢八分八毫三絲五忽每兩車珠銀一分七釐該銀七錢三分六毫七絲四忽一微九塵五渺

本縣稅科局課鈔銀六十兩六錢七分六毫一絲六忽　本縣河泊所課鈔銀五兩七錢五分九釐八毫五絲　帶徵五夫稅課局課鈔銀二十兩七錢六分一釐二毫以上四款均係隨糧帶徵即地丁編徵之内

外賦不入地丁原係車戸漁戸市鎮門攤鋪戸出辦今攤入地畝編徵科徵銀二十五兩八分九釐一毫八絲二忽内鹽課拖船稅銀八兩車珠銀一錢三分六釐　漁課并路費銀三兩九錢九分三釐五毫五絲　本縣

課鈔銀二兩七錢四分三釐一毫七絲六忽　本縣河泊所課鈔銀一十兩二錢一分六釐四毫五絲六忽

共地丁外賦銀五萬七千一百二十一兩五錢八分五釐五毫七絲四忽九塵三渺二漠五埃　除坍荒銀二百九十二兩六錢五釐三毫六絲一忽三微三塵一渺　除被水沖坍沙石壅漲銀九十五兩七錢四分五釐七毫八絲五忽六微

實徵銀五萬六千七百三十三兩二錢三分四釐四毫二絲七忽一微六塵二渺二漠五埃

額徵米　除零積餘米四斗一升零外　實徵米二千二百三十九石九升四合九勺四抄四撮三圭二粟一粒八黍五粞每石折徵銀一兩二錢共折徵銀二千六百八十六兩九錢一

分三釐九毫三絲三忽一微八塵六渺二漠二埃以上賦役全書

以上各欵攤入田畝并米折徵銀計上患田每畝實徵銀一錢二分四釐一絲一忽有閏徵銀一錢二分五釐三毫四忽中患田每畝實徵銀一錢二分五釐四毫五絲五忽有閏徵銀一錢二分六釐七毫五絲熟田每畝實徵銀一錢二分七釐五毫四絲八忽有閏徵銀一錢二分八釐八毫七絲九忽老畈田每畝實徵銀一錢九釐一毫九絲有閏徵銀一錢一分一毫四忽新畈田每畝實徵銀一錢三毫二絲有閏徵銀一錢一釐二毫三絲二忽新中田每畝實徵銀一錢一分六釐七毫四絲有閏徵銀一錢一分八釐三絲四忽竈田每畝實徵銀一錢一分九釐四毫三絲三忽有閏徵銀一錢二分七毫四絲地每畝實徵銀一分六釐五毫七絲七忽有閏徵

銀一分六釐七　池塘每畝實徵銀六分三釐八毫一絲
毫六絲三忽　八忽有閏徵銀六分四釐五毫三
絲一　蕩每畝實徵銀五分二釐九毫一忽有　山每畝徵
忽　閏徵銀五分三釐四毫九絲一忽　銀四釐
四毫五絲五忽有閏徵　學山每畝徵銀一釐七毫二絲
銀四釐五毫四絲四忽　五忽有閏徵銀一釐七毫
四絲四忽○

見行科則

通共徵銀五萬九千四百二十兩一錢四分八釐三毫
五絲三微四塵八渺四漠七埃

額徵地漕鹽驛存留米折等欵六分耗羨銀三千五百四
十八兩一錢二分八釐八毫九絲三忽四微三塵六漠
九埃七纖四沙

遇閏加徵銀五百八十九兩六錢八分八釐八毫三絲七
忽六微八塵五漠八埃二沙每兩隨徵耗羨銀六分

道光二十七年完賦定章全案

四月初三日闔邑紳耆具
稟爲糧有定額價無定章
公叩按照銀價給示通諭以便完納事竊錢糧乃　朝
廷正供絲毫爲重每逢上下兩忙開徵之先上憲申明
例額頒發告示實貼縣堂使百姓周知自封投櫃虞邑
民風素樸歷年踴躍輸將因地處山僻辦銀非易大小
花戶用錢完糧每年遵照定額一律全完本年糧價驟
漲至三千有奇定例地丁正銀每銀一兩加耗六分將
現在銀價核計糧額大不相符似此日逐加增民不堪
命是否出自憲定抑係書吏舞弊茲當收徵之際公叩
出示晝一額價便民輸將云云四月初八日署縣張批
虞邑民風素樸所有地丁錢糧歷屆全完並無絲毫蔕
欠惟地處偏隅花戶皆以錢完納而當此銀價驟漲之
時將錢易銀不無參差稍存觀望本署縣權守是邦勤

求民隱責任催科而徵收一切悉循舊章並無毫釐增益云云　四月廿二日紳耆呈府爲蠹書串弊重價浮收號叩親提究辦並叩檄飭定價以便趕完事竊惟錢糧正供例額煌煌向奉上憲頒發示諭嚴禁重價浮收所以剔弊竇而昭慎重也虞邑例額正銀一兩加耗六分向以制錢折納每兩外縣主供應錢三百文每兩又加戶庫等書辦公傾鎔費五十三文又加串錢每票七文大小花戶一體輸將統該足色銀價各項加錢每兩不過約計錢二千五百數十文不料本年上忙糧價驟漲三千有零虞邑於去年歉收之後加以糧價驟增人心惶惶小戶貧民愈形困疲稟求縣主張貼憲示明定章程蒙批徵收悉照舊章因銀價驟漲不無參差等諭仍無定價可遵但民間惟知定例不諳舊章錢糧絲毫爲重以錢易銀可算可核何致參差既有參差即係弊竇顯由庫書譚智傑徐九杠串同戶書馬光輝等朦乘新主攝篆舞弊殃民叩憲親提嚴究並叩檄飭縣主照額定價依舊加貼完納現屆四月下旬例應完半之期民皆急公仍恐蠹書等籍端播弄別滋事端云云四月

廿八日署紹興府楊批各花戶完納錢糧理應措辦足色紋銀自封投櫃由縣傾鎔批解並無折價之例該縣花戶向以錢文準折者因邑無銀兩爲通融便民之計豈能違例給示該紳士等自應循照舊章踴躍輸將庶鄉僻愚民不致藉詞觀望惟據稱該庫書等膽敢任意浮勒如果屬實殊干法紀仰上虞縣嚴查云云　五月初三日紳耆呈府縉職等因本年糧價驟漲民心惶惶不得已稟明邑尊叩定畫一章程復於前月廿二日以蠹書串弊等由號叩憲轅蒙當堂面諭嚴提戶庫各書訊究仰見肅法便民現奉邑尊剔除蠹弊諭定章程大小花戶一例輸納不致參差郎庫書等自奉嚴諭稍知畏法現在尚不敢仍前舞弊伏叩恩賜察核息銷云云

五月初八日署紹興府楊批既經該縣明定章程不致復有弊竇姑寬提究案候註銷

定章該銀一兩加火耗傾工批解零星襍項銀一錢二分五釐照時價結算加內費用錢三百七十八文外費用錢五十三

文通作九九六串算納新陳價目一例封櫃纔準墊票花戶櫃上

投納一例照式

同治三年　奏減紹屬浮收案　閩浙總督兼浙江巡撫左宗棠以紹屬浮收太甚命

戶部郎中顧菊生會同署紹興府知府楊叔懌檄提各

縣收用各欵淸冊照數覈減並定章程五條禀覆

奏聞并札發告示

一百張通行曉諭

收用各欵并覈減數目　上虞額徵地漕米折等銀五萬

九千四百二十兩零舊徵每兩

收銀一兩一錢二分五釐一七合錢一千九百十二文

又另加平餘錢五百三十文合計每兩收錢二千四百

四十二文共收錢十四萬五千一百三串零現擬每兩

連耗徵銀一兩一錢起解一七合錢一千八百七十文

共應解錢十一萬一千一百十五串零下餘錢三萬三

千九百八十八串　本官衙門伙食茶爐柴油等項錢

二千四百串　幕友修火等項錢一千八百串　戶庫各書銀匠差役門印經管人等錢一千六百串　同寅節禮等項八百串尋常往來委員一概不給差費　院府縣試及司道府房費并捐給各項錢一千四百串留給辦公雜用錢四千四百九十五串內本道辦公五百串本府辦公一千串　留給本官家用錢一千四百串監犯口糧看役人等錢八百串　書院山長錢一百六十串　以上九款共需錢一萬四千八百五十五串尚餘錢一萬九千一百三十三串每兩可以減錢三百二十二文共減錢一萬九千一百三十三串

章程五條

一實徵一兩一錢解司除正款並耗銀餉餘外籌補一款現在裁革所餘之銀應作爲解費省歛傾工夫耗釘鞘等項之用歸縣自行開銷其從前一切攤捐名目及各署陋規盡行裁革　一各縣徵收錢糧照例應用板串嘉慶二十四年曾經司詳通飭在案嗣因日久弊生改用活串致書吏弊端百出現在更定新章應統用三連板串如某戶應完銀若干均查照糧冊於串票內註明上忙完銀一半下忙完銀一半

庶書吏不能有大頭小尾重徵倍徵諸弊而州縣發出
串票若干卽應徵銀若干亦易於隨時稽察　一串票
櫃書向有票錢現在雖未全行裁革亦應明定章程不
准例外多取其完納銀米花戶應隨完隨給串票不准
延擱　一幕友脩火自此次定章之後亦應減省大縣
准請刑名一席錢穀一席其小席祇准酌留二三八中
小縣刑名併請一席小席准留一二八至府署向有發
審脩金由各縣攤派現已提辦公卽不准再問州縣攤
派　一院府縣試經費自此次定章之後皆不准列入
流攤每屆應實用若干亦應由府預先酌定按年提存
蓋因考試三年兩屆州縣更調不時或後任適逢
辦考而平餘已爲前任得去則未免稍涉偏枯

總督左奏稿　奏爲覈減紹興府屬浮收錢糧恭摺奏祈
聖鑒事竊浙東各屬地丁南米經臣
上年奏明應一律核減並將溫州府屬先行減定在案
茲查浙東八府錢糧徵數以紹興爲最多浮收之弊亦
以紹興爲尤甚山陰會稽蕭山諸縣完納錢糧向有紳
戶民戶之分每正耗一兩紳戶僅完一兩六分至一兩

三四錢而止民戶則有完至二千八九百文或三四千
文者以　國家惟正之供而有紳民重輕之別以閭
閻奉公之款徒爲吏胥中飽之資官司以賠累爲苦民
戶以偏重爲苦若不明定章程刪除浮費弊累日甚其
何以堪孟子論治以經界不正井地不均穀祿不平爲
深憂者此也臣於上年嚴定溫屬地漕後即飭奏調來
浙差遣候選知府戶部郎中顧菊生前赴紹興會同該
管道府將歷年官徵民納實數及向來流攤各款逐細
清查分別裁減茲據顧菊生等稟稱紹屬八縣六場正
雜錢糧有照銀數完納有照錢數完納殊與定例有乖
現擬統照銀數徵解其一切攤捐名目及道府各署陋
規概行禁革并擬於正耗錢糧之外仍視各縣舊徵多
寡每兩酌留平餘以爲各該縣場辦公之用開送徵解
留用數目清冊前來臣細加覆核除正耗仍照常徵解
外紹屬八縣額徵地漕等款并蕭山公租竈課銀四十
五萬三千四百七十四兩零除新昌一縣徵數業經減
定勒石毋庸議改外其餘七縣共實減去錢二十萬五
千一百零六千文南米額徵本色米七千餘石折色米

一萬五千二百六十七石零減去本色耗米三百六十
一石減折色耗錢一萬二千零七十二千文六場竈課
額徵銀一萬四千三百八十九兩又蕭山牧租額徵錢
一萬三千九百十六千文實減去錢四千二百四十二
千文計共減錢二十二萬一千四百二十千文米三百
六十一石但能永遠遵守大小戸一律完納以十年之
通計之民間卽可多留二百餘萬千之錢三千餘石之
米矣既無須損上以益下民力自見其有餘亦無須裒
多以益寡貧戸不憂其不足官之徵收有定章則上下
之交肅民之完納有定數則胥吏之弊除此次定章之
後臣當飭令各屬一體勒石遵守如有官吏陽奉陰違
於定章之外添設名目多取分文者定卽立予撤參如
大戸不遵定章完納致官有賠累之虞民有偏重之苦
者亦必核實懲辦以昭儆戒所有覈減紹興府屬錢糧
緣由理合恭摺具陳伏乞　皇上聖鑒訓示四月
十一日內閣奉　上諭左宗棠奏覈減紹興府屬
浮收錢糧一摺浙東各屬錢糧以紹興府屬徵數爲最
多而浮收之弊亦最甚經左宗棠查明核減將紹興府

所屬八縣六場正雜錢糧無論紳戶民戶統照銀數徵解一切攤捐名目及陋規等項概與革除計除正耗仍照常徵解外共減去錢二十二萬有奇米三百六十餘石民困諒可稍蘇即著照所議辦理嗣後並著爲定章永遠遵行不准再有紳戶民戶之別致滋偏重其地方官吏尤當潔己奉公剔除積習倘敢陽奉陰違添設名目格外索需及大戶不遵定章完納者即著該督撫核實查參懲辦以重國賦而恤民瘼欽此

總督左札爲曉諭事照得州縣經徵銀錢貴有常制杭嘉湖三屬漕糧上年復欽奉

諭旨酌議核減

皇上念切民艱於錢糧繁重之區特沛恩施曷勝欽感本部堂督師入浙以來目擊凋殘勤思撫字疊次札飭各該地方官嚴禁浮勒核減徵收以蘇積困復經照會顧郎中前赴紹興會同該署府楊守詳查紹屬各縣場舊徵銀米各數分別釐減浮費去後茲據顧郎中楊守以紹屬各縣場錢糧除新昌一縣已經勒石定數毋庸更改外其餘各縣場應統以一兩一錢作爲正項外每兩酌留平餘津貼辦公並將一切陋規

裁革酌定用款稟復前來本部堂細加酌核所擬均尚
妥協當即據情入　告所有紹屬徵解錢糧合行出
示曉諭爲此示仰紹屬軍民人等知悉自同治三年上
忙啟徵爲始除正項一兩一錢外山陰縣地漕每兩准
留平餘錢三百文南米本色每石准留餘米七升折色
每石准照五千文折收會稽縣地漕每兩准留平餘錢
四百文南米本色每石准留餘米七升折色每石准照
五千文折色蕭山縣地漕公租竈課每兩准留平餘錢
四百文南米折色每石准照五千文折收零戶米每石
准照三千三百六十文折收牧租每千准照一千一百
文徵收諸暨縣地漕每兩准留平餘錢三百文上虞縣
地漕每兩准留平餘錢二百五十文餘姚縣地漕每兩
准留平餘錢二百八十文嵊縣地漕每兩准留平餘錢
三百五十文曹娥場金山場均每兩准留平餘錢四百
文錢清場東江場三江場均每兩准留平餘錢三百文
石堰場每兩准留平餘錢二百文自示之後准爾等地
方刊碑勒石永爲定則無論大戶小戶一律照章完納
不得稍有抗欠其完銀米應槪用板串書吏不得包徵

包解如有奸胥蠹役仍前勒折浮收或藉代墊及各項名目需索加費許赴該管地方官控訴申理爾等亦宜互相勸勉踴躍輸將毋得任意抗玩致干咎戾其各凜遵毋違等因除示諭外合行札飭爲此札仰該縣即將發來告示實貼曉諭俾便周示毋違此札計發告示一百張此札今勒石經正書院儀門左側○以上新纂

以上賦額

上虞縣志卷二十七

食貨志

田賦下

康熙籍起運戶部項下折色銀一萬七百九十二兩八錢九分五釐五毫七絲六忽七塵六渺八漠路費銀一百二十四兩二分一毫三絲八忽七微八塵三渺九漠九埃六纖六沙內夏稅京庫折銀麥一千一百二十六石五斗六升五合每石折銀二錢五分該銀二百八十一兩六錢四分一釐二毫五絲每兩滴珠路費銀二分七釐該銀七兩六錢四釐三毫一絲三忽七微五塵　農桑折絹九疋二丈五尺七寸八分全折坐派銀二兩八釐五毫六絲二忽五微每兩路費一分該

銀二分八絲五忽六微二塵五渺　秋糧京庫折銀米
七千八百七十石八斗八升每石折銀二錢五分該銀
一千九百六十七兩七錢二分每兩滴珠路費二分七
釐該銀五十三兩一錢二分八釐四毫四絲　派剩米
四百二十五石二斗七升六合六勺內米一百八十四
石六斗五升五合七勺六抄九撮每石折銀七錢該銀
一百二十九兩二錢五分九釐三絲八忽三微又米二
百四十二石六斗二升八勺三抄一撮每石折銀六錢該
銀一百四十四兩三錢七分二釐四毫九絲八忽六微
兩共銀二百七十三兩六錢三分一釐五毫三絲六忽
九微每兩路費一分二釐該銀三兩二錢八分三釐五
毫七絲八忽四微四塵二渺八漠　折色蠟價銀二百
二十五兩五錢一分九釐一毫每兩路費一分該銀二
兩二錢五分五釐一毫九絲一忽　富戶銀一十兩每
兩路費一分該銀一錢　昌平州銀四兩每兩路費一
分該銀四分於備用銀內扣解　芽茶四十斤一十四
兩五錢六釐原額芽茶一百一十三斤三兩一錢內順
治十年六月會議改徵折色實該前數每觔價銀一錢

二分該銀四兩九錢八釐七毫九絲五忽每兩路費一
分該銀四分九釐八絲七忽九微五塵　葉茶七十八
斤五兩三錢每觔價銀四分該銀三兩一錢三分三釐
二毫五絲每兩路費一分該銀三分一釐三毫三絲二
忽五微　黃蠟一百九十一觔八兩七錢五分五釐原
額黃蠟二百五十一觔五兩六錢六分內順治十年六月
會議改徵折色實該前數每觔價銀三錢四分該銀六
十五兩一錢二分六釐四絲三忽七微五塵每兩路費
一分該銀六錢五分一釐二毫六絲四微三塵七渺五
漠　原解江南藥價銀四錢五分三釐三毫津貼路費
銀九分六毫六絲　南部柴薪皂隸銀八十六兩一錢
路費銀八錢六分一釐遇閏加銀七兩路費七分又直
堂把門隸兵等銀二十兩六錢每兩路費銀一分該銀
二錢六釐　顏料改折價墊損解路費共銀二百四十
五兩六錢五分六毫六絲三忽二微一塵二渺五漠內一
順治十年六月會議改徵折色銀砵三十三觔一十一
兩二錢八分每觔價銀二兩九錢六分鋪墊一錢二分
賦砵一十三兩四分每觔價銀三錢鋪墊一錢一分烏

梅四十七觔六兩八錢八分每觔價銀四分鋪墊一分
一釐黑鉛一十七觔一十四兩八錢六分每觔價銀七
分鋪墊一分一釐五棓子九觔七兩五錢七分二釐五
毫每觔價銀七分鋪墊一分一釐生漆一百八十三觔
六兩七錢五分五釐每觔價銀二錢鋪墊一分一釐嚴
漆改派生漆一百一十三觔六兩八錢五分每觔價銀
二錢鋪墊一分六釐嚴漆一百七十觔二兩六錢七分
五釐每觔價銀二錢四分鋪墊一分六釐黃蠟三十三
觔九錢三分二釐五毫每觔價銀三錢二分鋪墊一分
六釐黃熟銅五觔九錢四分每觔價銀一錢一分三釐
鋪墊一分六釐桐油五十三觔九錢四分每觔價銀六
分鋪墊八釐水牛角五副每副價銀九錢五分鋪墊六
分四釐以上通共正價銀二百二十三兩一錢二分六
毫四絲三忽四微三塵七渺五漠原額鋪墊銀一十三
兩四錢四分六釐九毫七絲四忽八微四塵三渺七漠
五埃原額解損銀九兩八分三釐四絲四忽九微三塵
一渺二漠五埃今徵折銀三項俱每兩加路費一分該
銀二兩四錢五分六釐五毫六忽六微三塵二渺一漠

二埃五纖　鹽鈔二百五十八錠三貫該銀一兩四錢七分七釐八毫九絲九忽折色銅錢二千五百八十六文該銀三兩六錢九分四釐二毫八絲五忽七微一塵四渺三漠俱每兩路費一分二釐該銀六分二釐六絲六忽二微一塵六渺五漠七埃一纖六沙有閏加鈔二十一錠一貫七百五十文該銀一錢二分三釐一毫五絲八忽二微五塵折色銅錢二百一十五文五分該銀三錢七釐八毫五絲七忽一微四塵二渺八漠二項共加路費銀五釐一毫七絲二忽一微八塵四渺七漠一埃三纖六沙

九釐銀七千五百九十七兩二錢三分八毫九絲每兩路費七釐該銀五十三兩一錢八分六毫一絲六忽二微三塵

禮部項下折色銀八十兩三錢七分四釐八毫五絲三忽路費銀六兩五錢八分九釐二毫四忽五微　內牲口銀四十二兩每兩路費一分該銀四錢二分　藥材折色銀一十一兩八錢七釐五絲三忽津貼路費銀五兩九錢三釐五毫二

絲六忽五微內扣解包裹紅黃紙價銀二錢九分三釐
六絲二微五塵　光祿寺果品銀二十兩一錢菜笋銀
六兩四錢六分七釐八毫二項俱每兩路費
一分該銀二錢六分五釐六毫七絲八忽
工部項下折色銀二千五百二十九兩七錢七分一釐三
毫六絲五忽路費銀七兩四錢一分一釐四毫七微五
塵　內白硝麂皮三張每張價銀六錢該銀一兩八錢奉
文留省織造段疋支用　雕塡匠役銀四兩二錢五
分九釐六毫每兩路費一分該銀四兩二釐五毫九絲
六忽遇閏加銀三錢五分四釐四毫路費銀三釐五毫
四絲四忽　桐油四百五十一觔一十三兩七錢六分
原額桐油九百三觔一十一兩五錢二分奉文本折中
半折色實該前數每觔價銀二分三釐七毫五絲該銀
一十兩七錢三分一釐六毫七絲五忽每觔墊費八分
該銀三十六兩一錢四分八釐八毫兩共銀四十六兩
八錢八分四毫七絲五忽今徵折銀每兩加路費一分

該銀四錢六分八釐八毫四忽七微五塵　漆木料銀五兩二錢六分八釐八毫　弓改牛角二百三十副原額每副二錢九分順治三年五月內奉文改徵折色又於十二年正月初五日奉文每副增銀二兩七錢一分共該銀六百九十兩路費銀一分該銀六兩九錢　箭二千九十一枝原額每枝價銀一分八釐順治三年改解折色每枝增銀八分二釐共該銀二百九兩一錢　弦一千一百五十三條原額每條價銀五分四釐一順治三年改解折色每條增銀四分六釐共該銀一百一十五兩三錢　胖襖褲鞋四十九副三分六釐二毫七絲原額每副價銀一兩五錢順治三年奉文改徵折色每副增銀一兩二錢共該銀一百三十三兩二錢七分九釐二毫九絲　四司工料銀四百五十一兩　歲造段疋銀五百三十兩一錢八分三釐四毫遇閏加銀二十六兩一錢八分二釐八毫二絲六忽五微六塵一渺四漠二頃解司織造段疋支用　軍三軍器并路費銀一百七兩九錢八分八釐七毫內辦盔甲腰刀七副六分二釐七毫七絲四忽六微一塵五渺三漠八埃四纖

六沙盔每頂價銀三兩五錢甲每副價銀七兩五錢腰刀每口價銀二兩共該銀九十九兩一錢五分七毫路費銀八兩八錢三分八釐係原額銀三十一兩二錢五分四釐路費銀八兩八錢三分八釐順治三年增銀六十七兩八錢九分六釐七毫内支辦軍器民七銀二百二十七兩九錢五分一釐九毫内辦盔甲腰刀一十七副五分三釐四毫七絲六忽一微五塵三渺八漠四埃六纖一沙盔每頂價銀三兩五錢甲每副價銀七兩五錢腰刀每口價銀二兩共該價銀二百二十七兩九錢五分一釐九毫内原額銀七十一兩八錢四分七釐六毫順治三年增銀一百五十六兩一錢四釐

二毫軍器路費銀六兩七錢五分九釐二毫

戶部項下本色銀三十八兩八釐二毫四絲七忽三塵一渺一漠五埃鋪墊損解路費銀八兩五錢五分六釐八毫五絲九忽三微七塵五渺内顔料本色銀硃二十二觔八兩原額銀硃五十六

觔三兩二錢八分內十年奉　旨徵本色銀硃二十
二觔八兩每觔原價銀四錢六分鋪墊一錢一分　賦
硃七觔八錢原額賦硃七觔一十三兩八錢內十年奉
旨徵本色賦硃七觔八錢每觔原價銀一錢五分
鋪墊一錢一分　烏梅一十五觔原額烏梅六十二觔
六兩八錢八分內十年奉　旨徵本色烏梅一十五
觔每觔原價銀二分鋪墊一分一釐　黑鉛二十一觔
原額黑鉛三十八觔一十四兩八錢六分內十年奉
旨徵本色黑鉛二十一觔每觔原價銀三分五釐鋪
墊一分一釐　五棓子二觔一兩五錢八分七釐五毫
原額五倍子一十一觔九兩一錢六分內十年奉
旨徵本色五棓子二觔一兩五錢八分七釐五毫每觔
原價三分五釐鋪墊一分一釐　生漆一十觔九兩五
錢二分五釐原額生漆一百九十四觔二錢八分內十
年奉　旨徵本色生漆一十觔九兩五錢二分五釐
每觔原價一錢鋪墊一分六釐　嚴漆改派生漆六觔
九兩一錢五分原額漆一百二十觔內十年奉　旨
徵本色嚴漆六觔九兩一錢五分每觔原價一錢鋪墊

一分六釐 嚴漆九觔一十三兩三錢二分五釐原額
嚴漆一百八十觔內十年奉 旨徵本色嚴漆九觔
一十三兩三錢二分五釐每觔原價一錢二分鋪墊一
分六釐 黃蠟一十觔二兩三錢八分七釐五毫原額
黃蠟四十三觔三兩三錢二分內十年奉 旨徵本
色黃蠟一十觔二兩三錢八分七釐五毫每觔原價一
錢六分鋪墊一分六釐 黃熟銅二十二觔八兩原額
銅二十七觔八兩九錢四分內十年奉 旨徵本色
熟銅二十二觔八兩每觔原價一錢一分三釐鋪墊一
分六釐 桐油一百三十六觔八兩原額桐油一百八
十九觔八兩九錢四分內十年奉 旨徵本色桐油
一百三十六觔八兩每觔原價三分鋪墊八釐 以上
顔料通共正價銀二十三兩六錢七分四釐三忽九微
六渺二漠五埃鋪墊銀五兩七錢一分五釐九毫七絲
八忽九微六渺二漠五埃每正價一兩給損解路費銀
一錢二分該銀二兩八錢四分八毫八絲四微六塵八
渺七漠五埃每年於三月間督撫確估時價題明造入
易知由單徵銀辦解 黃蠟五十八觔一十二兩九錢

五釐原額黃蠟二百五十觔五兩六錢六分十年奉
旨仍徵本色黃蠟五十八觔一十二兩九錢五釐每
觔料價銀一錢七分該銀九兩九錢九分七釐一毫一
絲五忽六微二塵五渺　芽茶七十二觔四兩五錢九
分四釐原額芽茶一百一十三觔三兩一錢十年奉
旨仍徵本色芽茶七十二觔四兩五錢九分四釐每
觔料價銀六分該銀四兩三錢三分七釐二毫二絲七
忽五微　二項於每年二月間督撫確估時價題明造
入易知由單
徵銀辦解

禮部項下本色銀三兩四錢一分九釐九毫七絲七忽路
費銀一兩七錢九釐九毫八絲八忽五微　藥材料價正銀三兩四錢
一分九釐九毫七絲七忽內辦本色紫石英四錢三分
三釐七毫　黃藥子三觔九兩八錢三分二釐二毫
牡丹皮三觔三兩一錢七分七釐　南星一十二觔七
錢七分　半夏一十二觔七錢七分　白芍藥三十六

觔二兩三錢二分二釐　茯苓一十八觔一兩一錢六分一釐　吳茱萸一觔三兩二錢七分七釐　天門冬一觔三兩二錢七分七釐　猪牙皂角九兩六錢三分八釐五毫　津貼路費銀一兩七錢九釐九毫八絲八忽五微辦料

解司轉解

工部項下本色銀一十兩七錢三分一釐六毫七絲五忽

墪費銀三十六兩一錢四分八釐八毫　桐油四百五十一觔一十三兩七錢六分原額桐油九百三觔一十一兩五錢二分奉文本折中半本色實該前數每觔價銀二分三釐七毫五絲該銀一十兩七錢三分一釐六毫七絲五忽每觔墪費八分該銀三十六兩一錢四分八釐八毫辦料解司轉解○以

上康熙志

舊編存留項內今裁改解部銀一萬九千七百六十五兩

四錢二分九釐三毫零路費銀四兩五錢三分一釐八
毫六絲俞府志○按府志祇有總數並無分數今據康熙邑志及賦役全書補分數於後內留
充兵餉內南折充餉銀九千一百二十七兩八分五釐
一毫軍儲各倉餘存充餉銀六千一百四十九兩八錢
八分二釐五毫四絲二忽一塵七渺　順治九年舊編
裁剩解部銀七百六十三兩三錢九釐二毫七忽三微
六塵九漠五埃三纖四沙路費銀四兩五錢三分一釐
八毫六絲本府捕盜應捕銀一十兩四錢　本縣捕盜應捕銀五十七兩六錢　上司按臨并本縣
朔望行香講書紙劄筆墨香燭銀三兩　外省馬價銀四百五十三兩一錢八分六釐　預備倉經費銀二十二

兩　常豐一倉經費銀一十二兩八錢　常豐三倉經費銀一十五兩六錢　預備本府雜用銀三十七兩五錢　預備本縣雜用銀七十一兩二錢　黃家堰廟山梁湖壩三廵司弓兵工食銀三十四兩八錢　收零積餘銀四十一兩二錢二分三釐二毫七忽三微六塵九漠五埃三纖四沙　馬價路費銀四兩五錢三分一釐八毫六絲　順治九年四月内會議裁扣銀三百五十二兩四錢　知府吏書銀一百一十五兩二錢　本縣知縣修宅家伙銀二十兩　吏書門皁馬快民壯燈夫轎傘扇夫禁卒倉書庫書庫子斗級銀一百九十三兩二錢　縣丞書門皁馬銀八兩四錢　典史書門皁馬銀八兩四錢　黃家堰梁湖壩二廵司書皁銀七兩二錢　順治十二年會議裁扣銀七十四兩　知府修宅家伙桌幃銀六十六兩　知縣迎送上司傘扇銀八兩　順治

十三年漕運月糧三分撥還軍儲銀一千二百八十七

兩　順治十四年裁減銀七百五十三兩五錢二分六
釐本府進表委官盤纏銀七錢四分　知府薪銀桌幃
傘扇銀三十三兩四分四釐本縣知縣薪銀油燭
傘扇銀三十兩四錢九分縣丞薪銀八兩三錢二釐
生員廩糧銀一百二十八兩　上司并公幹官員辦
送下程油燭柴炭銀一百三十兩　門神桃符銀一兩
五錢　鄉飲酒禮銀八兩提學道考試搭蓋蓬廠銀
一兩一錢　歲考生員試卷果餅激賞花紅紙劄筆墨
并童生果餅進學花紅銀三十九兩五錢　季考生員
試卷果餅激賞花紅紙劄筆墨等項銀三十一兩五錢
黃家堰巡司弓兵巳裁銀九兩六錢今裁銀一十九兩
二錢　廟山巡司弓兵巳裁銀一十三兩二錢今裁銀
二十六兩四錢　梁湖壩巡司弓兵巳裁銀一十二兩
今裁銀二十四兩　各渡渡夫十四名共裁銀二十八
兩四錢內靑山渡二名蒿陡渡一名梁湖渡三名杜浦
渡二名俱每名裁銀二兩五錢上浦渡一名百官渡二
名俱每名裁銀一兩八錢丁村渡一名沐憩渡一名俱

每名裁銀一兩　備用銀內裁按察司進表水手銀七錢五分　孤貧柴布銀三十四兩八錢　孤貧口糧銀二百八兩八錢　順治十四年裁膳夫銀四十兩　順治十四年裁里馬銀九十二兩四錢四分五釐　順治十五年裁優免銀七百三兩六錢五分七毫　康熙元年裁吏書工食銀二百四十兩知府吏書銀一百四十四兩本縣知縣吏書銀七十二兩縣丞書辦銀六兩　典史書辦銀六兩　黃家堰梁湖壩二巡司書辦銀一十二兩　康熙元年裁提學道歲考心紅等銀四十四兩六錢原編提學道歲考生員試卷果餅激賞花紅紙劄筆墨并童生果餅進學花紅府學銀十四兩縣學銀六十五兩考試搭蓋蓬廠銀二兩二錢除順治十四年裁半外今裁前數　康熙二年裁倉庫學書工食銀

一十九兩二錢本縣倉書銀六兩　庫書銀六兩　學書銀七兩二錢　康熙三年裁教職銀五十七兩九錢二分本縣訓導俸銀三十一兩五錢二分　喂馬草料銀一十二兩　門子銀一十四兩四錢　康熙三年裁齋夫銀三十六兩　康熙七年裁按院節字號坐船水手銀五兩　康熙八年裁驛站銀一百二十五兩經過公幹官員心紅紙劄油燭柴炭銀二十五兩　門皁銀一百兩〇按以上康熙八年止共裁減銀一萬九千八百七十一兩五錢五分四毫九忽三微七塵七渺九漠五埃三纖四沙府志作一萬九千七百六十五兩四錢二分九釐三毫零恐誤

工部項下漁課銀三兩六錢三分五毫路費銀三錢六分三釐五絲　康熙

運司解部充餉完字號座船水手銀一兩三錢俞府志

裁剩解部項下收零積餘米四斗一升八勺一撮六圭五粟每斗易銀一錢計銀四錢八毫一忽六微五塵○俞府志

遇閏起運本折正賦裁扣等銀一百一兩九錢五釐六毫零路費銀一錢八釐九毫六絲零戶部項下折色銀七兩四錢三分一釐一絲零路費銀七分五釐一毫七絲零工部項下折色銀二十六兩五錢三分七釐二毫零路費銀三釐五毫四絲四忽舊編存留項內今裁改解部充餉銀六十七兩五錢二分六釐五毫六絲五忽漁課銀三錢二釐五毫路費銀三分二毫五絲運司解部充餉完字號座船水手銀一錢八釐三毫三絲○俞府志

乾隆籍起運銀四萬五千二百四十六兩三分三釐三毫

有奇鋪墊損解滴車路費銀一百八十九兩四錢六分
七釐七毫有奇　戶部項下顏料蠟茶本折銀一百二十
兩四錢六分四釐九毫有奇新加銀
四十六兩九錢八分一釐二毫有奇時價銀一十兩
六錢四分六毫有奇　又戶部折色銀一萬三千五百
六十二兩七錢九分八釐二毫有奇　禮部項下藥材
本折銀五兩一錢二分九釐九毫有奇　時價銀五兩
四錢一分三釐七毫有奇　又禮部折色銀八十六兩
九錢六分四釐有奇　工部項下桐油銀九十四兩二
錢二分九釐七毫有奇　又工部折色銀二千四百八
十九兩八錢三分三釐四毫有奇　田畝帶徵匠班銀
一百二十五兩八錢五分六毫有奇　不入田畝外賦
銀三兩九錢九分三釐五毫有奇　裁改存留解部地
丁銀二萬一千九百九十九兩二錢一釐一毫有奇
零積餘米易銀四錢一分八毫有奇　留充兵餉改起
運銀六千八百八十三兩五錢八分八釐九毫有奇
一應鋪墊損解滴珠路費銀俱在各項總數下○乾隆

府志

遇閏起運折色加閏銀三百四十五兩七錢四分二釐五

毫乾隆府志

嘉慶籍起運項下解司地丁銀四萬八千二百三兩七錢

九分四釐八毫三絲五忽五微二塵二渺一漠五埃三

纖六沙

禮戶工三部項下本折顏料藥材桐油等銀二百八十三

兩一錢八分八釐六絲六忽八塵八渺五漠四埃八纖

四沙嘉慶志

光緒籍起運銀四萬八千三百一十四兩五錢八分一釐
二毫三絲一忽二微一塵七渺四漠三埃八纖六沙
鋪墊損解滴珠路費銀一百八十九兩四錢六分七釐
七毫六絲八忽七微八塵二渺五漠一埃一纖四沙內
戶部本色銀共一百六十八兩六錢六分一釐九毫三忽
五微五塵三渺九漠八埃五纖二沙　鋪墊損解滴珠
路費銀九兩四錢二分五釐七忽一微三塵六渺一埃
四纖八沙　內顏料本色銀一十一兩一錢一分五毫九絲七忽六微五塵六渺二漠五埃鋪墊損解
滴珠路費銀四兩二錢五釐七毫六微二塵五渺　顏
料本色加增時價銀七兩九錢六分五釐九毫四絲一

忽四微六渺二漠五埃　顏料改折銀一十二兩五錢六分三釐四毫六忽二微五塵鋪墊損解路費銀四兩三錢五分一釐一毫五絲八忽七微五塵　顏料改折加增時價銀三十三兩一錢九分八釐一毫三絲二忽一微四塵　蠟茶本色銀一十八兩六錢四分一釐一毫五絲三忽一微二塵五渺　蠟茶本色加增時價銀二兩六錢七分四釐七毫六忽八微七塵五渺　黃蠟折色銀五十九兩八錢九分六釐四毫一絲八忽七微五塵　路費銀六錢四分二釐三絲二忽二微八塵七渺五漠　黃蠟加增時價銀一兩二錢二分一釐二毫四絲八忽九微一塵　路費銀一分二釐二毫一絲二忽四微八塵九渺一漠　芽茶折色銀五兩八錢三分一釐六毫一絲路費銀五分八釐三毫一絲六忽一微　芽茶加增時價銀七兩七錢五分四釐三毫八絲四忽六微九塵　路費銀七分七釐五毫四絲三忽八微四塵六渺九漠　葉茶折色銀三兩一錢三分三釐二毫五絲路費銀三分一釐三毫三絲二忽五微　葉茶加增時價銀四兩六錢七分一釐五絲三忽七微五塵一渺四

漠八埃五纖二沙路費銀四分六釐七毫一絲五微三塵七渺五漠一埃四纖八沙
戸部折色銀一萬六千三百五十五兩六錢二分五釐一毫一絲二忽三微六塵四渺三漠　滴珠路費銀一百二十三兩二錢八分八釐四毫五絲七忽八微九塵六渺四漠九埃六纖六沙　內折色銀一萬七百三十九兩二錢三釐四毫九絲六忽七微二塵九渺五漠滴珠路費銀一百二十三兩二錢八分八釐四毫五絲七忽八微九塵六渺四漠九埃六纖六沙　康熙六年丈量陞科銀二十八兩四錢七分四釐六毫九絲六忽五微五塵七渺　康熙十六年清出陞科銀四兩四錢二分九釐二毫一絲九塵四渺　康熙五十年陞科銀一兩九錢六分七釐九毫四絲　雍正六年陞科銀一百八十五兩五錢五分三釐九毫二絲三忽九微九塵二渺原陞銀七百五十四兩七錢三釐

除抵補坍缺銀五百六十九兩一錢四分九釐七絲六忽八渺實該前數　雍正七年陞科銀一百三十三兩三錢二釐九毫一絲七忽三塵　雍正十一年陞科銀六錢八分六釐三毫四絲七忽三微五塵　雍正十二年陞科銀一千四百一十九兩九分七釐四毫一絲四忽五微八塵二渺又續報陞科銀一百四十二兩九錢五釐六毫一忽五微一塵二渺　乾隆二年陞科銀三錢五分八釐二毫四絲五忽八微六塵二渺五漠　乾隆四年陞科銀七十七兩八錢五分八釐三毫一絲八忽八微六塵　乾隆八年陞科銀四十兩七錢二分五釐八毫四絲七忽五塵五渺　乾隆十三年陞科銀三百二十三兩六分九釐八毫二絲六微　乾隆十四年陞科銀一兩四錢二分二釐　乾隆十五年陞科銀一十六兩一錢七分三毫　乾隆十六年陞科銀一十一兩九錢五釐九毫二絲　乾隆二十五年陞科銀九十九兩二錢四分三釐九毫六忽二微七塵　乾隆三十年陞科銀七十一兩四錢二分五釐四毫四絲三忽五微八塵八渺　乾隆四十五年陞科銀一百一十一兩

三錢二分六釐七毫二絲一忽三微四塵原陞銀一百
六十一兩一錢八分四釐四毫二絲一忽三微除坍豁
銀四十九兩八錢五分七釐六毫九絲九忽九微六塵
實該前數　乾隆五十年陞科銀七分九釐七毫四絲
四忽一微八塵　嘉慶五年陞科銀二千九百四十二
兩九錢三分一釐六絲四忽二微八渺　道光二十年
新陞銀三兩四錢八分六釐二
毫三絲二忽五微五塵四渺
禮部本色銀八兩八錢三分三釐六毫九絲六塵二渺五
埃　津貼路費銀一兩七錢九釐九毫八絲八忽五微
內藥材本色銀一兩八分七釐六毫八絲五忽八微五
塵七渺三漠三埃三纖三沙津貼路費銀五錢四分三
釐八毫四絲二忽九微二塵八渺六漠六埃六纖七沙
藥材改折銀二兩三錢三分二釐二毫九絲一忽一
微四塵二渺六漠六埃六纖七沙津貼路費銀一兩一
錢六分六釐一毫四絲五忽五微七塵一渺三漠三埃

三纖三沙　藥材加增時價銀五兩四錢
一分三釐七毫一絲三忽六塵二渺五漠
禮部折色銀八十兩三錢七分四釐八毫五絲三忽　路
費銀六兩五錢八分九釐二毫四忽五微
工部本色銀五十七兩六錢一分二釐一毫五絲　鋪墊
路費銀三十六兩六錢一分七釐六毫四忽七微五塵
內桐油本色銀一十兩七錢三分一釐六毫七絲五忽
墊費銀三十六兩一錢四分八釐八毫　桐油改折幷
墊費銀四十六兩八錢八分四毫七絲五忽
路費銀四錢六分八釐八毫四忽七微五塵
工部折色銀二千六百一十二兩三錢七分二釐一絲九
忽六微六塵六渺　路費銀七兩三錢五釐六毫四絲

六忽內折色銀二千四百八十二兩八錢九分八毫九絲路費銀六兩九錢四分二釐五毫九絲六忽

匠班銀一百二十五兩八錢五分六毫二絲九忽六微六塵六渺原編銀一百二十六兩八錢五釐五毫除築塘銀三分六釐六毫零又除坍荒銀六錢九分四釐二毫零又除被水冲坍沙石壅漲銀二錢二分三釐八毫零實該前數

漁課折色銀三兩六錢三分五毫路費銀三錢六分三釐五絲

裁改存留解部銀二萬二千一百六十七兩五錢一分二釐五毫六絲六忽八微六塵七渺九漠五埃三纖四沙

路費銀四兩五錢三分一釐八毫六絲內軍儲倉餘存充餉銀六千一百四十九兩八錢八分二釐五毫四絲二忽一塵七渺　南折充餉銀九千一百二十七兩八分五釐一毫　順治九年舊編裁剩解部并米折銀七百六十三兩七錢二分九忽一塵九漠五埃三纖四沙馬價路費

銀四兩五錢三分一釐八毫六絲　順治九年裁扣銀三百五十二兩四錢　順治十二年裁桌幃家伙傘扇銀七十四兩　順治十三年漕糧月糧三分撥還軍儲銀一千二百八十七兩　順治十四年裁扣銀五百九兩九錢二分六釐　順治十四年裁膳夫銀四十兩　順治十四年裁里馬銀九十二兩四錢四分五釐　順治十五年裁優免銀七百三十兩六錢五分七毫　康熙元年裁吏書工食銀二百四十兩　康熙元年裁提學道歲考心紅等銀四十兩六錢　康熙二年裁倉庫學書工食銀一十九兩二錢　康熙三年裁教職銀五十七兩九錢二分　康熙三年裁齋夫銀三十六兩　康熙七年裁按院節字號座船水手銀五兩　康熙八年裁驛站銀一百二十五兩　以上均見康熙籍故不列細數　康熙十四年裁扣銀二百二十六兩二錢六分一釐六毫四絲內司備用銀一百一十三兩一分一釐六毫四絲知府心紅紙劄銀五十兩知縣心紅紙劄銀二十兩修理倉監銀二十兩儒學喂馬草料裁半銀六兩本府季考生員試卷果餅花紅紙劄筆墨裁半銀二

兩七錢五分本縣季考生員試卷等銀一十二兩五錢
修理府縣鄉飲祭祀新官到任齋宿幕次器皿件物及
經過公幹官員轎傘等銀二兩　康熙十四年裁扣銀
一百一十九兩三錢九分六釐五毫六絲內修城民七
銀三十五兩七錢一分三釐修理本縣城垣銀二十兩
裁本府季考生員試卷果餅花紅紙劄筆墨銀二兩七
錢五分本縣季考生員試卷等銀一十二兩五錢縣備
用銀四十八兩四錢三分三釐五毫六絲　康熙十五
年裁扣銀一百三十三兩四錢內紳衿優免丁銀一百
一十一兩五錢五分各院觀風考試生員試卷果餅激
賞花紅紙劄筆墨府銀　四兩縣銀一十五兩本縣新任
祭門銀二兩八錢五分　康熙十六年裁扣銀一十兩
五錢內迎春裁半銀二兩儒學喂馬草料裁半銀六兩
本縣陞遷給由應朝起程復任公宴祭門祭江銀二兩
五錢　康熙二十七年裁歲貢路費銀三十兩　康熙
二十七年裁科舉迎宴等款銀三百一十七兩七錢五
分三釐四毫內科舉禮幣進士舉人牌坊銀一百八兩
三錢八分三釐七毫會試舉人水手銀一百一十二兩

武舉筵宴銀七錢二分五釐貢院雇稅家伙并募夫銀
二兩迎宴新舉人旗帳酒禮府銀五兩六錢六分七釐
縣銀一十一兩起送會試舉人酒席卷資路費府銀八
兩三錢八分四釐四毫縣銀一十七兩三錢三分三釐
三毫賀新進士旗匾花紅酒禮府銀五兩縣銀五兩起
送科舉生員花紅卷資路費酒禮府銀六兩五錢縣銀
三十五兩七錢六分　康熙三十一年裁驛站銀一千
三百二兩二錢四分二釐六毫二絲八微四塵內本府
各驛銀一千一百兩二錢四分三釐六毫二絲八微四
塵代馬兜夫銀一百八十一兩九錢九分九釐僱船銀
二十兩　康熙三十九年裁黃家堰巡司經費銀七十
二兩三錢二分內俸銀三十一兩五錢二分皁隸銀一
十二兩弓兵銀二十八兩八錢　康熙五十六年裁本
府拜進表箋綾函紙劄寫表生員工食香燭等銀
三兩四分一釐七毫三絲五忽　雍正三年裁憲書紙
料銀一十七兩六錢六分八釐一毫　雍正六年裁燈
夫工食銀二十四兩　雍正十二年裁扣民壯工食銀
一百八兩　乾隆十九年裁本府　諭祭銀六兩六

錢六分六釐六毫七絲　嘉慶七年裁臬司衙門編設驛站統歸起運充餉銀一百七十二兩四錢三分二釐四毫九絲

留充兵餉改起運銀七千二百五十兩六錢七分九釐四毫二絲五忽六微八塵　除坍荒銀二百九十一兩六錢五分一釐八毫七絲三忽九微九塵一渺又除被水沖坍沙石壅漲銀九十五兩四錢三分八釐六毫一絲五忽九微八塵六渺　實銀

六千八百六十三兩五錢八分八釐九毫三絲五忽七微三渺　內田地山銀三千三百一兩四錢八分五毫七絲三忽六微八塵原編銀三千四百九十五兩五錢七分一釐四絲九忽除置買籍田壇基免徵銀六錢一分一釐六毫四絲四忽八微又除築塘免徵銀一十五兩四錢七分八釐八毫三絲五微二塵編入存留項下致祭　文昌帝君銀二十兩致祭　關聖帝君銀

六十兩厲壇米折銀六兩儒學加俸銀四十八兩四錢八分金山場經費銀四十三兩五錢二分實該前數又除坍荒銀二百九十一兩六錢五分一釐八毫零除被水冲坍沙石壅漲銀九十五兩四錢三分八釐六毫零實該銀二千九百一十四兩三錢九分八絲三忽七微三渺　兵餉銀三千九百四十九兩一錢九分八釐八毫五絲二忽

起運折色加閏銀三百三十兩九錢二釐三毫四絲二忽六微八塵五漠八埃二沙　內戶部折色銀六兩七錢三分五釐一絲五忽三微九塵二渺八漠路費銀七分五釐一毫七絲二忽一微八塵四渺七漠一埃三纖六沙　工部折色銀二十六兩五錢三分七釐二毫二絲六忽五微六塵一渺四漠路費銀三釐五毫四絲四忽　工部漁課改折銀三錢二釐五毫路費銀三分二釐五絲　順治九年舊編裁剩解部巡司弓兵銀二兩九錢　順治九年裁扣銀二十七

兩七錢內知府吏書銀九兩六錢知縣吏書門皁馬快
民壯燈夫禁卒轎傘扇夫倉庫書庫子斗級共銀一十
六兩一錢縣丞書門皁馬銀七錢典史書門皁馬銀七
錢黃家堰梁湖壩二廵司書皁銀六錢　順治十四年
裁扣銀八兩一錢六分六釐六毫六絲五忽內黃家堰
弓兵銀一兩六錢廟山弓兵銀二兩二錢梁湖壩弓兵
銀二兩各渡渡夫銀二兩三錢六分六釐六毫六絲五
忽　順治十四年裁膳夫銀三兩三錢三分三釐三毫
　順治十四年裁皁馬銀七兩七錢三釐七毫五絲
順治十六年裁閏月俸銀二十八兩九錢六分六釐一
毫內知府俸銀八兩七錢四分九釐九毫知縣俸銀三
兩七錢四分九釐九毫縣丞俸銀三兩三錢三分三釐
三毫典史俸銀二兩六錢二分六釐六毫教諭俸銀二
兩六錢二分六釐六毫訓導俸銀二兩六錢二分六釐
六毫黃家堰梁湖壩廵檢二員俸銀共五兩二錢五分
二釐二毫　康熙元年裁吏書工食銀二十兩內知府
吏書銀一十二兩知縣吏書銀六兩縣丞書辦銀五錢
典史書辦銀五錢黃家堰梁湖壩二廵司書辦銀一兩

康熙二年裁倉庫學書工食銀一兩六錢內本縣倉書銀五錢庫書銀五錢學書銀六錢　康熙三年裁訓導門子銀一兩二錢　康熙三年裁齋夫銀三兩　康熙七年裁按院節字號坐船水手銀四錢一分六釐六毫六絲　康熙三十一年裁驛站銀九十五兩六錢八分五釐四絲二忽一微六塵六渺六漠六埃六纖六沙內一本府各驛新加銀八十二兩四錢七釐二毫六絲四忽一微六塵六渺六漠六埃六纖六沙代馬兜夫銀一十三兩二錢七分七釐七毫七絲八忽　康熙三十九年裁黃家堰巡司經費銀三兩四錢內皁隸銀一兩弓兵銀二兩四錢　雍正三年裁憲書紙料銀　二錢五分八釐七毫　雍正六年裁燈夫工食銀二兩　雍正十二年裁扣民壯工食銀九兩　嘉慶七年裁臬司衙門驛站統歸起運充餉銀六兩一錢五分五釐八毫一絲二忽　兵餉銀七十五兩七錢三分二釐六毫五忽三微七塵五渺原編銀九十七兩三分二釐六毫五忽三微七塵五渺編入存留項下金山場經費銀一兩又孤貧加閏銀二十兩三錢實該前數○以上賦役全書

以上起運

康熙籍留充兵餉銀二萬二千七百二十一兩七錢三分七釐五毫四絲三忽一塵七渺內田地山銀三千四百九十五兩五錢七分一釐四絲九忽　預備秋米折銀一千二百五十三兩　均徭充餉銀三百九十八兩四錢　民壯充餉銀五百八十六兩三錢八分遇閏加銀五十七兩　續撥軍儲充餉銀二百三十一兩五分四釐三絲　歷日充餉銀七兩七錢　會裁夫役充餉銀一千四百七十二兩六錢六分四釐八毫二絲二忽有閏加銀二十八兩七錢九分六釐七毫四絲六忽　南折充餉銀九千一百二十七兩八分五釐一毫　軍儲各倉餘存充餉銀六千一百四十九兩八錢八分二釐五毫四絲二忽一塵七渺遇閏加預備米折銀一十一兩二錢三分五釐八毫五絲九忽三微七塵五渺○內提出軍儲南折二款彙列充餉外實該兵餉銀七千四百四十四兩七錢六

分九釐九毫一忽

存留官役俸廪銀二千三百九十九兩四錢三分六釐内本府拜進表箋綾函紙劄寫表生員工食委官盤纏銀三兩七錢八分一釐七毫三絲五忽　本縣拜賀習儀香燭銀四錢八分　本府知府俸銀六十二兩四分四釐遇閏加銀八兩七錢四分九釐九毫薪銀七十二兩心紅紙張油燭銀五十兩修宅家伙銀五十兩桌幃扇傘銀二十兩　書辦二十四名每名銀一十兩八錢共銀二百五十九兩二錢遇閏加銀二十一兩六錢　本縣知縣俸銀二十七兩四錢九分遇閏加銀三兩七錢四分九釐九毫薪銀三十六兩心紅紙張油燭銀三十兩修宅家伙銀二十兩迎送上司傘扇銀一十兩　吏書十二名每名銀一十兩八錢共銀一百二十九兩六錢遇閏加銀一十兩八錢　門子二名每名銀七兩二錢共銀一十四兩四錢遇閏加銀一兩二錢　皁隸十六名每名銀七兩二錢共銀一百一十五兩二錢遇

閏加銀九兩六錢　馬快八名每名一十八兩共銀一百四十四兩遇閏加銀一十二兩　民壯五十名每名銀七兩二錢共銀三百六十兩遇閏加銀三十兩　燈夫四名每名銀七兩二錢共銀二十八兩八錢遇閏加銀二兩四錢　看禁卒八名每名銀七兩二錢共銀五十七兩六錢遇閏加銀四兩八錢　修理倉監銀二十兩　轎傘扇夫七名每名銀七兩二錢共銀五十兩四錢遇閏加銀四兩二錢　庫書一名銀一十二兩遇閏加銀一兩　倉書一名銀一十二兩遇閏加銀一兩　庫子四名每名銀七兩二錢共銀二十八兩八錢遇閏加銀二兩四錢　斗級四名每名銀七兩二錢共銀二十八兩八錢遇閏加銀二兩四錢　縣丞俸銀二十四兩三錢二釐遇閏加銀三兩三錢三分三釐三毫薪銀二十四兩　書辦一名銀七兩二錢遇閏加銀六錢　門子一名銀七兩二錢遇閏加銀六錢　皁隸四名每名銀七兩二錢共銀二十八兩八錢遇閏加銀二兩四錢　馬夫一名銀七兩二錢遇閏加銀六錢　典史俸銀一十九兩五錢二分遇閏加銀二兩六錢二分六釐

六毫薪銀一十二兩　書辦一名銀七兩二錢遇閏加
銀六錢　門子一名銀七兩二錢遇閏加銀六錢　皁
隸四名每名銀七兩二錢共銀二十八兩八錢遇閏加
銀二兩四錢　馬夫一名銀七兩二錢遇閏加銀六錢
　本縣儒學教諭俸銀一十九兩五錢二分遇閏加銀
二兩六錢二分六釐六毫薪銀一十二兩　訓導俸銀
一十九兩五錢二分遇閏加銀二兩六錢二分六釐六
毫薪銀一十二兩訓導缺順治十七年奉裁　齋夫六
名每名銀一十二兩共銀七十二兩遇閏加銀六兩
膳夫八名每名銀一十兩共銀八十兩遇閏加銀六兩
六錢六分六釐六毫　門子五名內掌教三名分教二
名每名銀七兩二錢共銀三十六兩遇閏加銀三兩
學書一名銀七兩二錢遇閏加銀六錢　喂馬草料銀
每員一十二兩共銀二十四兩　廩生二十名每名廩
糧一十二石每石折銀八錢共銀一百九十二兩　黄
家堰梁湖壩廵檢二員俸銀每員一十九兩五錢二分
共銀三十九兩四分遇閏加銀五兩二錢五分三釐二
毫薪銀每員一十二兩共銀二十四兩　書辦各一名

每名銀七兩二錢共銀一十四兩四錢遇閏加銀一兩
二錢　皁隸各二名每名銀七兩二錢共銀二十八兩
八錢遇閏加
銀二兩四錢

祭祀賓興雜支銀二千六百三十一兩八錢二分五釐五
毫七絲　內扣解昌平州銀
四兩歸起運之內　實銀二千六百二十七兩八
錢二分五釐五毫七絲內

祭祀賓興　內本府諭祭銀六兩六錢六分六釐六毫七
絲　本縣祭祀　文廟釋奠二祭共銀六十
兩　啟聖祠二祭共一十二兩　社稷山川壇各二祭
共銀三十二兩　邑厲壇三祭共銀二十四兩　鄉賢
名宦祠各二祭共銀一十六兩　文廟香燭銀一兩六
錢　迎春芒神土牛春酒銀四兩　歷日紙料銀一十
七兩六錢六分八釐一毫遇閏加紙料銀二錢五分八
釐七毫　門神桃符銀一兩五錢　鄉飲酒禮二次共

銀一十六兩　提學道考試搭蓋蓬廠工料銀二兩二錢　一歲考生員試卷果餅激賞花紅筆墨童生果餅進學花紅府學銀一十四兩縣學銀六十五兩　季考生員每年量計二次合用試卷果餅激賞花紅紙劄筆墨等項府學銀一十一兩縣學銀五十兩　本府歲貢生員路費旗匾花紅酒禮銀七錢五分　各院觀風考試生員合用試卷果餅激賞花紅紙劄筆墨府學銀四兩縣學銀一十五兩

雜支　內本縣新官到任祭門猪羊酒果香燭銀二兩八錢五分　府縣陞遷給由并應朝官員起程復任公宴酒席祭門祭江猪羊三牲酒果香燭等項銀二兩五錢　布政司解戶二名每名銀三十兩共銀六十兩　看守布按二分司門子各一名府館門子一名每名銀三兩六錢共銀一十兩八錢遇閏加銀九錢　本縣巡鹽應捕八名每名銀七兩二錢共銀五十七兩六錢遇閏加銀四兩八錢　黃家堰巡檢司弓兵八名每名銀六兩共銀四十八兩遇閏加銀四兩又鹽課銀五十兩四錢滴珠銀五錢四釐遇閏加鹽課并滴珠銀四兩

二錢四分二釐　廟山巡檢司弓兵一十一名每名銀六兩共銀六十六兩遇閏加銀五兩五錢又鹽課銀二兩六錢四分滴珠銀二分六釐四毫遇閏加鹽課并滴珠銀二錢二分二釐二毫　梁湖壩巡檢司弓兵一十名每名銀六兩共銀六十兩遇閏加銀五兩衝要五鋪司弓兵二十一名每名銀八兩四錢共銀一百七十六兩四錢遇閏加銀一十四兩七錢內蒿陡鋪五名崑崙鋪蔡山鋪板橋鋪池湖鋪各四名次衝要六鋪司兵二十四名每名銀七兩二錢共銀一百七十二兩八錢遇閏加銀一十四兩四錢內縣前鋪通明鋪查湖鋪十華渡鋪蔡墓鋪新橋鋪各四名　偏僻四鋪司兵一十二名每名銀六兩共銀七十二兩遇閏加銀六兩內瀝海鋪烏盆鋪夏蓋鋪踏海鋪各三名渡各渡夫一十三四名共銀五十六兩八錢遇閏加銀四兩七錢三分三釐三毫三絲內靑山渡二名蒿陡渡一名梁湖渡三名杜浦渡二名俱每名銀五兩上浦渡一名百官渡二名俱每名銀三兩六錢丁村渡沐憩渡各一名俱每名銀二兩　新通明壩壩夫二十名每名銀一十兩八錢共銀

銀二百一十六兩總加纜索銀三十六兩遇閏加役銀
一十八兩　梁湖壩壩夫一十四名每名銀九兩共銀
一百二十六兩遇閏加銀一十兩五錢　舊通明壩壩
夫二名每名銀六兩共銀一十二兩遇閏加銀一兩
修城民七料銀三十五兩七錢一分三釐　修理本縣
城垣銀二十兩　修理府縣鄉飲公宴祭祀新官到任
齋宿幕次器皿什物及經過公幹官員轎傘幃褥銀二
兩　預備本縣雜用銀一百六十六兩一錢九分五釐
二毫內以七分聽上司行文取用三分聽本縣公事支
銷俱明立文案造送查核有餘存貯報司以備緩急之
需應支項款開後加增計表箋通數銀昌平州銀四兩
各院司道取給舉人貢生路費卷資等銀獎勸激賞孝
子節婦善八米布銀按察進　　表水手銀修理院司
公館家伙什物銀恤刑按臨合用心紅紙劄油燭柴炭
吏書供給銀其有事出不常數難定計俱於內支取年
終造冊院司道查核　戰船民六料銀六十三兩四錢
四分八釐二毫　淺船料銀四百八十二兩六錢九分
四釐四毫　孤貧老民五十八名每名年給花布木柴

銀六錢共銀三十四兩八錢　孤貧五十八名每名歲支口糧銀三兩六錢共銀二百八兩八錢　縣獄重囚口糧銀三十六兩

二三年一辦銀三百五十兩七錢五分三釐四毫內

二年一辦　內本縣貢生路費旗匾花紅酒禮銀三兩歲貢生員赴京路費銀三十兩

三年一辦　內科舉禮幣進士舉人牌坊銀一百八兩三錢八分三釐七毫　迎宴新舉人合用提報旗匾銀花綵緞旗帳酒禮各官酒席府銀五兩六錢六分七釐縣銀一十一兩　起送會試舉人酒席并卷資路費府銀八兩三錢八分四釐四毫縣銀一十七兩三錢三分三釐三毫　會試舉人水手銀一百一十二兩賀新進士合用旗匾花紅酒禮府銀五兩縣銀五兩起送科舉生員酒禮花紅卷資路費各官陪席府銀六兩五錢縣銀三十五兩七錢六分　武舉供給筵宴盤纏銀七錢二分五釐　貢院雇稅家伙等銀二兩○

以上康熙志

乾隆籍存留銀二千八百七兩三分八釐二毫內司存留銀一百二十三兩四錢四分八釐二毫　府縣存留銀二千六百八十三兩五錢九分

存留米一百一十四石三斗三升一合五勺有奇內康熙六年至乾隆四十五年歷案陞科米共一百一十四石三斗三升一合五勺有奇○乾隆府志

嘉慶籍司存留項下銀一百二十三兩四錢四分八釐二毫

府縣存留項下共銀二千五百二十五兩五錢九分

本縣祭祀銀一百四十四兩內抽解均祭銀二十一兩二錢六分又動支地丁添飾邑

厲壇米折銀六兩○按 至聖先師及 山川社稷邑厲壇三項祭銀即在祭祀銀一百四十四兩之內 文武帝祭銀不在此數嘉慶志混列殊欠分曉

又文昌帝君祭銀二十兩 關聖帝君祭銀六十兩 鄉飲酒禮銀八兩 拜賀習儀銀四錢八分 文廟香燭銀一兩六錢 迎春芒神土牛銀二兩 鋪兵工食銀二十八兩四錢 壩夫工食并纜索銀三百九十兩 孤貧柴布口糧銀二百四十三兩六錢 四糧銀三十六兩

存留新陞米二百三十七石九升一勺六抄三撮三圭九

粟七粒一黍五粞折徵銀二百八十四兩五錢八釐一毫九絲六忽七塵六渺五漠八埃以上嘉慶志

光緒籍存留銀二千八百二十七兩三分八釐二毫嘉慶四年奉文徵收存留銀兩仍留縣支給道光二十三年奉文存留俸役各款減平支發按照京平九四放給應減平銀兩專款解司彙解部庫其祭祀廩糧孤貧四糧等款均不減平仍照額數支給內

司存留銀一百二十三兩四錢四分八釐二毫內布政司解戶役銀六十兩戰船民六料銀六十三兩四錢四分八釐二毫

府縣存留銀二千七百三兩五錢九分驛站經費入內驛站條下

本縣拜賀習儀香燭銀四錢八分

本縣致祭　文昌帝君銀六十兩內四十兩新增　關聖
帝君銀六十兩係動支地丁題銷冊內仍於起運項下造報
本縣致祭厲壇米折銀六兩係動支地丁題銷冊內仍於起運項下造報
本縣祭祀銀一百四十四兩文廟釋奠二祭共銀六十兩崇聖祠二祭共銀一
十二兩　社稷山川壇各二祭共銀三十二兩　邑厲
壇三祭共銀二十四兩　鄉賢名宦祠各二祭共銀一
十六兩共該前數內除派解餘剩銀二十一兩二錢六
分每年解收司庫撥補不敷祭祀之用實給銀一百二
十二兩七錢四分內　文廟二祭銀五十兩　啟聖
祠二祭銀一十二兩　社稷山川壇各二祭銀二十九
兩七錢四分一釐厲壇三祭銀二十一兩鄉賢名宦祠
二祭銀一十兩共實給前數其餘剩銀兩實給數目分
晰註明仍於地丁題
銷冊內存留項下造報

文廟香燭銀一兩六錢

迎春芒神土牛春酒銀二兩

本府知府俸銀一百五兩　內攤扣荒缺銀一十八兩七錢五分八釐每年解司充餉實該銀八十六兩二錢五分其攤荒銀兩實該數目分晰註明仍於地丁　題銷冊內存留項下造報

本縣知縣經費銀六百一十七兩四錢　知縣俸銀四十五兩內攤扣荒缺銀八兩三分九釐每年解司充餉實該銀三十六兩九錢六分一釐其攤荒銀兩實該數目分晰註明仍於地丁　題銷冊內存留項下造報　門子二名銀一十二兩　皁隸一十六名銀九十六兩　馬快八名每名工食銀六兩陸路備馬置械水鄉打造巡船以司緝探銀一十兩八錢共銀一百三十四兩四錢此係原編數目內給馬快工食銀四十八兩外批解藩庫銀八十六兩四錢抵給將軍都統各衙門工食等項一切之用實

該前數　民壯三十二名銀一百九十三兩　禁卒八名銀四十八兩　轎傘扇夫七名銀四十二兩　庫子四名銀二十四兩　斗級四名銀二十四兩

縣丞經費銀七十六兩俸銀四十兩　門子一名銀六兩　皁隸四名銀二十四兩　馬夫一名銀六兩

典史經費銀六十七兩五錢二分俸銀三十一兩五錢二分　門子一名銀六兩皁隸四名銀二十四兩　馬夫一名銀六兩

儒學經費銀一百九十三兩一錢二分教諭俸銀三十一兩五錢二分

生員廩糧銀六十四兩　齋夫三名銀三十六兩

廩生膳銀四十兩　門子三名銀二十一兩六錢

儒學加俸銀四十八兩四錢八分係動支地丁題銷冊內仍於起運項下

造報

金山塲經費銀四十三兩五錢二分俸銀三十一兩五錢二分　皁隸二名銀一十二兩係動支地丁題銷冊內仍於起運項下造報

梁湖壩巡檢司經費銀七十九兩五錢二分俸銀三十一兩五錢二分　皁隸二名銀一十二兩弓兵一十名銀三十六兩

餘姚縣廟山弓兵工食銀三十九兩六錢弓兵一十一名

鄉飲酒禮二次銀八兩已奉文停支專款解司聽候撥用

歲貢旗匾花紅酒禮銀三兩七錢五分府銀七錢五五分縣銀三三兩

以上府縣歲貢銀兩每年解司充餉

其應支銀兩在於地丁項下撥給

看守公署門子工食銀一十兩八錢布按二分司二名府館一名每名銀三兩六錢

本縣巡鹽應捕工食銀五十七兩六錢鹽捕八名每名銀七兩二錢

衝要五舖司兵工食銀一百七十六兩四錢與康熙籍同

次衝要六舖司兵工食銀一百七十二兩八錢與康熙籍同

偏僻四舖司兵工食銀七十二兩與康熙籍同

各渡渡夫工食銀二十八兩四錢照康熙籍減半

各壩夫工食并纜索共銀三百九十兩與康熙籍同

孤貧五十八名柴布銀三十四兩八錢每名年給銀六錢

孤貧五十八名口糧銀二百八兩八錢每名歲支銀三兩六錢　以上孤貧柴布口糧小建銀兩每年解司充餉

縣重四口糧銀三十六兩

存留米二百三十七石二斗二升二合三勺三抄五撮九圭七粟五粒一黍五粞內康熙六年丈量陞科米一石二斗二升九勺六抄三撮二圭二粟八粒五黍原編米一石二斗四升六合七勺五抄九撮三圭八粟八粒五黍除置買耤田壇基免征米二升五合七勺九抄六撮一圭六粟實該前數康熙十六年清出陞科米一斗七升五合六勺二撮四圭三粟八粒　康熙五十年陞科米八升二合九勺九抄八撮雍正六年陞科米七石八斗七升一合四勺六抄五撮七圭七粟四黍原陞米三十一石八斗七升二合除抵補攤缺米二十四石五勺三抄四撮二圭二粟九粒

六黍實該前數 雍正七年陞科米五石五斗三升一合九撮四圭六粟三粒 雍正十一年陞科米二升八合九勺四抄六撮七圭四粟五粒 雍正十二年陞科米六十七石五斗一升一合二勺九撮八圭九粟九粒 乾隆二年陞科米一升五合二抄九撮四圭三粒七黍五栖 乾隆四年陞科米二石九斗五升六合六勺四抄五撮二粟 乾隆八年陞科米一石六斗八升五合四勺三抄七撮三圭九粟九粒九黍 乾隆十三年陞科米一十二石二斗六升八合四勺七抄四撮二圭 乾隆十四年陞科米五升四合 乾隆十五年陞科米六斗九升四合九勺五抄 乾隆十六年陞科米五斗一升一合六勺八抄 乾隆二十五年陞科米四石二斗五升九合八勺二撮八圭三粟九粒 乾隆三十年陞科米三石一升二合五勺六撮八圭五粟一粒六黍 乾隆四十五年陞科米四石七斗六升八合六抄九撮三圭六粟原陞米六石九斗一升八勺七圭除坍豁米二石一斗四升二合七勺三抄一撮三圭四粟實該前數 乾隆五十年陞科米三合二抄八撮二圭六粟

嘉慶五年陞科米一百二十四石八斗九升八合一勺
三抄五圭一粟九粒　道光二十年陞科米一斗三升
二合三勺八抄八共折色銀三百七十九兩五錢五分
撮五圭七粟八粒
六釐向係聽撥兵糧嗣因紹協
營兵未經收伍折價解司
存留加閏銀一百六十三兩九分九釐九毫六絲五忽內本
縣知縣經費銀四十七兩七錢內門子二名銀一兩皁
隸一十六名銀八兩馬快八名每名工食銀五錢共銀
四兩民壯三十二名銀一十六兩禁卒八名銀四兩轎
傘扇夫七名銀三兩五錢庫子四名銀二兩斗級四名
銀二兩實該四十兩五錢其緝探銀七兩二錢批解藩
庫抵給將軍都統各衙門工食等項一切之用　縣丞
經費銀三兩內門子一名銀五錢皁隸四名銀二兩馬
夫一名銀五錢　典史經費銀三兩內門子一名銀五
錢皁隸四名銀二兩馬夫一名銀五錢　儒學經費銀
八兩一錢三分三釐三毫內齋夫三名銀三兩廩生膳

銀三兩三錢三分三釐三毫門子三名銀一兩八錢
金山場經費銀一兩內皁隷二名每名銀五錢　梁湖
壩巡司經費銀四兩內皁隷二名銀一兩弓兵一十名
銀三兩　廟山弓兵工食銀三兩三錢　看守公署門
子工食銀九錢內布按二司二名府館一名每名三錢
本縣巡鹽應捕工食銀四兩八錢　衝要五舖司兵
工食銀一十四兩七錢共二十一名每名銀七錢　次
衝要六舖司兵工食銀一十四兩四錢共二十四名每
名銀六錢　偏僻四舖司兵工食銀六兩共十二名每
名銀五錢　各渡夫工食銀二兩三錢六分六釐六毫
六絲五忽內青山蒿陸梁湖杜浦共八名每名銀二錢
八釐三毫三絲三忽二微五塵上浦百官共三名每名
銀一錢五分丁村沐憩蔡山共三名每名銀八分三釐
三毫三絲三忽　各壩夫工食銀二十九兩五錢內新
通明壩二十名每名銀九錢梁湖壩一十四名每名銀
七錢五分舊通明壩二名每名銀五錢　孤貧五十八
名柴布閏銀二兩九錢每名銀五分又口糧閏銀
一十七兩四錢每名銀三錢○以上賦役全書

以上存留

康熙籍漕務各項銀四千九百八十四兩一錢八分九釐九毫二絲七忽三微七塵內撥還軍儲充餉銀一千二百八十七兩米二千一十七石六斗內

貢具銀七十一兩三錢八分九釐九毫二絲七忽三微七塵

運官廩工銀六百二十二兩八錢

領運官丁新改月糧本色米二千一十七石六斗月糧米折銀四千二百九十兩原額廣盈倉折色米一萬九千二十一石九斗七升一合

五勺二抄五撮順治十二年欽奉恩詔本折均平改征本色米二千一十七石六斗餘米一萬七千四石三斗七升一合五勺二抄五撮每石原折銀五錢五分今於內支米四千二百九十石督撫題明每石折銀一兩該銀四千二百九十兩內七分給甯波衞運丁月糧米折銀三千三兩三分撥還軍儲銀一千二百八十七兩解充餉用外餘米仍照舊每石折銀五錢五分支解貢具軍器等項支用○康熙志○按俞府志隨漕項下折色銀四千一百七十九兩八錢八分四釐三毫零則於原額三千六百九十七兩一錢八分九釐九毫零外加淺船料四百八十二兩六錢九分四釐四毫也淺船料康熙志編存留項下

乾隆籍月糧給軍米二千一石八斗七升二合六勺有奇

隨漕折色銀四千一百七十九兩八錢八分四釐三毫有奇　內淺船料銀四百八十二兩六錢九分四釐四毫　運官廩工銀六百二十二兩八錢　貢具銀七

十一兩三錢八分九釐九毫有奇　月糧七分給軍銀三千三兩○乾隆府志

嘉慶籍漕運項下銀六千五百八十二兩一錢三分一釐四毫五絲七忽三微八塵六渺四埃　內廩工銀六百二十二兩八錢　月糧給軍銀三千三兩　月糧米折銀二千四百二兩二錢四分七釐一毫三絲一塵六渺四埃　淺船銀四百八十二兩六錢九分四釐四毫　損壩銀七十一兩三錢八分九釐九毫二絲七忽三微七塵○嘉慶志

光緒籍隨漕本色月糧給軍米二千一十六石九斗九升二合三勺六抄八撮四粟一粒四黍　原編米二千一十七石六斗除築塘米六斗七合六勺三抄一撮九圭五粟八粒六黍實該前數除坍荒米一十一石三斗七升二合四勺四抄七撮六圭九粟四粒七黍又除被水沖坍沙石壅漲米三石七斗四升七合三勺一抄二撮實該米二千一石八

斗七升二合六勺八撮三圭四粟六粒七黍每石改折銀一兩二錢該銀二千四百二兩

二錢四分七釐一毫三絲一塵六渺四埃

隨漕折色銀四千一百七十九兩八錢八分四釐三毫

二絲七忽三微七塵內淺船料四百八十二兩六錢九分四釐四毫原編解船政同知支銷後同知奉裁仍行解道　運官廩工銀六百二十二兩八錢　貢具銀七十一兩三錢八分九釐九毫二絲七忽三微七塵原編解船政同知支銷後同知奉裁仍行解道　月糧七分給軍銀三千三兩○賦役全書

以上漕運糧儲道專轄

康熙籍黃家堰巡檢司鹽課銀五十兩四錢每兩滴珠一分該銀五錢四釐遇閏加鹽課并滴珠銀四兩二錢四分二釐

廟山巡檢司鹽課銀二兩六錢四分每兩滴珠一分該銀二分六釐四毫

遇閏加鹽課并滴珠銀二錢二分二釐

二毫○以上二條編存留雜支項下

隨糧帶徵鹽課水鄉蕩價銀四十二兩九錢八分八毫

三絲五忽每兩滴珠路費一分七釐該銀七錢三分六毫七絲四忽一微九塵五渺

拖船稅銀八兩滴珠路費銀一錢三分六釐不入田畝解運司轉解

鹽院完字號座船水手銀一兩三錢遇閏加銀一錢八釐三毫三絲○按此條編驛站項下○康熙志○乾隆嘉慶光緒籍皆同按賦役全書抵課銀五十三兩四分卽黃家堰廟山二巡司鹽課及完字座船水手銀一兩三錢解歸藩司充餉其隨糧帶征鹽課及不入田賦拖船稅解運司轉解

以上鹽課

康熙籍驛站銀二千九百六十三兩四錢四分一釐一毫一絲八微四塵內本府驛站銀一千五百九兩四錢七分六釐一毫一絲八微四塵　上司并公幹官員本縣辦送下程油燭柴炭銀一百三十兩　上司經臨及一應公幹過往官員合用心紅紙劄油燭柴炭門廚皁隸米菜銀二十五兩　上司經臨及一應公幹過往官員合用門皁銀一百兩　雇夫銀七百三十五兩六錢三分五釐遇閏加銀六十一兩三錢二釐八毫七絲　又協濟嵊縣東關人夫銀五十九兩五錢三分遇閏加銀四四兩九錢六分八毫　雇馬銀三百二十七兩五錢遇閏加銀二十七兩二錢九分一釐六毫七絲　雇船銀七十兩　按院節字號座船水手銀五兩遇閏加銀四錢一分六釐六毫六絲　鹽院完字號座船水手銀一兩三錢遇閏加銀一錢八釐三毫三絲

○康熙志○按俞府志兵部項下銀二千七百三十四兩六錢九分六釐一毫零則除順治十四年裁上司并公幹官員下程油燭等銀一百三十兩又除康熙七年

裁按院座船水手銀五兩又除康熙八年裁驛站銀一百二十五兩也

乾隆籍驛站銀一千三百七兩四錢五分三釐四毫有奇

内本府各驛銀四百九兩二錢三分二釐四毫有奇

養膳應差夫一百名每名工食銀七兩二錢撥差夫頭一名工食銀六兩八錢八分六釐七毫共銀七百二十六兩八錢八分六釐七毫　代馬兜夫二十名每名工食銀六兩六分六釐七毫有奇共銀一百二十一兩三錢三分四釐三毫　雇船銀五十兩　遇閏加銀九十六兩五錢七分三釐八毫有奇○乾隆府志

嘉慶籍驛站項下共銀一千三百七兩四錢五分三釐四

内本府驛站銀四百九兩二錢三分二釐九絲

毫九絲應給曹娥驛水夫工食銀二百三十六兩八錢餘銀一百七十二兩四錢三分二釐九絲歸入地丁解司餘與乾隆籍同○嘉慶志○按嘉慶七年裁臬司衙

門編設驛站統歸起運充餉銀一百七十二兩四錢三分二釐四毫九絲卽此所謂餘銀歸入地丁解司也然則實銀當作一千一百三十五兩二分一釐矣又按二釐下當脫四毫二字

光緒籍驛站經費銀一千一百一十六兩二錢四分一釐

其扣除小建銀兩每年彙入地丁解司充餉

遇閏加驛站經費銀九十一兩一錢一分四釐

以上驛站

康熙籍額外匠班銀一百二十六兩八錢五釐五毫又當稅牙稅雜稅等銀歲無定額至年終以收過數目造報

查核俞府志

乾隆籍學租銀四十七兩六錢一分　當鋪一十四名稅銀七十兩　上則牙戶一十六名中則牙戶二十五名下則牙戶四十二名稅銀四十四兩六錢　契稅牛稅歲無定額乾隆府志

嘉慶籍外賦牙稅銀四十四兩六錢牛稅銀二兩八錢三分當稅銀九十五兩學租銀四十七兩六錢一分契稅無額奉文儘收儘解嘉慶志

光緒籍學租銀四十七兩六錢一分每年照數征輸解司轉解學院賑給貧生膏火之用

當稅銀六十五兩當鋪一十三名每名征銀五兩

牙稅銀九十三兩七錢五分

契稅每契價銀一兩征稅銀三分

牛稅每兩征稅銀三分每年儘收儘解造報　以上牛契二稅歲無定題銷另款解司充餉

以上外賦

軍興以來餉項支絀釐捐於是起焉吾邑設於梁湖其稅以絲茶花布爲大宗而他物亦各有百官渡及松厦皆有釐局百官之局又分局事者皆由省派委不由地方官經理歲入亦無常稅不征於民而征於商不征於市廛而征於行旅蓋數蓋藉以裕餉一時權宜之術也與外賦無涉故不列焉○新纂

上虞縣志卷二十七

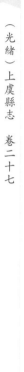

廣輿記 卷二十七 三

上虞縣志卷二十八

食貨志

物產

舊志於各物僅載其名閒有注者亦寥寥一二語簡略特甚今略加考證詮次如左視舊志稍詳而已

穀之屬

稻 黏者爲稉次黏者爲秔不黏者爲穛穛卽秈也本草云秔米主益氣稻米主溫中秔稻對舉是以黏者爲稻案說文稻稌也稌稻也稉下云沛國呼稻爲稉穛下云稻不黏者秔下云稻屬是無論黏與不黏皆得名之曰稻九穀攷以稌爲大名斯得之矣

稻 早熟曰早青卽早占城一名六十日相傳唐太宗伐占城得其種按湧幢小品占稻有五十日占三十日占等數十種此當是一種自種至收僅六十日故俗名六十

日種汪曰楨湖雅云占米來自占城即秈米俗誤以占米爲稉米蓋妄意占即黏字也萬歷志云青稽最速備
稿云俗名火稻曰蘆白即淮白稈粗葉似蘆曰紅婢暴婢一作皮俗呼黃皮稻亦占城之屬
其收晚於早占城按婢暴之名不知何所取義當是紅皮稻之轉音婢皮暴稻音原近也曰黃巖嘉慶
志云大稈細稈二種曰東陽有大稈細稈紅米三種曰龍游早按黃巖東陽龍游皆地名
當是種由彼地來耳曰大白萬歷志所謂大白散絲也曰鷺項白曰蝦弓稻曰
花秋圓粒而殼有花點曰廣秈嘉泰會稽志作黃秈萬歷志云黃秈紅熟秈乃秈之俗體曰
早黃稉曰茅草心曰晚熟者曰晚青備稿云早青刈後始種案早青刈後種者
曰翻稻未刈時攙插新秧名爲攙稻攙讀如鑠去聲皆晚青也又早青刈後穀子落田中自生者謂之二抽稻
亦名晚青曰紅鬚秔嘉慶志作紅子秔備稿云穀有紅鬚曰泥鰌秔刊補云泥鰌當作宜

秋康熙志宜秋稍晚是也案宜秋稍晚語出萬歷志而康熙志襲之耳嘉慶志云歲暮作餻最佳曰七
月秔七月卽熟曰推秔卽八月秔俗呼白殼晚嘉慶志云一名沓子秔曰水鮮稉備稿
云亦作水仙一名八月稉以八月熟故又名桂花稉曰晚稉曰霜降稉以霜降熟故名有金
壇黃殼兩種曰紅殼稉嘉慶志云釀酒最佳曰紅膋稉尖粒有芒甚黏曰香秔
稉鐵稈稉卽將軍稉稈挺而堅不甚畏風嘉慶志鐵捍將軍分爲兩種誤曰黏稉圓粒芒長
曰旱稻穗如雞爪可陸種
麥分大麥小麥二種廣雅云大麥麰也小麥麳也湖雅云鄭衆注周官及氾勝之書酉陽雜俎農桑輯要皆
分大麥小麥爲九穀之二猶大豆小豆分二穀也早熟者曰大麥嘉慶志云烏白紅三種稻
新陳不繼屑以作飯案亦可釀爲火酒謂之麥燒亦謂之大麥燒晚熟者曰小麥小麥屑粉

作麪作醬作餻餅用處甚煩非大麥比故曰淮麥曰娜
種者亦多皮謂之麩以水漂之可得麪觔
麥亦名米麥嘉泰會稽志云
穗如大麥而米則小麥也曰火鑽頭曰蜈蚣頭曰白
蔀頭曰松蔀頭嘉泰會稽志作松
蒲麥禿芒如松房曰蕎麥日用本草云
一名烏麥本
草綱目云一名蕎麥磨麪如麥故與麥同名俗亦呼甜
蕎以別苦蕎嘉泰志云七月種九月熟然畏霜得霜輒
枯秋無霜亦名漿麥春社前後種之其味苦
則大熟曰苦蕎麥惡此品之最下者也湖雅云麥味
苦但可
備荒
稷說文稷齋也五穀之長九穀攷曰稷齋大名也黏者
爲秫北方謂之高粱通謂之秫秫又謂之蜀黍高大
似蘆湖雅云稷者今之高粱也凡曰粢曰秫曰紅粱曰
蘆穄曰蘆粟曰蜀黍曰蜀秫曰木稷曰荻粱曰䕨粱皆
稷嘉泰志云穄稷也會稽謂之穄粟穄非粟也
也曰蘆穄萬歷志云稷越人謂之穄粟或云蘆穄又云

黍稷二種越中不甚藝山邊人間藝之湖雅云此實稷也而高粱蘆粟肎粱名蘆穄蜀黍肎黍名亦比類通稱也

粟爾雅義疏曰粟本諸穀之大名故說文㮚嘉穀實也猶之穀爲大名按說文㮚下云嘉穀實也禾下云嘉穀也黍下云禾屬而黏者也曰禾屬者乃禾之別種是禾可以包黍而不能包諸穀也竊謂穀固大名嘉穀則禾之耑名周禮注云九穀盡藏以粟爲主所由得名嘉乎九穀攷曰此一穀也始生曰苗成秀曰禾禾實曰粟粟實曰米米名曰粱其大名則曰嘉穀湖雅曰粱者今之小米也凡曰禾曰粟曰穈曰芑曰穄曰穀子皆粱也

曰早黃粟二月種至夏熟 曰晚粟五月種至秋熟 曰稉粟與晚粟同熟 曰倭黃米粟中國呼日本曰倭疑種自彼國來 曰望海粟曰烏粟色黑 曰毛粟本草宅粟無毛惟青粱黃粱有毛形似狗尾故又名狗尾粟 曰蔀粟嘉慶志云俗呼棒槌粟 曰

郎玉蜀黍俗名陸穀山鄉

苞蘆海濱皆植之以代糧食

豆有大小豆二種說文尗豆也荅小豆也廣雅云大豆菽也小豆荅也爾雅戎菽謂之荏菽孫炎曰大豆也詩生民傳云荏菽戎菽也箋云荏菽大豆也而郭璞以管子北伐山戎遂謂之胡豆或云即豌豆九穀攷與爾雅義疏皆以郭說爲非王禎農書曰大豆有黑白黃三種白者粥飯皆可拌食有小豆赤豆白豆江豆營豆皆小豆類也湖雅云大豆小豆之分不在顆粒之大小故二豆頗難辨別今以煮熟麋爛者爲小豆雖熟猶脆者爲大豆析較明分曰白豆有六月白七月白八月白諸種八月白一名花溝豆又名毛莢豆亦謂之毛豆曰黑豆曰青豆曰黃豆曰紅細豆曰綠豆製餻熬粥其用頗繁按屑粉可去垢膩人每用以靧面又豆粉製爲麪條名粉乾亦謂之綫粉嘉慶志云搗麪釀酒甚佳曰蠶豆以蠶月熟故名亦名羅漢豆扁而大者俗謂之牛踏𤸱亦謂之牛踏扁曰細蠶豆與蠶豆迴

別有花白二種與蠶豆同熟故亦名蠶豆而綴細字以別之

曰豇豆一作江豆有紅黑花三種莢長尺餘者爲長豇豆亦名裙帶豆莢短者爲短豇豆萬歷府志云五月熟俱可連莢蒸食

曰藊豆羣芳譜云一名蛾眉豆一名沿籬豆備稿云青紅白三種

曰虎爪豆萬歷府志云豆粒斑而大九月熟

曰刀豆亦名刀鞘豆嘉泰會稽志云豆莢長尺餘豆顆大於棊子萬歷府志云莢長幾尺而厚形似刀醬食之佳

馬料豆即黑小豆本草綱目穭豆陳藏器曰古名豋豆即黑小豆也湖雅曰黑小豆一名馬料豆穭豋料一聲之轉陳藏器說是也備稿云農民用其壅糞田

梅豆嘉善縣志曰蠶時生者曰蠶豆黃梅時生者曰梅豆案今前海塘外沙地多種之

麻說文麻枲也枲麻也段注曰麻與枲互訓皆兼苴麻牡麻言之今吾鄉所藝者葛苧之屬非苴麻牡麻也故湖雅據周官注以緜麻絡麻苧麻別入草屬竊謂說文云檾枲屬既爲枲屬則葛苧附麻以類相從亦無不

可　曰黃麻　曰苎麻嘉慶志云可積爲衣此麻之細者　曰葛麻嘉慶志云可治爲繩此麻之麤者　曰脂麻本草謂其多脂油也李時珍曰俗作芝麻非穀譜云一名胡麻一名油麻湖州府志云一名巨勝有黑白二種白者油多湖雅曰此麻之別種或以此當九穀之麻非也

稊爾雅翼云似稗布地生穢草稊與稗二物皆有米而細小

稗氾勝之曰水旱無不熟之時又特滋盛易得蕪穢良田畝得二三十斛宜種之以備凶年又稗中有米熟時可擣取炊之不減粱米又可釀作酒

按稊稗二草皆亂穀之草雜生田中

蔬之屬

蘆菔一作萊菔一作蘿蔔一名紫花菘一名溫菘說文蘆菔似蕪菁如小尗者本草綱目云生沙壤者脆而甘生瘠地者堅而辣根葉皆可生可熟可菹可醬可豉可醋可糟可腊可飯乃蔬中之最有利益者王禎農

書曰蘿蔔一種四名春曰破地錐夏曰夏生秋曰蘿蔔冬曰土酥是也按有紅白二種又一種細而長者俗名象牙蘿蔔

薑

說文薑御溼之菜也本草經曰乾薑主逐風溼痺腸澼下痢生者尤良久服去臭氣通神明段氏玉裁曰生者尤良謂乾薑中之不熟而生者耳今人謂不乾者為生薑失之矣蔬譜曰苗青根嫩白老黃無實秋社前後新芽頓長如列指狀紫者名紫芽薑按薑爲藥中要品入食饌尤佳辛而不葷之品也越中每與瓜同醬呼曰瓜薑又以餹霜漬之名曰餹薑或染爲紅色曰紅薑嘉泰會稽志云薑畏日而喜露故薑棚覆以干干亦若之屬也葉旁銛利若干戚之干故得名

韭

說文一種而久生者故謂之韭蔬譜云莖名韭白根名韭黃花名韭菁爾雅翼云首春未出土時最美故云春初早韭按春初未出土時味最勝俗謂之黃芽韭菜價亦昂土人貪其利故以土壅之不令出土雖春暮

猶有賣黃芽韭菜者或早於秋間裁之八九月間已用以入饌又韭菜作花本在秋初楊凝式韭花帖云當一葉報秋之初乃韭花逞味之始而虞俗趕先夏間已有之蓋栽灌加勤其發較早雖人心趨利亦民俗之勤也湖雅曰韭花可作菹卽菁菹也按說文菁韭華也周禮菁菹先鄭曰菁菹韭菹也又韭之生山中者一曰藿一曰䪢爾雅藿山韭說文䪢山韭也

葱 羣芳譜云葱一名菜伯一名和事草一名鹿胎本草云食品用冬葱漢葱入藥用山葱胡葱蔬譜云一種樓葱江南人呼爲龍角葱龍爪葱羊角葱又云初生曰葱針葉曰葱青齊民要術云葱內曰白其青謂之袍按龍爪葱俗名天葱無爪者爲地葱又一種甚細隨地蔓生者爲野葱爾雅茖山葱疏云葱生山中者名茖細莖大葉嘉泰會稽志云會稽園夫藝葱有兩等其小而美者曰太官葱陸游詩芼羹僭用太官葱

䪥 說文䪥菜也爾雅䪥鴻薈疏云䪥一名鴻薈本草謂之菜芝廣羣芳譜云蔬䪥白華一名守經一名家

芝嘉泰會稽志云種法一本率七八支諺曰葱三䪥四支多者科輒圓大故䪥難拔本草云䪥江南呼爲藠子別名䪥爾雅勁山䪥疏云菜也葉似韭生山中者名勁

蒜有大蒜小蒜之別說文蒜葷菜段注曰夏小正十二月納卵蒜今之小蒜也陶貞白云小蒜名薍子薍音亂卽小正卵字其大蒜乃張騫始得自西域者本草小蒜名蒜大蒜名葫爾雅翼云葫又稱胡蒜以自胡中來故名蔬譜云小蒜一名澤蒜又名石蒜爾雅蒚山蒜疏云葷菜也生山中者名蒚本草云山蒜石蒜澤蒜同一物也但分生於山澤石閒不同嘉泰會稽志云近世以灸癰疽率得奇效其法切如崇甯錢厚置患處灼艾丸其上痛則易蒜可至百壯初覺卽灸早灸無不愈者淸異錄云蒜五代宮中呼爲麝香草武康縣志曰遇夏則生薹湖雅曰薹卽蒜條亦可爝食又云蒜葉蒜頭皆可作蔬蒜頭醃藏或用醋浸亦美

菘埤雅云菘性淩冬不凋四時常見有松之操故其字會意菜譜有春菘晚菘按菘卽白菜冬月尤佳所謂

秋末晚菘也范成大詩撥雪挑來蹋地菘味如蜜藕更
肥醲楊誠齋名白菜爲水晶菜吾鄉皆冬月醃藏以爲
常饌本草云最肥大者名牛肚菘湖雅曰牛脛菘亦曰
牛肚菘白菜之最肥大者也其青者曰青菜卽青菘亦
名烏
菘菜

黃芽菜湖雅曰卽蚵蚾菘莖扁心黃雖不及北方
來者亦佳蔬也俗呼黃楊菜亦作黃矮菜

小白菜雙林志云一名嫩菜湖雅云夏秋登市雖名
白菜而非菘也按今吾鄉二月間卽有之

蕓薹菜鄞縣志曰塞外有雲臺戍始種此菜故名本草
云蕓薹菜一名寒菜一名胡菜一名薹菜一名
薹芥一名油菜湖錄云按本草綱目此菜易起薹須采
其薹食則分枝必多冬種至春起薹摘之名曰薹心菜
後留其花結子收之可榨油萬歷府志云其心最美俗
謂之菜汞按今吾鄉二三月間油菜作花時黃英偏野
燦爛如金所謂黃花如散
金也其子榨油謂之菜油

芥　方言豐蕘趙魏之間謂之大芥其小者謂之辛芥或謂之幽芥爾雅翼云芥似菘而有毛味極辛辣圖經本草曰芥之種亦多有紫莖葉純紫作齏食之最美有白芥舊云從西戎來蔬譜云紫芥作齏最美白芥一名胡芥一名蜀芥爲茹甚美又云芥心嫩薹謂之芥藍雙林志云有佛手荷葉雞腳筭狀佛手爲上今吾鄉有大葉細葉二種細葉者俗呼九頭芥亦曰雪裏蕻卽冬芥也四明圖經雪深諸菜凍死此菜獨靑湖雅曰醃藏則名春不老學圃雜疏云芥多種以春不老爲第一

菠薐　羣芳譜云菠菜一名菠薐一名波斯草一名赤根菜一名鸚鵡菜出西域頗陵國嘉話錄云菜之菠薐頗陵國將來而語訛爲菠薐唐書太宗時泥婆羅獻菠薐菜葉類紅藍實如蒺藜火熟之能益食味蔬譜云八九月種者可備冬食正二月種者可備春蔬味甘美清異錄謂之雨花菜格物論云莖微紫葉圓而長綠色湖雅曰俗呼紅嘴綠鸚哥或云莖中有水銀故多不食

菾菜　郎甜菜本草菾一名莙薘一名軍達甕婦閶許曰出大食國鄞縣志云一名女菜

莧　本草圖經有赤莧白莧人莧馬莧紫莧五色莧凡六種

莧　馬莧郎馬齒莧也人白二莧亦謂之穗莧亦謂之胡莧亦謂之細莧其實一也紫莧莖葉通紫赤莧亦謂之花莧五色莧今亦稀細莧俗謂之野莧豬好食之又名豬莧蔬譜云野莧謂之細莧一名胡莧又熙汁者名墨莧又云忌與鼈同食湖雅曰野莧根煎服治霍亂轉筋甚效

薺　藝文類聚引說文薺菜可食也本草陶注云其葉作葅及羹亦佳野菜譜有江薺倒灌薺蒿柴薺掃帚薺碎米薺薺味甘故詩曰其甘如薺武康縣志曰薺菜野生無栽種之法煮熟之氣味亦香

蒿　湖雅曰有十餘種一青蒿郎釋草蒿菣說文菣香蒿本草草蒿也一白蒿又名蓬蒿郎釋草蘩皤蒿蘩由胡也一齊頭蒿郎釋草蔚牡菣也一莪蒿又名蘪蒿又名拖孃蒿郎釋草莪蘿說文莪蒿屬也一蘋蒿又名牛

尾蒿即釋草苹藾蕭說文蕭艾蒿也一芸蒿即夏小正月令之芸又名七里香或云即柴胡非也一蔞蒿即釋草購商蔞說文蔞蒿也一萩蒿即釋草蕭萩說文萩蕭也一同蒿一邪蒿一茵陳蒿一角蒿即山茵陳一黃花蒿即臭蒿一馬先蒿一陰地厥亦蒿類並見本草按此條最詳盡故盡錄之

馬蘭本草綱目一名紫菊湖雅曰野菜譜作馬攔頭亦可生拌味與薺相似

萵苣清異錄云咼國使者來漢隋人求得菜種酬之甚厚故因名千金菜今萵苣也格物論萵苣菜有白苣葉有白毛有紫苣有苦苣即野苣蔬譜云萵苣四月抽薹高三四尺江東人謂之苣筍湖州府志曰萵苣有毒其薹長可食必用薑以解之

芋說文大葉實根駭人故謂之芋也史記索隱曰芋蹲鴟也冦宗奭曰當心出苗者爲芋頭四邊附之而生爲芋子李時珍曰旱地山地可種水芋水田蒔之水芋味勝種芋法云大者謂之芋頭旁出小者謂之芋嬭按

吾鄉稱芋艿山芋爲多莖亦可食

甘藷　羣芳譜云甘藷一名朱藷大者名玉枕藷甘藷疏云藷有二種一名番藷一名山藷番藷甚甘山藷稍劣異物志云其根似芋剝去紫皮肌肉正白如肪

薯蕷　即山藥本草山藥一名藷藇一名山芋一名藷薯一名兒草羣芳譜山藥原名薯蕷一名土藷一名玉延一名修脆湖錄云澄水帛薯蕷避唐代宗諱改名薯藥避宋英宗諱遂名山藥再遷而本字盡亾矣本草綱目云零餘子即山藥藤上所結子也煮熟去皮食勝於山藥美於芋子

百合　本草一名重箱一名中逢花一名重邁一名中庭羣芳譜曰百合一名摩羅春有麝香珍珠二種爾雅翼云小者如蒜大者如椀數十片相累狀如白蓮花故名百合言百片合成也按此品可果可蔬可藥一名玉手爐別有如萱花紅斑而小者名虎皮百合又一種自生者曰野百合

茄本草茄一名落酥五代貽子錄作酪酥蓋以其味如酥酪也嘉泰會稽志云一名落蘇羣芳譜曰茄子一名小菰有紫青白三種老則黃如金亦自暹羅紫者又名紫膨脝谷齋隨筆云浙西常茄皆紫白者爲水茄按北方所產皆圓而扁越中所產則圓而長狀如王瓜又吾鄉有山東茄梁湖茄又有藤茄出縣北落馬橋者佳

辣茄湖雅曰一名辣椒一名蕃椒實俱下垂長而尖如觽凡大小數種有燈籠辣茄圓如小柿又有佛手辣茄形如佛手柑色初純青老則純赤亦有老而黃者按辣茄鮮者固佳乾者味亦不減和醬作菹爲辣茄醬

蓴一作蒓詩薄采其茆傳云茆鳧葵也葉大如手赤圓而滑江南人謂之蓴菜者也蔬譜云一名馬蹄草埤雅曰蓴逐水性滑故謂之淯菜本草三四月嫩莖未葉細如釵股名稚蓴又名稚尾爾雅翼莖細如釵股黃赤色短長隨水深淺名爲絲蓴嘉泰會稽志曰久食大宜人合鮰魚食之佳尤宜老人蕭山湘湖之蓴特珍柔滑而腴方春小舟采蓴者滿湖中山陰故多蓴然莫有及湘湖者今吾鄉十都孔家湖產蓴無異湘湖湖雅曰蓴

宜專取嫩葉卷而未舒形如小梭者作羹始佳諸書乃但言其莖雖亦可食殊非佳處

芹　詩泮水箋芹水菜也爾雅曰芹楚葵注今水中芹菜本草水蘄味甘平一名水英陶隱居曰其二月三月作英時可作葅及熟瀹食之别本注云即芹菜也芹有兩種荻芹取根白色赤芹取莖葉竝堪作葅及生噉蜀本圖經云生水中葉似芎藭花白色而無實根亦白色

茭白　即菰蔣也說文蔣菰也菰雕菰一名蔣通志曰菰曰蓬今人謂之茭菰爲九穀之一湖雅曰今人但以茭白爲蔬無食菰米者爾雅翼菰即菰蔣之類曰菰首者即今茭白也西京雜記云菰之有首者謂之緑節桂馥曰首謂菰中生臺者首或爲手嘉祐圖經菰生臺如兒臂謂之菰手按湖州府志謂之茭手紹興府志謂之茭首野菜譜云茭兒菜入夏生水澤中即茭芽也生熟可用嘉泰會稽志云其白如藕而軟美異常每年移根濯洗極潔種之則無黑脈經年不種則黑脈生矣湖雅曰亦稱菰首亦稱菰菌亦稱菰筍郎釋草出隧

蘧蔬也黑點者名烏鬱亦稱茭鬱俗呼灰茭白按吾鄉亦謂之黑心茭白

蕨 說文蕨鼈也詩言采其蕨陸璣疏云蕨山菜也初生似蒜莖紫黑色葉爲茹滑美如葵周秦曰蕨齊魯曰鼈嘉泰會稽志云蕨鼈廣雅曰蕨紫綦非也爾雅綦月爾郭注云綦卽紫綦似蕨可食亦非也今會稽山澤間有二種似蕨而毛紫土人謂之蕨綦亦謂之毛蕨乃不可食鄉人但以藏繭及藉楊梅又云會稽人以蕨配筍爲茹尤珍美萬歷府志云越山谷間多有土人不知食金衢人來者每採食之味似蔞蒿其根爲粉可當麪食金華府志云山粉卽蕨粉以其出於山故名按俗名根萁草粉曰根萁粉

椿芽 湖雅曰椿樹嫩葉俗名香椿可蔬可菹按口味亦人人殊喜食者以爲香惡之者則以爲臭頗有不喜食者

蕈 說文蕈桑萸也菌地蕈也段注曰萸之生於桑者曰蕈蕈之生於田中者曰菌先鄭注周禮云深蒲或曰

桑耳爾雅中馗菌注地蕈也似蓋今江東名爲土菌亦曰馗廚可啖之博物志江南諸山郡中大樹斷倒者經春夏生菌謂之椹食之有味而忽毒殺人云此物往往自有毒者吳輿掌故云凡色大紅及黑白色者俱不可食唯淡紅者無毒蓋蕈受溼熱之氣謹疾者宜慎之本草有木菌土菌藋菌菌譜有合蕈麥蕈玉蕈避暑錄云四明山多產菌種類不一間有中毒者又云楓樹菌食之笑不止俗言笑菌嘉慶志云生栗樹者佳備稿云生相樹栗樹穀樹上皆味美可食

䓴 說文䓴木耳段注曰今人謂光滑者木耳皺者蕈內則芝栭王肅云無華而實者名栭皆芝之屬庾蔚之禮記義疏無華葉而生者芝栭又作栭類篇樉木耳也按今菜中所用者皆來自他處本地產者不食

地耳 本草綱目一名地踏菰狀如木耳春夏生雨中雨後即早采之見日即不堪用湖雅云俗名地滑漨

石耳 本草綱目狀如地耳洗去沙上作茹勝於木耳佳品也剡錄生四明山絕壁最甘滑日用本草云生

天台四明諸山久食益色至老不改令人不飢

石芥萬歷府志云亦產四明山

仙人菜四明山志云雷雨之後生白水山崖石間萬歷府志云春夏雷雨驟作俄產白水山崖石立采可得移時亾種

瓜之屬說文瓜蓏也蓏下云在木曰果在地曰蓏陳啟源曰瓜瓜之爲類甚多約之止有二農書云供果者爲果瓜供菜爲菜瓜是也

甜瓜即香瓜本草一名甘瓜一名果瓜學圃餘疏云甜瓜瓜以小而香者爲第一作黃綠二色湖雅曰甜瓜香瓜總名也以皮肉俱白者爲上皮青肉綠者俗名青皮綠肉深青者曰海東青甜而酥者曰熟瓜俗呼噎殺瓜甜而脆者曰梨瓜形長者曰蜜筩瓜皮黃肉白者曰金洋瓜按吾鄉以熟瓜爲甜瓜以青皮綠肉及甜而脆

者爲金瓜亦曰香瓜小者曰鵞子瓜白者曰美女瓜
出後郭者佳皮黃肉白者爲黃金瓜出冉溪者佳
西瓜本草一名寒瓜李時珍曰胡嶠陷虜記言嶠征回
紇得此種歸名曰西瓜則五代時始入中國陶宏
景注永嘉有寒瓜甚大可藏至春者卽此也蓋五代之
先已入浙東但無西瓜之名未徧中國耳按吾鄉呼
瓤紅者曰餘姚西瓜嘉慶志
云西瓜產西北後郭者佳
冬瓜羣芳譜云冬瓜一名水芝一名地芝一名蔬蓏
譜云長者如枕大者如斗學圃餘蔬云性溫可食
湖雅曰卽本草白冬瓜或作東瓜以配西
南北三瓜非也皮及子並入藥子名瓜瓣
南瓜一名番瓜北方呼曰倭瓜蔬譜云形橫圓而豎扁
熟食味麪而膩學圃襍疏云僅堪煮食酷無意味
湖錄云相傳自番中來貧家以之代飯俗名飯瓜湖雅
云王禎農書曰浙中一種陰瓜宜陰地種之秋熟色黃
如金皮膚稍薄可藏至春食之如新本草綱目疑卽此
瓜是也子亦可爝作果又云久食可斷鴉片癮生擣汁

解生鴉片毒皮多痱癟者俗名癩蠶番瓜按吾鄉以橫圓堅扁者爲夏南瓜形如蒲而腹大者曰秋南瓜多痱癟者爲蛤蚆南瓜

越瓜　本草云生越中陳藏器云越瓜大老色正白越人當果食湖雅曰越瓜卽菁瓜又云一名菜瓜一名梢瓜一名醬瓜青白二色按吾鄉白者名菜瓜青者名青瓜亦曰背瓜醬食最佳亦可生食

黃瓜　羣芳譜云黃瓜一名胡瓜本草云張騫使西域得種故名本草綱目云今俗以月令王瓜生卽此誤矣青色皮上有痦癟如疣子老則黃赤色生熟可食糟醬不及菜瓜也

瓠　邶風匏有苦葉傳云匏謂之瓠王念孫曰瓠可爲酒器又可爲藥品瓠通作壺匏之轉聲爲瓢瓠之疊韻爲瓠驢實一物也本草綱目云壺盧一名瓠瓜一名匏瓜苦瓠一名苦匏一名苦壺盧凡蓏屬皆得稱瓜古人壺瓠匏三名皆可通稱初無分別而後以長如越瓜首尾如一者爲瓠瓠之一頭有腹長柄者爲懸瓠無柄而

而圓大形扁者爲匏匏之有短柄大腹者爲壺壺之細腰者爲蒲盧各分名色按虞俗以形如越瓜者爲蒲子萬歷府志所云四月熟至六月不食者是也又以細腰者爲葫蘆亦曰活盧以有腹長柄者爲牛腿

絲瓜鄞縣志曰俗名天蘿本草綱目嫩時去皮可烹可曝點茶充蔬老則筋絡纏紐惟可藉鞾履滌釜器故村人呼爲洗鍋羅瓜蔬譜云瓜絲如網可滌器名天蘿絮湖雅曰絡及藤並入藥品或用絡滌硯呼絲瓜抹布

北瓜湖雅曰金瓜即北瓜形如番瓜而扁赤黃色盆供爲玩頗耐久不可食按羣芳譜所謂形如西瓜味甚甘美者恐非今之北瓜

果之屬

梅嘉泰會稽志云今江湘二浙四五月之間梅欲黃落則水潤土溽礎壁皆汗蒸鬱成雨其霏如霧謂之梅

雨故自江以南三月雨謂之迎梅五月雨謂之送梅轉淮而北則否梅至北方多變而成杏故人有不識梅者地氣使然也嘉慶志云綠蕚梅一蔕雙子蘭芎山有之

杏　羣芳譜一名甜梅嘉泰志云越人謂鴨腳子爲杏而謂杏爲杏梅格物叢論云味香於梅而酸不及核與肉相離其仁可入藥武康志云小者爲杏梅大者爲杏桃湖雅曰杏梅梅所接杏桃桃所接非眞杏其仁不入藥

桃　紅者曰大紅桃白而夏熟者曰夏白桃秋熟者曰秋桃形扁如盒者曰合桃嘉慶志有師姑桃卽油桃備稿又有蟠龍桃近年縣南新產異種味勝於他桃又有南京桃出百官者佳按武康志有李光桃此乃莊簡名不知何以名桃萬歷府志曰李光云吾里桃花跗蕚皆碧世謂之碧桃豈碧桃之實歟

李　本草云梵書名居陵迦嘉泰志五夫有風山李蠟瓜李按今有黃蠟李夫人李兩種豈黃蠟李卽蠟瓜李

夫人李郎風山李歟又一種紫色如茄者爲紫茄李

郁李 一名雀李實如櫻桃

栗 剡錄云始甯墅有栗圃陶隱居曰栗會稽最豐諸暨形大皮厚不美剡及始甯皮薄而甜廣志云越中栗大如拳嘉慶志云虎爪栗其粒特大珠栗粒圓毛栗粒細而扁備稿云麻栗如栗而圓味苦不堪食按栗內殼光滑外殼多刺狀如刺蝟謂之毛栗蓬七八月間栗初熟時謂之桂花栗煮爲茶果香味殊勝漸老則香味減矣又一種味苦其樹直幹無枝高可尋丈俗名飛天栗百樓山有之

棗 嘉泰志云大者棗小者棘棗性喬棘則低矣故其制字如此剡錄云棗在嶀山間往往青棗耳萬歷府志云嵊之嶀山棗灣又有一種青者按棗北方最多南方殊少味亦遠不逮北方吾鄉所產者唯白蔀棗或作白蒲棗亦曰白皮棗即青棗也

梨　嘉泰志曰越人目爲梨頭廣志云梨一名快果一名玉乳一名蜜父按吾鄉所產者曰靑消梨曰箬包梨曰梅梨或作糜梨又一種藤生者曰藤梨四月花色黃而香南鄉山間往往有之

山樝　亦作山查湖雅曰子色赤紫以餹裹之曰餹球或去皮核擣和餹蜜爲樝餻一種小者赤黃二色名山裏果七月可啖又云樝亦作查與酸梨之樝及木桃木李之樝並別按吾鄉大者曰紅果小者曰山裏果

木瓜　羣芳譜云樹如柰叢生枝葉花俱如鐵脚海棠春末開花紅色微帶白作房實如小瓜湖雅曰名瓜實果故不入瓜屬又有木桃一名樝子木李一名楧樝一名木梨並木瓜之類其實較小

林檎　即花紅果譜云花紅名林檎即來禽也北方之蘋婆即此種之變廣志云林檎似赤柰子亦名黑檎亦名來禽言味甘熟則來禽也羣芳譜云林檎一名蜜果紺珠云林檎俗名花紅大者名沙果陳士良云有三種長者爲柰圓者爲林檎小者爲梣按海棠果絕似林檎形較小耳

柹　俗作柹酉陽襍俎云俗謂柹樹有七絕一壽二多陰三無鳥巢四無蟲五霜葉可翫六嘉實七落葉肥大果譜云有數種鉢盂柹大而色朱一點紅重蒂紅臙脂柹扁柹綠柹椑柹柹大如杏味甘可生啖搗碎浸汁謂之柹漆可染罾扇諸物嘉泰志云綠柹會稽謂之椑上虞有蠟柹亦椑之類也萬歷志有社柹寒柹牛心柹朱柹綠柹丁香柹之屬按又有野貓柹比丁香柹畧大而味澀

榴　即安石榴羣芳譜云安石榴一名金罌一名金龎嘉泰志云舊說以枯骨置枝間石壓其根則結子繁盛今越中石榴蒲萄斫枝插土中輒生不須種也萬歷府志云越人呼爲金龎蓋避錢鏐諱云

橘　述異記云越多橘柚園越人歲稅謂之橘戶名曰橘籍吳闞澤表云請除臣之橘籍嘉泰志云橘如柚而小萬歷志曰橘有蜜橘出五都最佳佛臍柳條之屬又陳墀丹崖集云漢章帝元年上虞獻玉色橘湖雅曰紅橘皮名陳皮青橘皮名青皮橘葉橘絡橘核並入藥品或餹醃爲橘紅又爲橘餅

柚一作櫾禹貢厥包橘柚傳云小曰橘大曰柚列子吳越之間有大木焉其名爲櫾碧樹而冬生實丹而味酸食其皮汁已憤厥之疾齊州珍之渡淮而北化爲枳焉羣芳譜曰柚一名壺甘廣雅謂之鐳柚柚實有大小二種小者如柑如橙俗呼蜜筩大者如升如瓜俗呼爲朱欒有圍及尺餘者俗呼爲香欒又有名文蛋名仁崽者亦柚類也湖雅曰列子以爲實丹今乃橘丹而柚黃蓋橘柚實一物特大小丹黃稍異耳俗呼柚爲鞄音如泡蓋柚皮最厚故以攻皮之工名之按吾鄉亦呼香泡又文蛋之肉白者爲水晶文蛋

柑爾雅翼云其形似橘而大崔豹古今注云甘實形如石榴者謂之壺甘南方草木狀云柑乃橘之屬滋味甘美特異者也有黃者有頳者頳者謂之壺甘滄浪集云四明園中此果甚多按又有佛手柑者柑之別種來自閩中本土所無

橙本草皮厚而皺八月熟嘉泰志曰橙亦橘屬若柚而香物類相感志曰葉有兩刻缺者是也乾隆府志曰

橘與柑爲類橙與柚爲類其瓤殊也然浙之所謂柑卽嶺南之所謂橙稱謂不同耳全芳備祖云橙類別種有五曰橙曰朱欒曰金櫞曰枸橘

金橘本草綱目一名金柑一名給客橙出江浙者皮甘肉酸餹造蜜煎皆佳橘錄云在他柑特小大者如錢小者如龍眼色似金嵊志云橘種有小如彈丸者名金橘如棗者曰金棗如豆者曰金豆按如棗者俗亦呼金蛋

香櫞離騷草木疏云如小瓜狀皮若橙而光澤可愛肉厚味短而香氣大勝柑橘果蔬云香櫞花香實大雖酸瀸齒以爲湯則大佳置實盤中盈室俱香實佳品也橘錄云香圓木似朱欒近水乃生其長如瓜淸香襲人置之明窗淨几間頗可賞翫又云香欒酸不可食摘置几案間久則其臭如蘭湖雅曰亦作香圓一名香欒本草有枸櫞一名香櫞乃閩廣之佛手柑蜜羅柑與此異物

枸橘　橘録云色青氣烈小者似枳實大者似枳殻備稿云人家多種爲藩籬其實不堪食

枇杷　本草枇杷其葉似琵琶故名果譜云枇杷秋萌冬花春實夏熟備四時之氣風土記云葉似栗子似杏小而叢生四月熟學圃餘疏云獨核者佳乾隆府志曰剡録謝靈運七濟曰朝夕食既畢摘果堂陰春注枇杷蜜林檎春安有枇杷也始甯墅多植此謝瞻枇杷賦曰肇寒葩於結霜成炎果乎纖露則熟乎夏矣按亦呼盧橘見冷齋夜話彙苑云今廣東人呼枇杷爲盧橘其葉名無憂扇湖雅曰花及葉並入藥用

楊梅　果譜云一名杌子種類甚多顆大核細爲上嘉泰志云異物志曰楊梅如彈丸味酸蓋昔人未識會稽楊梅又云方楊梅盛出時好事者多以小舫往遊因置酒舟中高飣楊梅與尊罍相間是爲奇觀婦女以簪髻上丹實綠葉繁麗可愛萬歷府志云嘗以夏至後熟熟時盛事猶昔獨婦人鮮以簪髻者其佳者俗呼爲荔支楊梅早熟者味酸曰早酸越中果品此爲第一按嘉泰志及萬歷志盛稱山會餘蕭而不及吾邑今吾邑所

產者盛於他邑又非特婦人簪髻之風不作并爇時所謂盛事者亦不聞久矣嘉慶志云產不一處出縣北楊家溪尤佳按一種白色者曰白沙楊梅味亦佳

櫻桃月令仲夏之月天子羞以含桃注含桃鶯桃也以鶯所含故曰含桃爾雅楔荆桃疏楔一名荆桃今櫻桃埤雅曰櫻桃一名荆桃其顆大者如彈丸小者如珠璣小而紅者爲櫻珠萬歷府志云櫻桃有大小二種蕭山者勝他邑亦有之宋宦者董清臣爲供奉官每櫻桃宴即於櫻桃未出時遣人往越州買得百顆奏曰請賞櫻桃可知越州櫻桃美矣

銀杏俗呼白果本草圖經銀杏爲玉果一名鴨脚子湖雅曰俗名鴨脚樹白果乃核中仁也核外肉臭不可食花以夜開有光

榧亦作棐羣芳譜云榧一名玉山果本草榧實一名榧被子日用本草云土人呼爲赤果一曰玉榧平泉草

木記云木之奇者稽山之榧萬歷府志云榧子有麤細二種木理堅細堪爲器王右軍嘗詣一門生家見一新榧几至滑淨便書之草正相半

梓子　嘉慶志云苦梓即梓樹之子備稿云如珠栗而小微苦

葡萄　嘉泰志云會稽有漿水瑪瑙二種味亦佳按今吾邑有紫葡萄水晶葡萄兩種葡萄北方最勝南方所產終不逮也

桑椹　湖雅曰俗名桑果可啖亦入藥中按俗呼桑子

枳椇子　禮疏云即今之白石李形如珊瑚味甘美正字通椇本作枸一名石李一名雞距子一名木屈

櫟梵書謂之木蜜本草又名木餳按木葉如柹而薄經霜自脫柔枝拳曲產縣南增山

無花果　本草無花果一名映日果本草綱目枝柯如枇杷樹三月發葉五月內不花而實實出枝間狀

如木饅頭其內虛軟熟則紫色軟爛味甘如柹而無核也

落花生　本草落花生辛能潤肺香能舒脾果中佳品藤生花落地而結實故名武康志云一名長生果衢州府志曰種自閩中堆沙植之花落沙上結實如蠶按今吾鄉多植之有細殼厚殼二種近又有較常花生特大者曰洋花生新自外洋來吾鄉亦間植之味遜於中土

蓮　本草一名藕實一名澤芝表異錄云蓮實若水芝湖州府志曰芙蓉有紅白二種紅者蓮腴而甜藕硬而淡白者蓮嫩而淡藕瑩而甜故鄉人以紅荷蓮白荷藕爲貴

藕　埤雅云其生應月月生一節遇閏輒益一節嘉泰志云偶生又善耕泥引長故藕之文從耦名之亦曰藕越人謂六七月間藕最佳謂之花下藕寶慶續志云上虞亦出此藕按花下藕今呼荷花藕言荷作花時藕也

菱　武陵記曰兩角曰菱三角四角曰芰通謂之水栗埤雅曰葉似荇白華實紫角刺人嘉泰志曰一名芰亦

名薢茩越人謂小者曰刺菱大者爲腰菱萬歷府志云
今刺菱之呼猶昔而大者則直曰大菱或曰老菱按吾
邑大菱較少
刺菱爲多

芡說文雞頭也方言蔆芡雞頭也北燕謂之蔆青徐淮
泗之間謂之芡南楚江湘之間謂之雞頭或謂之雁
頭或謂之烏頭蜀圖經云生水中葉大如荷皺而有刺
花子若拳大形似雞頭實若石榴皮青黑肉白如菱米
也嘉泰志曰越人云荷華日舒夜
歛芡華晝合宵炕此陰陽之異也

勃臍卽鳧茈說文芍鳧茈也爾雅芍鳧茈註云生下田
苗似龍須而細根如指頭黑色可食羣芳譜云葧
臍一名烏芋一名黑三稜舊名烏芋瓜蔬譜云葧臍方
言曰地栗種淺水中紅嫩而甘者爲上按亦作荸薺

慈姑羣芳譜慈姑或作茨菰一歲根生十二子有閏則
生十三子一名藉姑一名水萍一名河鳧茈一名
白地栗苗一名剪刀草一名燕尾草湖州府志曰
慈姑一根歲生十二子如慈姑之乳諸子故名

蔗卽甘蔗亦作甘柘說文蔗藷蔗也本草甘蔗味甘平注云蔗有兩種赤色名崑崙蔗白色名荻蔗蜀本圖經云葉似荻高丈許有竹荻一蔗竹蔗莖粗出江南荻蔗莖細出江北湖雅曰今有紫皮蔗青皮蔗青者爲良卽荻蔗也蔗漿亦入藥品按吾邑向無種此者同治間始種之縣東牛欄山下田中多植此品

茶之屬　郝懿行曰今茶古作荼又云諸書說荼處其字仍作荼至陸羽著茶經始減一畫作茶今則知茶不復知荼矣茶經曰其名有五一茶二檟三蔎四茗五荈按越中產茶最盛最著名者曰鑄之茶虞邑所產種類亦繁

后山茶　嘉靖通志茶之類有上虞后山茶備稿曰今縣后山北諸山多產茶其在羅宕山上者俗稱雲霧茶味更佳明韓銑有后山茶詩

鳳鳴山茶　嘉慶志云以山上瀑布泉烹之色香味俱絕或以縣北姥婆嶺泉烹之亦佳　國朝黃宗

羲詩簷溜松風方掃盡輕陰正是采茶天相要直上孤峯頂出市都爭穀雨前兩筥東西分梗葉一燈兒女共團圓炒青已到更闌後猶試新分瀑布泉

覆巵山茶鷓鴣巖茶產巖之上下采取烘乾有細白毛名曰白毛尖其味雋永頗爲難得

隱地茶近以此茶爲最佳

雪水嶺茶以上諸茶皆以地得名

明前雨前明前淸明前采雨前穀雨前采

早春遲春

夏茶立夏後采以上諸茶皆以時得名

藥之屬

朮爾雅朮山薊楊枹薊疏云生平地者名薊生山中者名朮藥譜云白朮枹薊也一名天薊一名山姜一名山連一名馬薊蒼朮山薊也一名山精一名仙朮一名赤朮鄞縣志云神農本經但列朮爲上品陶隱居始言朮有二種蓋分蒼白也湖雅曰蒼朮以有硃砂點爲良白朮亦間有之本草綱目云浙朮俗名雲頭朮按朮以野者爲佳謂之天生朮嘉慶志云出蘭芎山者佳

黄精本草釋名云黄精一名戊己芝一名仙人餘糧李時珍曰以其得坤土之精故謂之黄精本草拾遺葉不對者名偏精功用不如正精乾隆府志曰石鼓山多黄精謝靈運遊名山志天寶固多黄精按今縣南鼈山及大山棋盤石下間產之俗名野生薑

玉竹即萎蕤似黄精而差小黄白多鬚

何首烏本草何首烏一名馬肝石李時珍曰漢武時有馬肝石能烏人髮按圖經本草本名夜交藤因

何首烏采服得名鄞縣志曰春生苗葉相對如山芋而不光澤其莖蔓延竹木牆壁間夏秋開黄花結子有稜如蕎麥而細纔如粟大秋冬取根二種赤者雄青者雌一云春采根秋采花九蒸九曬乃可服

枸杞爾雅杞枸檵注今枸杞也疏一名苦杞一名地骨本草一名仙人杖一名地骨皮本草釋名枸杞抱朴子名天精廣韻春名天精子夏名枸杞秋名卻老枝冬名地骨皮夢溪筆談云實圓如櫻桃少核曝乾如餅極膏潤有味安吉志云地骨皮即枸杞根又有實如棗核者名枸杞子不若甘州者南潯志曰俗名眼靈頭嫩苗可茹鄞縣志曰俗呼爲明眼草子按夏駕山頂辰州娘娘廟前有枸杞藤一本年歲最久

天竹羣芳譜云闌天竹一名大椿一名南天竺一名南天燭梅雨中開碎白花結實枝頭赤如珊瑚成穗植之庭中能辟火湖州府志曰按本草南燭枝高三五尺葉類苦楝而小淩冬不凋冬生紅子作穗人家多植庭除間俗謂之南天燭又號南天草木以其似木而似草也取其汁漬米作烏飯食之健如牛筋故曰牛筋草

又名烏飯草湖雅曰天竹亦曰闌天竹亦曰藍田竹一名楊桐烏飯草一名南燭同類異種本草綱目倂爲一物非也天竹子解砒毒

麥門冬　一名麥虋冬爾雅疏云本草麥門冬秦名羊韭齊名愛韭楚名馬韭越名羊蓍一名禹葭一名禹餘糧本草陶注根似穬麥故謂之麥虋冬李時珍曰麥鬚曰虋此草根似麥而有鬚淩冬不凋故謂之麥虋冬按縣東玉屏山陰多有之

天門冬　一名天虋冬爾雅疏云本草有天門冬一名顛勒本草注引抱朴子云一名顛棘或名地虋冬或名延虋冬在東嶽名淫羊藿在中嶽名天虋冬在西嶽名菅松在北嶽名無不愈在南嶽名百部李時珍曰草之茂者曰虋此草蔓茂而功同麥虋冬故曰天虋冬湖雅曰百部天門冬二草根相似故百部一名野天門冬

菖蒲　羣芳譜曰一名昌陽一名昌歜一名堯韭一名水劍草湖雅曰山家清供吳興多石菖蒲可栽爲盆玩又曰有數種一種葉有劍脊高尺餘一種細葉高四五寸俱生水石間並爲石菖蒲古云昌本昌歜昌陽皆指此今人專以細葉者爲石菖蒲非也有極小者葉僅寸許曰錢蒲亦以供玩別有泥菖蒲一名白菖水菖蒲一名溪蓀葉皆無劍脊並無用

天名精　卽豨薟本草綱目云實名鶴蝨根名杜牛膝本草陶注云天名精卽今之豨薟亦名豨首夢溪筆談云地菘卽天名精也世人既不識天名精又妄認地菘爲火薟本草又出鶴蝨一條都成紛亂

桔梗　有甜苦二種甜者卽薺苨本草陶注云根葉都似人參而葉小異別本注云根似桔梗以無心爲異爾雅義疏曰今薺苨葉似杏葉根如沙蔘故名杏葉沙蔘又名甜桔梗本草集解云陶宏景曰薺苨根味甜絕能殺毒以其與毒草共處毒皆自然歇

連翹爾雅連異翹注曰一名連苕又名連草本草云疏曰今本連翹一名異翹一名蘭華一名折根一名軹一名三廉不同者所見本異也唐本注云此物有兩種大翹小翹大翹葉狹長如水蘇花黃可愛生下溼地著子似椿實之未開者作房翹生出眾草其小翹生岡原之上葉花實皆似大翹而小細耳爾雅義疏曰今所見一如唐注所說其莖中空高二三尺雖名爲翹不能翹出草上也

苦參鄞縣志曰生山谷田野其根黃色長三五寸許三五莖並生苗高三二尺葉青似槐故有槐名春生秋凋其花黃白結實作莢如小豆子

貝母爾雅莔貝母注根如小貝圓而白華葉似韭疏云貝母藥草貝母一名莔詩言采其蝱陸璣云蝱今藥草貝母也其葉如栝樓而細小其子在根下如芋子正白四方連累相著有分解也釋文引本草云貝母一名空草一名苦華一名苦菜一名商草一名勤母本草陶注形似聚貝子故名貝母蘇頌圖經二月生苗莖細青色

葉亦青似蕎麥葉隨苗出七月開花碧綠色形如鼓子花廣雅謂之貝父

葛根圖經曰五月五日采根曬乾以入土深者爲佳安吉志曰乾葛其根形大如手臂紫黑色鄞縣志曰春生苗引藤蔓長二丈紫色葉頗似楸葉而香七月著花似豌豆花不結實湖雅曰葛花亦入藥中

山梔安吉志曰山梔子卽黄梔七稜者佳甯化志曰其花六出其實七稜亦名越桃一名木丹圖經曰皮薄而圓小核方七稜至九稜者佳方堪入藥鄞縣志曰五月生花皆六出甚香秋結實如訶子狀湖雅曰亦用以染黄

半夏本草釋名半夏一名守田一名水玉注云禮月令五月半夏生當夏之半也鄞縣志曰二月生苗一莖莖端出三葉淺綠色根下相重生上大下小皮黄肉白五月八月採根安吉志曰葉如竹根下相重以生羣芳譜云以半夏研末和薑汁白礬湯作餅待生黄衣日乾用謂之半夏麴

天南星本草綱目二月生苗如荷梗葉如蒟蒻五月開花如蛇頭黃色七月結子作穗似石榴子紅色根似芋而圓二月八月採根一說卽虎掌也小者名由跋鄞縣志曰有毒按本草以根如老人星狀故名今產縣東玉屏山陰及大山

旋覆花本草一名金沸草寇宗奭曰花緣繁茂圓而覆下故名旋覆本草韓保昇注云葉似水蘇黃花如菊六月至九月采花按一名滴滴金

忍冬花卽金銀花本草釋名忍冬一名鴛鴦藤甯化志曰花初開蕊瓣俱白經二三日則色變黃新舊相參黃白相映故名金銀花氣甚芬芳四月采花陰乾其藤葉不拘時采陰乾陶隱居曰忍冬煮汁釀酒飲補虛療風按一名老鬚翁一名水楊藤一名大薜荔一名千金藤一名金釵股並見蘇沈良方一名鷺鷥藤見嘉泰志

牽牛羣芳譜云牽牛一名盆甑草一名黑丑白丑一名草金鈴有黑白二種酉陽襍俎云盆甑草卽牽牛子也結實後斷之狀如盆甑其中有子如龜鄞縣志曰二月種子三月生苗作藤蔓繞籬葉青有三尖角七月生花微紅帶碧色似鼓子花而大八月結實九月收湖雅曰俗名喇叭花卽天茄

芎藭爾雅蘄茝蘼蕪疏芎藭苗也一名蘄茝一名蘼蕪本草一名薇蕪一名江蘺陶注云似蛇牀而香本草釋名芎藭名山鞠窮

續隨子俗名半枝蓮又名半邊蓮本草注葉中出葉數數相續而生故名本草蘇頌注云苗如大戟青有殼秋種冬長春秀秋實湖雅曰治蛇毒按吾邑大山產之

香薷本草綱目云俗呼蜜蜂菜象其花房也千金方云一名香菜鄞縣志曰生山巖石罅中苗高尺餘莖細而辛香甯化志曰似白蘇而葉細一作香葇生山谷石上者尤佳性寒清暑氣此夏月解表之藥如冬月用

麻黄氣虛
者不可服

薄荷 本草蘇頌注江浙間人多以作茶飲之鄞縣志曰
莖葉似荏而尖長根經冬不死又有蔓生者春采
莖葉人家庭院多蒔湖雅曰俗呼蔞蒿或用以入餻餅
或製餹浸火酒拌水煙又有胡薄荷一名積雪草一名
地錢草按或蒸爲油香沁心脾
吾鄉亦稱婆呵乃薄荷之轉音

蘇 有赤白兩種一爾雅蘇桂荏疏曰蘇荏類之草也以其
味辛似荏故一名桂荏陶注本草云葉下紫色而氣
甚香其無紫色不香似荏者名野蘇生池澤中者名水
蘇一名雞蘇皆荏類也本草綱目云紫蘇白蘇皆以二
三月下種或宿子在地自生其莖方其葉圓而有尖五
六月連根采又云蘇性舒暢行血和氣故謂之蘇又云
水蘇一名龍腦薄荷湖雅曰蘇子俗呼北子用
爲醃桂花之佐以點茶蘇葉造合梅及梅醬

藿香 本草綱目云豆葉曰藿其葉似之故名又云二月
生苗莖梗甚密葉似桑而小薄六七月采之須黄

色乃可收湖雅曰叢生
甚多夏日取以代茗

車前子　爾雅芣苢馬舄馬舄車前注今車前草大葉長穗好生道邊江東呼爲蝦蟇衣陸璣疏云馬舄一名車前一名當道喜在牛跡中生故曰車前當道也今藥中車前子是也圖經本草云春初生苗葉如匙面花甚細青色微赤結實如葶藶赤黑色湖雅曰俗名蘿世草又名打官司草按吾虞俗稱車前子爲野菾菜子

茵陳蒿　陳藏器曰此雖蒿類經冬不死更因舊苗而生故名因陳李時珍曰張揖廣雅及晉本草並作因塵鄞縣志曰春初生苗似蓬蒿而葉緊細無花實秋後葉枯莖餘經冬不死至春更因舊苗而生故名因陳今謂之山茵湖雅曰緜茵陳山茵陳兩種

青蒿　圖經本草云春生苗葉極細可食至夏高四五尺秋後開細淡黃花花下便結子如粟米大八九月採子陰乾按蒿類甚繁詳見蔬屬

益母草　爾雅萑蓷注云今茺蔚也葉似萑方莖白華華生節間又名益母廣雅云本草綱目曰白花者主氣分紫花者主血分又云夏至後即枯故亦有夏枯之名甯化縣志曰葉似艾葉莖類火麻方梗凹面四五六月節節開花紅紫色如蓼花隨處皆有白花者不是案虞邑縣南大山有之

夏枯草　本草釋名夏枯草一名乃東一名夕句一名燕面一名鐵包草朱震亨曰此草夏至後即枯蓋稟純陽之氣得陰氣則枯故有是名唐本草生平澤冬至後生葉似旋覆花三月四月開花作穗五月便枯甯化縣志曰多生原野間苗高一二尺莖微方葉對節生有細齒背白莖端作穗長一二寸穗中開淡紫小花一穗有細子四粒治目夜痛神效按俗呼棒槌草

蒼耳　即卷耳陸璣詩疏曰其實正如婦人耳璫今或謂之耳璫草鄞縣志曰一名胡寢草葉青白類黏糊菜葉秋間結實比桑椹短小而多刺湖雅曰一名葈草按俗呼野茄大山產之

劉寄奴　本草蘇頌注四月開花七月結實蘇恭注其子似稗而細本草綱目江東人謂之烏藤菜蜀本草烏藤菜今出越州蒿之類也即劉寄奴圖經本草春生苗莖似艾葉青似柳開碎小黃白花如瓦松根似萵苣按俗呼十月霜

栝樓　藥譜栝樓一名天花粉本草綱目栝樓即果臝二字音轉也後人又轉爲瓜蔞鄞縣志曰三四月生苗引藤蔓葉似甜瓜七月開花如葫蘆花淺黃色實在花下至九月赤黃色二月八月采根鹵地生者有毒又云栝樓根名白藥其皮即天花粉也湖雅曰今藥肆以此爲瓜蔞而以土瓜根當栝樓誤土瓜即月令王瓜也

馬兒鈴　嘉泰志曰本草日華子注云越州七八月采湖雅曰俗名獨葉金鐘

木蠏　本草釋名即木鼈子今杭越皆有之藤生葉有五椏狀如山藥

五加皮　一名五花一名追風使本草綱目云生南地者類草生北地者類木甯化縣志曰此藥以五葉

交加者良故有五加五花之名丹鉛錄作五佳云一枝五葉者佳也譙周巴蜀異物志名文章草庶物異名曰金鹽

蔓荊子鄞縣志曰生水濱

茱萸爾雅翼云其味苦辛置之食中能去臭鄭氏說文茱萸皆以煎茱萸爲藙必煎乃用耳本草拾遺茱萸南北皆有入藥以吳地者爲好所以有吳之名也按本草綱目吳茱萸食茱萸一類二種吳茱萸入藥食茱萸即藙以可食用故名吾鄉所產者皆食茱萸也

枳實枳殼本草云今醫家以皮厚而小者爲枳實完大者爲枳殼李時珍曰枳乃木名實乃其子故曰枳實後人因小者性速又呼老者爲枳殼鄞縣志曰七八月采者爲實九十月采者爲殼

桑寄生湖雅曰寄生各木俱有唯桑上者入藥良今取野桑上生者家桑有此即斫去之恐害桑也

桑白皮鄞縣志桑根東行者佳得十年以上采其東畔嫩根益佳取無時去麤皮取白皮用湖雅曰取土中根出土者傷人

茯苓茯神本草云松脂千年爲茯苓又千年爲琥珀今人往往於松下得茯苓有重斤許者本草釋名茯苓一名茯靈一名茯兔抱木者名茯神鄞縣志曰出大松下附根而生無苗葉花實作塊如拳在土底大者數斤似人龜形者佳皮黑肉有赤白二種或云多年松脂所成湖雅曰松脂亦呼松香松黄即松花蕊如蒲黄狀者皮上緑衣名艾納香按今藥肆所買者皆種茯苓聞其種法則以松樹截爲數段埋入土中段段相接接處夾以茯苓片旁開小溝使利水上實以土時以水撰之年餘開掘皆成茯苓矣蓋松樹糜爛化爲茯苓也

又有土茯苓療楊梅毒要藥

青木香本草綱目葉似羊蹄而長大如菊花結實黄黑所在有之一統志云葉類絲瓜取根曬乾味多

溫無毒鄞縣志曰本草綱目本名蜜香遂訛爲木香昔人謂之青木香後人因呼馬兜鈴爲青木香乃呼此爲南木香廣木香以別之今人又呼一種薔薇爲木香愈亂眞矣

艾爾雅艾冰臺疏云艾一名冰臺郎今艾蒿也急就篇注一名醫草埤雅一名灸草藥譜云艾宋時以湯陰複道者爲佳近代湯陰者謂之北艾四明者謂之海艾自成化以來惟以蘄州者爲勝謂之蘄艾相傳蘄州白家山艾置寸板上灸之氣徹於背鄞縣志曰苗莖類蒿而葉皆白苗短者良三月三日五月五日采

山稜本草綱目云春生夏秋抽高莖莖端復生數葉開花六七枝細碎成穗中有細子其葉莖花實俱有三稜莖中有白穰剖之織物柔韌如藤

甘菊鄞縣志曰初春生細苗夏茂秋花冬實然種類頗多有紫莖而氣香葉厚柔嫩可食者其花微小味甚甘此爲眞正月采根三月采葉五月采莖九月采花十一月采實皆陰乾又云升菴外集花大氣香莖紫者

爲甘菊花小氣烈莖青味苦者爲野菊

當歸　爾雅薜山蘄疏云蘄生山中一名薜一名山蘄色白者名白蘄廣雅云山蘄當歸者卽今藥草當歸本草綱目在平地者名芹生山中粗大者名當歸

茴香　羣芳譜一名蘹香清異錄一名八月珠蔬譜有大茴香小茴香本草蒔蘿生佛誓國一名慈謀勒一名小茴香實如馬芹甯化縣志曰叢生肥莖綠葉結子大如麥粒開寶本草名慈謀勒俗謂之小茴香一種實大如柏實裂成八瓣大如豆味甜者爲八角茴又本草馬蘄一名野茴香

椒　一名花椒陸璣詩疏云似茱萸有針刺可著飮食爾雅椴大椒疏云椴者大椒之別也今椒樹叢生實大者名爲椴𢪛雅云椒似茱萸而小赤色內含黑子如點今爲椒目又本草蔓椒一名豕椒一名狗椒

胡椒　本草一名昧履支向陰生者名澄茄向陽生者名胡椒酉陽雜俎云胡椒出摩伽陀國呼爲昧履支

形似漢椒至辛辣今作胡盤肉食皆用之

木賊 本草綱目云長者二三尺無枝葉淩冬不凋治目疾

地膚子 至正鄞縣志曰初生薄地五六寸根形如蒿莖赤葉青大似荆芥三月開黄白花八九月采實陰乾成化鄞縣志曰一名落帚子

楮實 羣芳譜一名楮桃又名穀實至正鄞縣志曰有二種其實初夏生如彈丸青色至六七月漸紅八月九月采水浸去皮穰取子日乾

牛蒡 本草綱目一名鼠黏一名大力子本草蘇頌注云葉大如芋葉而長實似葡萄核褐色秋後子入藥

獨葉一枝花 一根一榦一花一葉爲蛇傷勝藥產縣南龍宫溪烏泥潭等處

穀精草 本草綱目穀田餘氣所生故名藥譜云明目退翳功在菊花上成化鄞縣志云一名戴星草按

出縣南隱地佳

三七本草注近出一種葉似菊艾而勁厚有岐尖莖有赤稜夏秋開黄花蕊如金絲盤紐可愛而氣不香根大如牛蒡味甘極易繁衍治金瘡折傷血病甚效與南中來者不同按虞俗呼土三七產縣東玉屏山

細辛宏治府志云諸暨縣隴山產細辛按虞地亦有之

槐實一名槐角晉書庾肩吾嘗服槐實年九十餘目看細書鬢髮皆黑本草槐實久服身輕太清草木方槐以十月上巳取子收之好顏色長生通氣

厚朴本草別錄一名折遂按吾虞此木頗少近惟縣南栗樹灣一本其大二圍

花之屬

梅萬歷府志云古梅八邑皆有之又云紅梅城圃中及他邑皆有按湖雅有紅梅重梅鴛鴦梅千葉梅緗梅

蠟梅玉蝶梅綠蕚梅硃砂梅臺閣梅六瓣梅諸品吾虞所產唯紅梅白梅及蠟梅而已然暗香疏影掩映於山林籬落間正不在品之貴重也又石湖梅譜云苔梅會稽最多四明吳興亦間有之其枝樛曲萬狀蒼蘚鱗皴封滿花身又有苔鬚垂於枝間或長數寸

蠟梅 巖棲幽事云原名黃梅故王安國熙甯間有詠黃梅詩至元祐間蘇黃始命爲蠟梅湖雅曰狗蠅磬口檀香三種狗蠅亦作九英磬口檀爲上又蠟梅一作臘梅

桃 果品繁多花則殊少品題者大抵千葉單葉緋桃白桃而已惟碧桃最著名萬歷府志曰李光云吾里桃花色白而多葉跗蕚皆碧世謂之碧桃然非眞碧桃眞碧桃有紅白二種花瓣繁不結實若金絲桃夾竹桃雖名爲桃實非桃也夾竹桃一名金鳳花

梨 花譜云二月間開白如雪格物叢論云春二三月百花開盡始見梨花靚艷寒香自甘寂寞

桂　墨莊漫錄云木犀花湖南呼九里香江東曰巖桂浙人曰木犀以木紋理如犀也萬歷府志曰木犀有黃白紅三種今人謂之桂又云越中有紅木犀謂之丹桂按俗呼黃者爲金桂白者爲銀桂

榴　花譜云本出塗林安石國張騫使西域得其種以歸故名安石榴五月開花按有紅榴白榴千葉榴四季榴諸種

海棠　平泉草木記曰凡花木以海爲名者悉從海外來如海棠之類是也又云木之奇者會稽之海棠陳思海棠譜曰今江浙間別有一種柔枝長蒂顏色淺紅謂之垂絲海棠按又有西府貼梗兩種明張鉞詩春囘太液雪初消淡試新妝色轉嬌欲下珠簾風正軟珮環聲細紫雲飄

秋海棠　羣芳譜云一名八月春又云花有二種葉下紅筋者爲常品綠筋者開花更有雅趣又云性好陰而惡日喜淨而惡糞宜盆栽置南牆下花疏云秋海棠嬌好宜於幽砌北窗下種之菖蒲翠筠草皆其益友

也

辛夷　羣芳譜辛夷一名辛雉一名侯桃一名木筆一名迎春一名房木初出苞長而尖鋭儼如筆頭又云辛夷有鮮紅似杜鵑俗稱紅石蕎陳塤木筆花詩可能一借春秋筆褒及芙蓉貶牡丹

玉蘭　羣芳譜云玉蘭花九瓣色白微碧叢生花著木無柔條花疏云玉蘭早於辛夷故宋人名以迎春千榦萬蕊不葉而花當其盛時可稱玉樹鄞縣志曰玉蘭辛夷跗蕚俱同當是一種惟辛夷花紫玉蘭白有別耳

紫薇　羣芳譜云一名百日紅一名怕癢花人以手搔其膚徹頂動搖唐時省中多植此花取其耐久也紫色之外又有紅白二色湧幢小品云紫薇一名滿堂紅又羣芳譜云紫薇藍焰者一名翠薇按別有一種怕癢花狀若球而小葉對節生觸癢則葉片盡合枝亦下垂俗名消息花

紫荊　本草紫荊一名紫珠羣芳譜紫荊一名滿條紅叢生春開紫花甚細碎數朵一簇按冬初亦能開花

元稹詩庭前裁得紅荊
樹十月花開不待春

山茶羣芳譜一名曼陀羅樹平泉草木記會稽之山茗
酉陽襍俎云葉如茶樹高丈餘華大盈寸色如緋
今會稽甚多學圃餘疏云潯陽狄陶祠山茶一株幹大
盈抱紹興曹娥廟亦有之止如拱把之半土人云千年
外物也按此花品類
亦多最貴者曰寶珠

合歡崔豹古今注云欲蠲人之忿則贈之青棠青棠一
名合歡合歡則忘忿羣芳譜云合歡一名青棠棠
或作裳又云一名合昏一名夜合蓋花葉至暮即合故
名李時珍曰夜合俗名萌葛越人謂之烏賴樹俗呼馬
纓花類要圖經曰五月開花又別有一種
夜開晝合者俗呼夜嬌嬌似喇叭花而小

梔子嘉泰志云諸花少六出者唯梔子花六出陶貞白
言梔子翦花六出刻房七道芬香特甚相傳即西
域薝蔔也今會稽有二種一曰山梔生山谷中花瘦長
香尤奇絕水梔生水涯花肥大倍於山梔而香差減近

歲有千葉梔六月初始盛鄞縣志曰酉陽襍俎梔子花或曰薝蔔花金色花小而香西方甚多非梔也

木芙蓉　羣芳譜一名木蓮一名華木一名拒霜一名桃草湖雅曰葉爲瘍科要藥一名桃皮樹皮可織布并爲索與生桃樹果之桃木别羣芳譜又曰此花凊姿雅質獨殿衆芳秋江寂寞不怨東風可稱俟命之君子矣又平泉草木記云會稽之百葉木芙蓉按花有紅白二種白者尤凊雅可愛

木槿　爾雅椵木槿櫬木槿疏云木槿樹如李一名櫬一名椵齊魯之間謂之王蒸郭氏云可食亦呼日及五月始花武康志曰鄉人栽作籬花白者治痢湖雅曰俗名槿樹條花或用以沐髮按俗呼槿漆柳亦曰錦柳

繡毬　一名粉團花有草本木本兩種羣芳譜春開花五瓣百花成一朵團圞如毬有紅白二種湖雅曰色白帶碧者爲多又有名聚八仙者似繡毬八朵成毬色白亦呼八仙花俗名洋繡毬

牡丹　本草綱目云以色丹爲上雖結子而根上生苗故謂之牡丹羣芳譜一名鹿韭一名鼠姑一名百兩

金賈耽花譜牡丹唐人謂之木芍藥歐陽文忠花品序云牡丹南出越州嘉泰志云曹娥廟前牡丹二株亦不凡雖單葉而著花至數百苞湖雅曰牡丹皮入藥品求自他處本地不采又有纏枝牡丹卽旋花一名鼓子花又有魚兒牡丹者花紅而蕊白狀類雙魚纍纍相比葉與牡丹無異亦以二月開俗呼荷包牡丹南潯志曰卽土當歸按上兩種非牡丹也而皆襲牡丹名因類及之

瑞香清異錄廬山瑞香花始緣一比邱晝寢磐石上夢中聞花香烈酷不可名旣覺尋香求之因名睡香四方奇之謂乃花中祥瑞遂以瑞易睡天祿識餘瑞香一名錦薰籠一名錦被堆羣芳譜瑞香一名風流樹冬春之交開花成簇呂大防瑞香圖序曰花如丁香而有黃紫二種冬春之交其花始發植之庭檻則芳馨出於戶外萬歷府志云餘姚上虞亦有此花

木香草花譜云木香之種有三其最紫心白花香馥清遠高架萬條望若香雪其青心白木香黃木香二

種皆不及也花小名云木香曰錦棚兒湖雅曰此亦薔薇之別種唯花較小亦沿籬緣壁栽之亦有紅黃白三色白者爲多與藥品木香異物

凌霄詩苕之華傳云苕陵苕也卽今之紫葳蔓生附於喬木之上其花黃赤色亦名凌霄羣芳譜凌霄花一名女葳一名茇華一名武威一名瞿陵一名鬼目花譜云此花蟠繞木石殊可觀玩

薔薇羣芳譜薔薇一名刺紅一名山棘有粉紅者名粉團他如寶相金鉢盂佛見笑七姊妹十姊妹體態相類又有月桂一種花應月圓缺李白憶東山詩不見東山久薔薇幾度花今東山有薔薇洞鄞縣志曰本草圖經作牆蘼李時珍曰草蔓柔靡依牆垣而生故名湖雅曰有紅黃白三色紅者爲多其子名營實入藥品一名荼蘼

玫瑰羣芳譜玫瑰一名徘徊花有香有色學圃餘疏玫瑰花色媚而香甚旖旎可食可佩農圃書云玫瑰

俗呼爲離孃草大凡花木不宜常分獨此花軟條新發勿令久存移剔地則茂湖雅曰類薔薇而香色尤勝亦入藥品熬膏蒸露或爲饈餅之餡

月季 羣芳譜月季花一名長春花一名月月紅一名勝春一名痩客逐月一開四時不絕亦薔薇之類也本草月季花亦名鬬雪紅 按此花品類頗繁不亞菊花

酴醾 花木攷曰酴醾唐宋詩詞多用粉面額黃香瓊香酴醾雪等字心竊疑之及攷此花本作荼蘼以酒號酴醾花色似之遂復從酉則花作白色似可無疑矣草花譜云荼蘼花大朵色白千瓣而香枝根多刺詩云開到荼蘼花事了爲當春盡時開耳外有蜜色一種按又有刺醾俗名做絲花湖雅曰二種同類而微别做絲花乃刺醾也亦作刺梅花亦作纈絲花一名野薔薇花極香

七姊妹 俗名種田紅亦薔薇之屬藝花譜云七朵一蓓故名紫翠如鹿蔥湖雅曰十姊妹每枝十朵聚

開有七朵者曰七姊妹

葵　湖雅曰葵爲百菜之主有數種最小者荆葵一名錦葵一名鴨脚葵即釋草菽蚍衃作蔬甘滑此古之正葵詩亨葵禮用葵皆此葵也大者蜀葵即釋草菺戎葵也葉粗澀不可食夏種者曰秋葵亦可作蔬秋種者曰冬葵子入藥品最大者曰向日葵即衞足之葵不可爲蔬唯子可爓爲果又有莵葵亦葵類別有紫背天葵及黄蜀葵即側金盞花則名葵而實非葵矣

萱　說文忘憂草也風土記懷妊婦人佩其花則生男故名宜男嵇含宜男花賦序云宜男花者荆楚之俗號曰鹿葱羣芳譜曰鹿葱色頗類萱皃中書生呼爲療愁花又本草綱目云萱草今東人采其花跗乾而貨之名爲黄花菜湖雅曰今呼金針菜花黄色亦有紅紫者人家多植庭中取忘憂及宜男之名也

蘭蕙　黄庭堅曰一幹一花而香有餘者爲蘭一幹五七花而香不足者爲蕙又曰蘭似君子蕙似美人武

康縣志曰一幹一花者爲春蘭一幹五六花者爲夏蘭夏蘭卽蕙也按蘭以素心爲上瓣則有荷瓣梅瓣諸名總以潤而圓者爲佳唯蕙亦然蕙俗呼九頭蘭亦名九節蘭又有建蘭者產自閩中學圃餘疏云建蘭盛於五月其種亦多玉魫爲第一白幹而花上出者是也次四季次金邊名曰蘭其實蕙也閩產爲佳鄞縣志曰皆非古之所謂蘭蕙也古之蘭草今之都梁古之蕙草今之零陵香也

珠蘭羣芳譜云眞珠蘭一名魚子蘭蓓蕾如珠花開成穗戴之髻香甚葉能斷腸湖雅曰其種來自閩廣用以焙茗蒸香

芍藥埤雅云芍藥花有至千葉者俗呼小牡丹今羣芳中牡丹品第一芍藥第二故世謂牡丹爲花王芍藥爲花相本草云芍藥一名沒骨花萬歷府志云有紅白二種越中所植其花大有過尺圍者湖雅曰赤白根並入藥品此與古香草勺藥異物爾雅翼强合爲一誤

菊　羣芳譜一名節花一名周盈一名延年一名帝女花西溪叢語以菊爲壽客三餘贅筆以菊爲佳友誠佳品也顧品類繁多劉蒙泉之菊譜三十五品范石湖之菊譜七十一種不能盡收也大抵菊品以針爲上管次之瓣如常花者品斯下矣嘉慶志曰邑人喜栽菊羅列異種重陽或攜盆盎相聚謂之菊花會湖雅曰甘菊卽茶菊黃白二色乃眞菊也爲治疾服食所需其大朵五色者但足供玩又有苦薏俗名滿天星卽野菊也甘菊葉亦入藥用又云藍菊五月菊六月菊萬壽菊長春菊石菊西番菊僧鞋菊八種形色各異強以菊名皆非菊類僧鞋菊卽烏頭

七星菊　國朝謝名標七星菊詩序云族姪志賢栽菊百餘種內有金鎖口一枝中間一朵獨具七心名七星菊亦藝苑罕覯之佳植也按此乃菊之偶然變種非別一種菊花也

水仙　長物志云水仙六朝人呼爲雅蒜內觀日疏云水仙名女史花又名姚女花草花譜云水仙花有二

種單瓣者名水仙千瓣者名玉玲瓏又以單瓣者名金盞銀臺因花性好水故名水仙學圃餘疏云其性得水則不枯故曰水仙眞歲寒友也

杜鵑嘉泰志云以二三月杜鵑鳴時開一名映山紅一名紅躑躅會稽有二種其一先敷葉後著花者色丹如血其一先著花後敷葉者色差淡近時又謂先敷葉後著花者爲石巖以別之又云上虞縣南有釣臺山山足二石筍特起五六十尋其巔皆有花春夏照爛望之有若人立而飾其冠冕者萬歷府志云上虞釣臺山上雙筍石頂杜鵑花上虞志謂神宗末三年不榮高宗末花忽變白孝宗末三年若枯既而復茂草花譜云出四明者花可二三層色淡四明山記云四明山有五色杜鵑花按杜鵑與映山紅有別湖雅曰二種同類今呼映山紅爲山鵑其根名石蛤蚆與杜鵑微別黃躑躅一名鬧羊花有毒卽蒙汗藥其子名土連翹根名巴山虎按黃躑躅虞邑謂之牛黃花

雞冠佛書謂之波羅奢花亦呼洗手花碧雞漫志謂之後庭花花疏云雞冠須矮腳者種甎石砌中其狀有掌片毬子纓絡其色有紫黃白無所不可本草稱坐種則矮立種則與人齊歸安志有深紫淺紅純白淡黃四色又有一朵而紫黃各半者名鴛鴦雞冠又有五色者最矮者名壽星雞冠湖雅曰又有深綠淺碧者

鳳仙羣芳譜鳳仙一名海蒳一名小桃紅一名染指甲草本草宋光宗李后諱鳳宮中呼爲好女兒花物理識云鳳仙子名急性萬歷府志云有五色按一名金鳳

玉簪花疏云玉簪一名白鶴花紫者名紫鶴羣芳譜云玉簪一名白萼一名白鶴仙一名季女又云花未開時裝鉛粉在內以綫縛口久之婦女用以傅面經歲猶香甯化縣志曰一莖數花以次遞開如削玉抽簪又有紫色者名紫鈫　國朝趙金簡詩草際風淒髮種種不應尚有未抽簪

罌粟一名米囊花羣芳譜罌粟一名御米花一名米殼花本草罌粟一名象穀鄞縣志曰罌粟紅白俱有

之色深淺凡數種又云九月布子涉冬至春始生苗俟其罌焦黃則采之南潯志曰道光中禁吸鴉片并禁植此花其種遂絕按今則徧野皆是幾與禾稼相埒可慨也湖雅曰罌粟子殼名御米殼入藥品按今有以罌粟子榨油者僞充麻油聞與茄子同食往往致死

虞美人花疏云虞美人名滿園春千葉者佳又云花類罌粟而小五色俱備姿態葱秀因風飛舞儼如蜨翅扇動花中妙品百花詩餘注云一名搖搖花色朱紅湖雅曰一名麗春花即罌粟之別種

蝴蝶花　農圃書云即射干以花似蛺蝶故名按一名鳳翼

石竹　羣芳譜云石竹草品纖細而青翠花有五色單葉千葉又有翦絨嬌豔奪目嫞娟動人一云千瓣者名洛陽花

牽牛　彙苑云牽牛花清晨始開日出巳瘁花雖甚美不能留賞按俗又名喇叭花餘詳藥屬

錦帶　王禹偁詩序云海仙花者世謂之錦帶維揚人傳云初得於海州山谷間其枝長而花密若錦帶然益都方物記云錦帶花蜀中處處有之長蔓柔纖花葉間側如藻帶開者形如飛鳥里人亦號爲鬢邊嬌

女蘿　湖雅曰纖蘿深碧花則深紅植盆中搆小架作亭子形任其蔓延爲几席之玩古以女蘿兔絲爲一物非此花也一名蔦蘿一名金鳳毛

蔦蘿松　嘉慶志云俗呼薑紅花和薑片漬之色甚鮮妍按今呼大紅花可染薑片有大小二種亦呼喇叭花

子午花　即金錢花午開子謝　國朝何震詩有花有花名子午枝葉蔓生結青玉以巾裹之歸草堂徧示女妹爭相逐或言其形如車輪四角璀璨三十幅

荷　嘉慶志云距縣署數十武北曰大水田田皆插荷盛夏香聞里許亦避暑勝地按蓮以有臺者爲貴曰臺

蓮一榦並開兩花者曰並頭蓮亦曰並蒂蓮三並頭者曰品字蓮又有四並頭五並頭者皆千葉不結實

草之屬

長生草　萬歷府志云又名卷柏生四明山雖甚枯槁得水卽葱翠甚爲異也宋謝靈運山居賦卷柏歷萬代而不殞

蘭草蕙草　爾雅翼今之蘭草都梁香也本草一名省頭草夏月采置髮中令頭不膩毛詩陸疏廣要云香蘭種甚多如竹蘭石蘭伊蘭崇蘭風蘭鳳尾蘭珍珠蘭玉柱蘭吳越皆有之蕙草本草云卽今零陵香也

茄草　嘉慶志曰輿地志上虞縣北夏蓋湖出茄草織席甚細密

茅　爾雅藗牡茅疏茅之不實者也一名藗一名狼尾格物總論云叢生荒野間野人刈以覆屋烏程志曰可爲薪雙林志曰可通煙箭湖雅曰茅根茅針並入藥品按本草茅針初生苗也

蘆荻 羣芳譜云蘆荻二物相類而異種蘆大而中空凡曰葭曰葦曰華曰芀皆蘆也荻小而中實凡曰萑曰藡曰菼曰騅曰薍曰烏蓲曰馬尾皆荻也湖雅曰蘆可名荻所謂對文則異散文則通也

芭蕉 羣芳譜云一名芭苴一名天苴一名扇仙學圃餘疏云芭蕉惟福州美人蕉最可愛歷冬春不凋常吐朱蓮如簇又有一種名金蓮寶相葉尖小如美人蕉種之三四歲或七八歲始一花其花作黃紅色而瓣大於蓮故以名羣芳譜又云芭蕉花苞中積水如蜜名甘露侵晨取食甚香止渴延齡又云根出土時肥飽狀如膽瓶

萬年青 農圃六書云一名千年蒀湖雅曰結子甚紅盆植爲玩新歲及喜慶事必與吉祥草同用取嘉名也

吉祥草 松鄉集酷似蘭而疏秀人云十歲一花余見一本紫莖而花纔二寸綴花數十似瑞香而斂小

近玩之有香氣湖雅曰一名解瘨草葉如建蘭而潤厚涉冬不凋種爲盆玩妊婦臨蓐置室中可解産厄免血瘨葉勁如箭入産室則葉垂色瘁必數日乃復

如意草鄞縣志曰葉似蘭而差濶

老少年羣芳譜老少年一名雁來紅又云紅紫黃綠相兼者名錦西風又名十樣錦又名錦布衲按黃色者又名雁來黃

鳳尾草鄞縣志曰以形名性寒入痢藥雙林志云即馬鞭

狗尾草正字通即莠也苗葉似粟而小穗黃形似狗尾莖治目痛

蒲本草香蒲一名甘蒲一名醮石八九月收葉以爲席亦可作扇軟滑而溫

荇顏氏家訓云黃花似蓴或呼爲荇菜嘉泰志會稽人謂之荇菜叢生水中莖如釵股葉在莖端隨水深淺

備稿云白莖葉紫赤色正圓徑寸餘浮在水上
根在水底與水深淺等大如釵股上青下白
蘋爾雅翼曰蘋根生水底葉敷水上不若小浮萍之無
根而漂浮也故韓詩曰沉者曰蘋浮者曰薸本草綱
目云花有白黃二色四葉合成一葉如田字形陸璣曰
小者曰蘋嘉泰志曰韓詩曰沉者曰蘋浮者曰藻似槐
葉生道旁淺水中與萍相襍至秋
則紫今會稽謂之馬薸亦呼紫薸
萍一名水白一名水簾季春始生楊花入水所化爾雅
翼曰水上小浮萍江東謂之薸韓詩浮者曰薸埤雅
曰無根而浮常與水平故曰萍嘉泰志曰會稽謂之薸
言無定性漂流隨風而已舊說萍善滋生一夜七子一
曰一夕生九子
故謂之九子萍
藻嘉泰志云水草之有文者生乎水下而不能出乎水
之上湖雅曰說文莙牛藻也讀若威段玉裁說文注
謂左傳蘊字即說文莙字是也今俗呼蘊
如溫乃威聲之轉按今俗呼藻曰蘊草

虞蓼嘉泰志曰蓼之生於水澤者也宏治志曰蓼生水
澤曰虞蓼今人用爲麯藥按爾雅蘠虞蓼也山夾
水曰虞郎水蓼也顏師古急就篇注云生於
水者曰水蓼生於澤者曰澤蓼今俗呼辣蓼

大蓼嘉泰志一名馬蓼莖大而赤生水澤中高丈餘說
文云龍天蘥也詩曰山有橋松隰有游龍蓋一名
游龍按詩傳云龍紅草一名馬蓼葉大而色白生水澤
中本草云葒草一名鴻藚一名龍古一名游龍一名石
龍一名大蓼
郎澤蓼也

天蓼本草綱目曰天蓼生天目山四明山樹如梔子冬
月不凋能逐風而小者勝四明山志曰石窗之水
出於黎洲其草多
異有胡桃天蓼

薜荔本草一名絡石在石曰石鱗在地曰地錦繞叢木
曰長春藤又曰扶芳藤又曰龍鱗薜荔鄞縣志曰薜
荔與絡石相類薜荔藤本喜緣古牆屋角而上葉色深
綠久則純赤開花如雪聞清香絡石有花無香此其異

也又云絡石有二種一曰木蓮藤紫花成實今人用以解暑揉凍如石花

三白草武康邑志曰初生葉皆青至三四月間頂三葉變爲白諺云一葉白食小麥二葉白食梅杏三葉白食黍子農人候以蒔田

鴨跖草湖雅曰一名竹葉菜又名淡竹葉與王芻之淡竹葉菜花之鴨腳草並別竹譜詳錄作竹葉草按俗呼鴨舌草

魚腥草雙林志云治喉風湖雅曰即蕺草

酸津草或作酸漿湖雅曰即燈籠草

虎耳草即金絲荷葉亦呼天荷葉

石胡荽湖雅曰即鵝兒不食草

淡巴菰卽煙草姚旅露書呂宋國有草名淡巴菰一名金絲醺漳州人自海外攜來莆田亦種之鄞縣志曰淡巴菰閩廣產者佳今各處皆種之利過於茶然聞種煙數年易種他物土不甘亦蔬穀之大害也

苜蓿羣芳譜云一名懷風草一名光風草一名連枝草細莖分叉而生葉似豌豆頗小每三葉攢生一處稍間開紫花結彎角中有子黍米大狀如腰子鄞縣志曰卽今四鄉所種草子也深秋撒之三月開花結實如同州蒺藜有二種開紫花者一莖數朵開黃花者一莖一朵刈後水浸罨之用以肥田甚資其利按今俗呼紅花者曰紅花草子黃花者曰大荍草子均可作蔬多用以糞田或夏收其子作次年種子

佛耳草本草一名鼠麯草雜米粉作粿食甜美荒年當糧最佳按虞俗呼黃花艾亦曰艾青

消息草縣西沿塘有之或云粵匪竄後始有

鹿啣草唐本草鹿有疾啣此草卽瘥叢生似莞蔚其葉有毛赤莖今縣南隱地多有之

馬鬉草

地蘇木

鼓槌頭

偏地金以上四種並見嘉慶志

瓦松一名昨葉夢溪筆談云昔耶乃是垣衣瓦松自名昨葉又名博耶本草集解云此古屋土苔衣也其長數寸者即爲瓦松亦名屋遊羣芳譜云此瓦屋苔衣也按在石曰烏韭在垣曰土馬鬉屋遊是苔非松也

苔爾雅藫石衣注水苔也一名石髮按石髮有二生水中者爲陟釐生陸地者爲烏韭古今注云苔一名圓蘚本草云垣衣一名天韭一名昔耶乃磚牆城垣上苔衣也湖雅曰一名蘚在地曰地衣在垣曰昔耶在屋曰屋遊生桑樹上者曰桑花非桑椹花也又艾納香即松樹皮上青苔

木之屬

松　嘉泰志云其爲木也最壽萬歷府志云新松最多無山不植嘉慶志曰鐵綫羅漢異種格物總論三鬣者栝子松五鬣者松子松今縣西潘家陡鐵甲山有三管松

柏　謝靈運山居賦木則松柏檀欒會稽境多名山水峰崿隆峻吐納雲霧松栝楓柏枝擢榦聳萬歷府志云有渾側二種又有一片如手掌者名手掌柏按側柏俗呼扁柏又丹山圖詠注云四明之山有柏梓之木剡錄謝車騎所居梓桐森擬人號桐亭陶注本草云

桐　桐樹有四種青桐皮葉青似梧而無子梧桐色白似青桐而有子子肥亦可食白桐與岡桐無異惟有花子耳花二月舒黃紫色禮云桐始華者也岡桐無子是作琴瑟

梓　梅福四明山記山生梓廣雅云楸屬蕭炳四聲本草曰似桐而葉小花紫武康志曰梓種有二子可食者

俗名苦子一

種曰甜子

檫亦作檫輿地志越

太平山生檫木

檜爾雅檜柏葉松身禹貢杶幹栝柏鄭注柏葉松身曰

栝桂馥說文義證曰本書語籀文從會詩車舝傳云

詁會也然則檜卽栝矣平泉草

木記曰木之奇者會稽之檜

桑四明圖經有如錦之桑宏治府志云今越產多野生

謂之烏桑植者反不如之按此卽爾雅所謂檿山桑

也又按虞俗栽桑之法有所謂接桑者仍以桑樹接之

其樹高大有所謂壓桑者高纔四五尺以壓之不令高

大也又有所謂桑花

桑者花盛而葉甚稀

柘古者桑柘兼稱淮南時則訓乃禁野虞毋伐桑柘高

注云皆可養蠶故禁民伐之本草衍義曰木理有紋

葉飼蠶萬歷府志曰越中多有之非但葉可飼蠶其木

文理縝密而色可愛堪爲器具按虞俗桑葉少時亦間

以飼
蠶

楊柳鄞縣志曰圖經本草楊柳異類今人謂柳爲楊柳非也陳藏器曰江東人通名爲楊柳北人都不言楊楊樹枝葉短柳樹枝葉長李時珍曰楊枝硬而揚起故謂之楊柳枝弱而垂流故謂之柳蓋一物二種

水楊郎蒲柳古今注蒲柳生水邊葉似青楊亦曰蒲移亦曰蒲柳亦曰水楊蒲楊也本草水楊葉嫩注云葉圓濶而赤枝條短硬多生水岸旁與楊柳相似旣生水岸故名水楊也

檉一名觀音柳說文檉河柳也爾雅郭注曰今河旁赤莖小楊本草衍義曰人謂之三春柳以其一年三秀也陳啟源曰檉迺世呼西河柳醫家用之治小兒痳疹是也萬歷府志云似柏而香出四明爲多見梅福四明山記恐非河柳之檉

黃楊本草綱目其本堅膩作梳剜印最良四明山記曰山生黃楊

白楊　安吉志曰其木可爲鏤刻花草板亦光潔可愛湖雅曰與楓相似故俗亦呼茄茄風

楡　爾雅楡白枌注云枌楡先生葉卻著莢皮色白疏曰楡之皮色白名白枌正義曰赤楡未生葉時先著莢莢既坼葉方生白楡則先生葉卻著莢此爲異爾湖雅曰俗讀楡如油梜楡一作莢楡赤楡爲楡白楡爲枌刺楡爲樞北人常食楡莢而莢楡之莢味苦故南人無食之者爾雅翼謂江南無楡但有樞耳實則江南無枌非無楡也近遇荒年民食楡皮或雜沙餹食之皆死性與蔗餹相犯此前人所未言者按越中亦呼楡樹爲油樹每剝其皮屑粉和香末爲降神之香又案通鑑朱全忠曰車轂須用夾楡注云說文楡白枌所謂夾楡乃今之田楡也生田塍間故今亦謂之田柳

樟　即豫章也十道志越城多生豫章樹每風雨時聞鐘鼓聲嘉泰志曰今無復存豫章即梓也乾隆府志曰豫章樟也今越城內外尚多其樹與梓絕異而嘉泰志萬歷志以爲即梓誤矣湖雅曰香樟烏樟二種樟腦入

藥品按吾鄉樟樹最多亦最茂盛大數圍者纍
纍皆是又華渡橋邊有九枝樟相傳爲宋時物
楓爾雅楓欇欇注曰楓樹似白楊葉圓而岐有脂而香
今之楓香是說文楓木也厚葉弱枝善搖一名欇圖
經云似白楊甚高大葉圓而作歧有三角而香三月有
花白色至霜後葉丹可愛故騷人多稱之論衡狀留篇
云楓桐之樹生而速長故其皮肌不能堅剛按縣南元
寶山一株與常楓異經冬不凋每新葉生則舊葉始落
烏桕本草拾遺曰葉可染子壓爲油塗頭令白變黑爲
燈極明又名鵶舅安吉志曰葉可作皂子可取油
爲燭按桕油亦曰
白油今澆燭者是
杉爾雅作煔說文作檆杉木直幹似松葉芒鋭實似松
蓬而細可爲棟梁棺椁器用材美爲諸木之最其一
種細葉者易大而疏理溫人謂之溫杉湖雅曰杉
葉附枝生有刺故呼刺杉或云刺杉別爲一種
檀論衡狀留篇樹檀以五月生葉後彼春榮之木其材
彊勁車以爲軸六書故曰檀木堅忍葉頗類槐有黃

白二種黃者尤堅忍剡錄云可爲車按縣南方山有大檀一株大一圍長三丈許土人以發葉遲早占年歲豐歉

刺桐　南方草木狀九眞有刺桐布葉繁密三月開花赤色桐譜云花側旉如掌體有巨刺

油桐　福州志云閩產有三一種葉圓而末尖二月開淡紅花可壓油名曰油桐

楸　說文梓也本草綱目云即梓之赤者也爾雅郭注云楸樹性上竦齊民要術曰楸梓二木相類白色有角生子者爲梓或名子楸或名角楸黃色無子者爲柳楸亦呼荊黃楸也嘉泰志云今越人不喜種楸云不利人家惟僧居則否

椿　圖經本草云葉香可啖羣芳譜云俗名香椿易長而有壽武康志曰幹直而葉香嫩時可采食

樗　即臭椿樗根白皮可入藥鄞縣志曰香者名椿臭者名樗唐本草椿樗二樹形相似樗木竦椿木實

楝　圖經云木高數丈餘葉密如槐而長三四月開花紅紫色芬香滿庭間實如彈丸生青熟黃爾雅翼曰密如小鈴謂之苦楝子湖州栗志曰長甚速三五年即可作椽湖雅曰有雌雄二種雌者有實名金鈴子入藥品

槐　羣芳譜四五月開黃花採取曝乾煎水染黃甚鮮武康劉志曰花可染色藥名槐角即其子也湖雅曰古人食槐葉冷淘今無能作之者槐花槐角並入藥品樛枝者名盤槐

皁莢　羣芳譜皁角一名皁莢列仙傳云劉綱隱四明山觀前皁莢樹一株相傳爲綱登仙之木乾隆府志謂之昇仙木引萬歷志云四明山皁莢樹也絕大劉樊於此飛昇湖錄云樹多刺曰皁角刺湖雅曰一年生莢一年生刺並入藥可浣衣去垢

肥皁莢　甯化縣志曰樹高大五六月間開白花結莢狀如皁莢而短肥厚多肉內有黑子大如指頭不正圓色漆而堅白仁如栗十月采莢和麪及諸香擣爲作丸善澡身面垢膩按此卽香肥皁也吾俗但擣爛和

滷作丸而已

栗　毛詩義疏叢生大如杼木互見果屬

椶櫚　即栟櫚本草圖經椶櫚出嶺南及西川江南亦有之木高一二尺旁無枝條葉大而圓歧生枝端有皮相重被於四旁每皮二帀爲一節二旬一採轉復上生六七月生黃白花八九月結實作房如魚子黑色通志曰椶櫚一曰栟櫚葉可爲帚銉然有兩種一種有須可作繩耐水一種小而無須葉可爲帚湖雅曰皮中之椶紋索編薦亦入藥用按亦可製爲雨衣及牀椅之面

沙樸　安吉劉志曰俗呼爲杪樸有大至數圍者可鋸板用湖雅曰葉可磨治竹木使光滑勝於木賊草

冬青　羣芳譜云冬青一名凍青經霜不凋五月開細白花蘇頌曰女貞負霜葱翠故貞女慕其名一曰冬青按子名女貞子入藥用

杞　說文杞枸杞也檵枸杞也廣雅地筋枸杞也又云狗杞乳苦杞也左傳我有圃生之杞乎杜注杞世所謂枸杞也備稿云多生於溪河沙岸之地按子及根皮皆入藥互見藥屬

櫟　詩晨風山有苞櫟傳云櫟木也陸璣疏曰秦人謂柞爲櫟河內人謂木蓼爲櫟故說者或曰柞櫟或曰木蓼璣以爲此秦詩也宜從方土之言柞櫟是也周處風土記曰記云舜耕於歷山山多柞樹吳越之間名柞爲櫪故曰歷山六書故曰有黑心櫟白櫟緜櫟白櫟子尤細緜櫟以堅忍得名

穀　說文穀楮也而後人分楮穀爲兩種酉陽雜俎以有瓣者爲楮無者爲構構即穀也六書故以高大而皮駁實如楓實者爲桑穀以不高大而皮白實如覆盆子者爲楮廣雅吳氏本草及陸璣詩疏陶注本草則並以楮爲穀竊謂穀當分爲兩種不得謂楮非穀也安吉劉志云皮甚韌可擣爲紙書畫間取其汁以黏金湖雅曰子如楊梅入藥品

白果樹即銀杏樹

石枏或作石南李白詩風掃石枏花本草衍義石南二浙甚多魏王花木志云南方石南樹野生二月開花連著實實如燕覆子萬歷府志云二月開冬時葉尤可愛

櫧山海經注曰似柞子可食作屋柱難腐李嘉祐詩子規夜嗁櫧葉暗萬歷府志云越中在在有之土人多用以作器

竹之屬

箭竹禹貢篠簜既敷注篠箭竹通雅云叢生小而疏節或長二尺山澗旁生南方作矢白下取爲箸戴凱之竹譜云箭竹高者不過一丈節間三尺堅勁中矢李衎竹譜詳錄篠竹凡四種一出江浙間喜生山岡之上連延數十畝高不過七八尺大不踰指枝繁勁細爲掃帚最良按謝靈運山居賦曰其竹則二箭殊葉二箭者

苦箭大葉笄
箭細葉也
貓竹羣芳譜曰一作茅竹又作毛竹幹大而厚異於衆
竹人取以爲舟纜四明洞天記云毛竹叢生澗邊
通俗曰貓竹其義無取故於竹譜有狗竹貓竹
筍曰貓筍又曰筍初出如貓頭是其名貓已
苦竹謝靈山居賦曰四苦齊味齊民要術曰竹之醜類
有四有靑苦者白苦者紫苦者黃苦者萬歷府志
曰幹細而直可以爲筆
圖經越出筆管是也
桃枝竹書篾席黼純孔安國云篾桃枝竹也竹譜詳錄
兩浙謂之桃絲竹本草綱目竹滑者可以爲席
謂之桃笙湖雅曰廣羣芳譜續竹譜以爲郎
欆竹按欆竹紋細桃竹紋粗一類而二種也
慈竹一作慈竹一作慈姥竹竹譜詳錄慈竹又名義竹
又名孝竹兩浙江廣處處有之萬歷府志曰慈竹
冬月筍生竹外繞其母故又名孝竹又名王祥竹烏程
劉志曰冬月出筍在外夏月出筍在內有護根之意俗

名孝順竹湖雅曰一名子母竹一名兄弟竹又名釣絲竹按宏治府志以慈竹爲桃枝竹又爲四季竹非也慈竹四時出筍

四季竹羣芳譜云節長而圓中管籥嚴竹生者音清亮湖雅曰慈竹之類

斑竹羣芳譜曰卽湘妃竹其斑如淚痕竹譜詳錄云今竹越人以斑竹作牀椅及宅器用頗雅按亦呼瑇瑁

紫竹竹譜詳錄出江浙兩淮用之織柄拄杖甚佳亦有竹製簫笛者萬歷府志可爲簫管九節者佳湖雅曰今多以斑竹紫竹爲煙管

鳳尾竹廣羣芳譜云鳳尾竹高二三尺纖小猗那植盆中可作書室清玩萬歷府志曰葉細小亦慈竹別種按湖雅據竹譜詳錄以爲如筆竹形如鳳尾得名而以盆中可玩爲細竹亦名鳳尾竹然則鳳尾竹有大

小兩種矣

龍鬚竹萬歷府志長而秀節疏

燕竹剡錄燕來時作筍取其早也萬歷府志曰越人以其燕來時出筍甚美因以爲名

淡竹圖經本草甘竹即淡竹也萬歷府志云可煮以爲紙前溪逸志曰醫者炙其瀝可降痰葉可降火或曰草種而竹名謬也湖雅曰甘竹入藥最良今醫者多誤以淡竹葉草爲淡竹之葉前溪志辨其謬是也

筋竹或作篁竹一作觔竹通雅曰筋竹蔓竹之類也最細然大於篠簕竹譜筋竹長二丈許至堅利南土以爲矛其筍未成竹時堪爲弩弦萬歷府志曰越中處處皆有之

油竹亦筋竹之類

筍竹萌曰筍按筍以冬筍燕筍爲佳冬筍俗呼潭筍即貓竹筍冬月生土中掘取之曰冬筍味最勝至三四

月出土則爲貓筍而味減矣燕筍即燕竹筍萌芽最早味亦最佳此外則淡筍即淡竹筍亦佳龍鬚筍味稍遜苞有斑紋者尤劣出箭竹者曰箭竹筍出筋竹者曰筋竹筍人少食之至苦竹筍味苦不可食其餘諸竹之筍皆細小不可食無人取以爲蔬至鞭筍則竹之嫩根夏月掘取之味亦殊佳若蘆筍乃蘆之新芽非筍也京師人用爲佳蔬南人無過問者

筍乾　燕筍淡筍龍鬚筍皆有而尤以筍枝爲佳筍枝者筍初成竹時節間嫩枝采取爲乾最爲珍貴俗呼麻鷺脚及毛筍乾曰繡鞋底

竹籜　即箬也出箬竹丨者大而濶色青用以裹糭及篷笠各物非虞產也而龍鬚竹箬亦間以裹糭

禽之屬

雞　五德之禽人家常畜道光朝有以雞羽生爪爲妖者然恒有之未足異也

鴨　野鴨曰鳧家鴨曰鶩田家養鴨者每數百爲羣以一兒童督之日取其蛋以易錢范成大詩曰小童一櫂舟如葉獨自編欄鴨陣歸頗盡江鄉風趣

鵝　越俗祀神必以鵝而宴客則否以常饌視之不甚珍異也湖雅曰湖人不以充饌閒畜以警夜蓋異於吾鄉矣

鳧　即野鴨烏程劉志曰冬月成羣而來動盈千萬聲如疾風謂之冦陣冦者彼地方言謂多也

青鸞　嘉泰會稽志載鳳鳴洞云昔有仙女乘鸞來下國朝李方湛記鳥衣翠羽大如鵲窠今洞左右結巢峻壁隱見無常音如簫管悠揚不絕土人目爲仙禽

鵜鶘　爾雅鵜鴮鸅注云今之鵜鶘也好羣飛沈水食魚故名洿澤俗呼之爲淘河禽經云淘河在岸則魚没嘉泰志云會稽不常有有之輒大水土人占之頗驗

鸂鶒本草釋名鸂鶒其形大於鴛鴦而色紫亦好並
游故謂之紫鴛鴦湖雅曰尾旁有毛如船柁

鴛鴦古今注鴛鴦水鳥雌雄未嘗相離人得其一則一
思而至死故曰匹鳥爾雅翼曰其大如鶩其質杳
黃頭戴白毛垂之至尾尾與翅皆黑今婦人閙房
中飾以鴛鴦黃赤五彩首有纓者乃是鸂鶒耳

鷺一作鷺鷥爾雅鷺舂鉏注白鷺也頭翅背上皆有長
翰毛陸璣詩疏曰白鷺步於淺水好自低昂故曰舂
鉏國朝張起龍閘田白鷺詩閘
水洄流千點白春田界破一行飛

鷗詩鳧鷖在涇傳鷖鷗也埤雅曰鳧好没鷖好浮故鷖
一名漚今字從鳥後人加之也又曰今鷗一名水鴞
禽經鷗信鳥也注鷗水鳥隨
潮而翔迎浪蔽日曰信鷗

鸕鷀一名鶩鴨或作水鴨一切經音義引字林曰似鶂
而黑水鳥也爾雅注曰觜頭曲如鉤食魚小學紺
珠一名摸魚公湖雅曰漁舟有畜以取魚者甯化縣志
曰畜之者以繩約其嗉才通小魚大魚不可下時呼而

取之復
遣去
姑惡范成大石湖詩集姑惡水禽以其聲得名世傳姑
惡虐其婦婦死所化按姑惡即伯勞詩七月鳴鵙傳
鵙伯勞也通雅云鵙別名姑
惡嘉慶志以謂即貓頭鳥非
稻雞似鳩畧小背有
白斑居隴中
雉禽經雉介鳥也埤雅云雉飛若矢一往而墮雉類
也不能遠飛崇不過丈修不過三丈今獵者每以銃
斃之人皆
買以充饌
鷓鴣採蘭雜志鷓鴣一名內史一名花豸古今注鷓鴣
出南方常自呼向日而飛畏霜露夜飛則以樹葉
覆其背異物志其鳴云但南不北故禽經曰懷南言其
志懷南不北徂也鄭谷詩云坐中亦有江南客莫向春
風聽鷓鴣又本草云鷓鴣鳴云鉤輈格
磔又云懊惱澤家又云行不得也哥哥

翡翠　郎翠鳥一作翠青爾雅稱爲天狗注云江東呼爲水狗或謂之魚狗禽經背有采羽曰翡翠注狀如鵁鶄而色正碧鮮縟可愛飲啄於澄瀾迴淵之側尤自惜其羽日濯於水中今王公之家以爲婦人首飾

竹雞　格物總論曰比鷓鴣差小羽褐多斑赤文自呼泥滑滑所在山谷有之甯化縣志曰諺云家有竹雞啼白蟻化爲泥蓋好食蟻也本草綱目一名雞頭鶻亦辟壁蝨又北夢瑣言曰竹雞食半夏

鴿　本草鴿名品雖多大要毛羽不過青白皁綠鵲斑數色眼目有大小黃赤綠色而已四朝聞見錄云東南之俗以養鵓鴿爲業羣數十百望之如錦灰褐色爲下純黑爲貴以粟食之既則繫金鈴於腰飛而颺空風力振鈴鏗如雲間之珮又酉陽雜俎云波斯船上多養鴿鴿能飛行數千里輒放一鴿至家以爲平安信

雀　說文依人小鳥也古今注一名嘉賓言棲宿檐瓦馴近階除如賓客也本草綱目雀一名瓦雀俗呼老而斑者爲麻雀小而黃口者爲黃雀

十姊妹　雲間郡志十姊妹名游香俗呼相思鳥性狎其侶飛鳴不散按七姊妹亦好羣飛與十姊妹絶相似

鷦鷯　爾雅桃蟲鷦其雌鴱疏桃蟲名鷦其雌名鴱鷦鷯桃蟲也俗呼爲巧婦禽經一名工雀一名女匠方言自關而西謂之桑飛而湖雅以爲即黃脰雀按黃脰善鬬而鷦鷯不聞有善鬬之說張華鷦鷯賦曰伊玆禽之無知何處身之似智不懷寶以賈害不飾表以招累豈善鬬者耶湖雅之說恐非

燕　嘉泰志曰燕之往來避社而嗛土不以戊己舊說紫胸輕小者謂之越燕胸斑黑聲大者謂之胡燕胡燕七八謂之社燕鷗多巢村墟人家門外按燕以春社來秋社去而北方有蟄燕不盡歸南也南方則否

石燕　梅福四明山記南峰之北巖生石燕按本草石燕有二一種石類狀如燕有文圓大者爲雄長小者爲雌一種是鍾乳穴中石燕似蝙蝠食乳汁者能飛乃禽類此不知是石是禽據全祖望詩則是禽而非石矣

雁　刋補云黄義仲十三洲記上虞縣有雁爲民田春拔野草根秋啄除其穢是以縣官禁民不得妄害此鳥見陶宗儀説郛

杜鵑　嘉泰志云一名子規一名怨鳥夜啼達旦血漬草木凡始鳴皆北嚮啼苦則倒懸於樹説文所謂蜀王望帝化爲子嶲今謂之子規是也至今寄巢生子百鳥爲哺其雛尙如君臣云越人謂之謝豹陸務觀曰吳人謂杜宇爲謝豹當啼時漁人賣鰕日謝豹鰕笋日謝豹笋又一名射豹

布穀　卽鳲鳩也一作郭公一作蕿穀其鳴因時變聲如阿公阿婆割麥插禾脱卻布袴之類審其鳴聲可爲農候按虞俗呼爲各家肥碌亦象其聲也謂此鳥鳴則農事起

斑鳩　爾雅翼鵓鳩似斑鳩而臆無文采又項有贅物之拙者不能爲巢纔架數枝往往破卵無巢不能居天將雨而逐其雌霽則呼反之或云雄呼晴雌呼雨今人辨其聲以爲無屋住云越中呼爲野鵓鴿又謂之無

倩鳥辨其聲以爲將雨則云十九都人
苦又云渴煞鵓姑將晴則云挂挂紅燈

戴勝　嘉泰志云釋鳥云鵖鴔戴鵀郭璞曰鵀即頭上勝今亦呼爲戴勝一名戴鵀頭上有毛花成勝故曰戴勝也三月飛在桑間蓋蠶生之候月令所謂戴勝降於桑是也越人云降桑遇金日主穀賤

桑鳸　本草綱目桑鳸一名蠟嘴其嘴凝黃如蠟故名俗多畜其雛教作歌舞即山堂肆攷所稱蠟觜似雀而大吳人養此鳥能歌舞者也湖雅曰俗名刺毛鷹

白頭翁　山堂肆攷形如脊令其飛如燕之頡頏頭上有白毛身蒼色甯化縣志曰似雀而大頭有白點諸葛恪在吳王坐有鳥飛過恪曰白頭翁張昭疑恪譏已請覓白頭母即此耳湖雅曰亦呼雞骨頭過酒象其鳴聲也又有黃頭公

畫眉　蟲天志云此鳥各占一山其侶過之必苦鬭無共棲者萬歷府志云畫眉越所在有之其眉如畫音

宛如人
語可聽

鴝鵒一作鸜鵒即八哥格物總論云鴝鵒似鵙而有幘色純黑金眼穴居慧鳥也本草鴝鵒一名寒皋淮南子云寒皋斷舌可使人語幽明錄云五月五日翦其舌端使圓教令學語能人言

反舌禮仲夏之月反舌無聲注反舌百舌鳥格物總論云百舌春二三月鳴至五月無聲亦候禽也易緯通卦百舌能反覆其口隨百鳥之音昔人以反舌爲蝦蟇誤矣山堂肆攷百舌一名望春一名喚起江南人謂之喚春聲圓轉如絡絲益部方物記百舌鳥一名翠碧鳥本草釋名反舌梵書名舍羅按虞俗謂之呵春鳥

鶯鶯之名最繁或謂黃鳥或謂黃鶯或謂黃鸝或謂黃栗留或謂黃伯勞或謂倉庚或謂摶黍或謂之黃袍或謂之含櫻鳥又或謂之金衣公子

啄木嘉泰志云釋鳥云鴷啄木郭璞曰口如錐長數寸常啄木食蟲因名云此鳥有大有小有褐有斑褐

者是雌斑者是雄又有青黑者頭上有紅毛生山中土人呼爲山啄木大如鵲

烏說文孝烏也束晳詩曰噭噭林烏受哺於子廣雅云純黑而反哺者謂之烏小而腹下白不能反哺者謂之鴉

鴉俗呼老鴉嘉泰志云有一種名寒鴉比常鴉頗小十月自西北來其陣蔽天及春中乃去按亦呼雪鴉或云烏鰂魚即此鳥所化

鵲萬歷府志曰鵲之作巢冬至駕之至春乃成俗傳鵲巢有梁見鵲上梁者貴一曰乾鵲今俗呼喜鵲雙林志云歲歲爲巢巢門必背太歲架梁避戊己日巢高則早低則潦故又名靈鵲又禽經云鵲俯鳴則陰仰鳴則晴

山鵲爾雅疏山鵲一名鷽注似鵲而有文彩長尾觜脚赤字說云能效鷹鸇之聲而性惡其類相值則搏

按俗呼山喜鵲

鷹易通卦驗鷹者鷙殺之鳥也格物總論曰鷹鷙鳥金眼鉤觜鐵爪翅翮善攫搏按此鳥飛鳴則風坐鳴則雨故俗有行風坐雨之說又有海虎鷹獵鶻鷹

鷂酉陽雜俎曰鷂子兩翅各有複翎左名撩風右名掠草帶兩翎出獵必多獲湖雅曰有名鴟名隼名鵰名鵃名鶻者皆鷹之類俗統呼鷂鷹

鶚即魚鷹俗亦呼鷂鷹剡錄舟過嵊山一禽如雪擒魚健於隼問之漁人曰魚鷹也

鶺鴒嘉泰志云釋鳥曰鶺鴒雝渠蓋雀之屬飛則鳴行則搖大如鷃長腳尾腹下白頭下黑如連錢故杜陽人謂之連錢會稽人呼爲雪姑其色蒼白似雪鳴則天當大雪極驗嘉慶志謂之白眼青蓋俗稱也

黃頭即黃脰雀亦呼黃脰子武康劉志曰黃脰性善鬬至正鄞縣志曰善鬬故人取育之

繡眼 即綠脰子一名竹葉青嘉慶志分爲二鳥誤

提壺

山和尚 喜食豬肉人或畜之以爲玩

鸛 爾雅翼曰似鴻而大長頸赤喙白身黑尾按今縣東查湖多有之入田不害禾稼好食馬蝗

山雞 似雞略小夜半則啼𪄿山蟠雲峰有之非舞鏡之山雞也

江雞 狀如雞無冠尾如鴨掌如鴨出縣西後海

阿育鳥 尾赤其鳴似呼阿育粵匪竄後始有之

鵂鶹 怪鴟也廣雅謂之鴟鵂鴞一名鴟本草集解鴞即梟也一名鵩吳人呼爲魑魂通雅云頭如貓亦如貓鳴或有時而連轉如休留之聲按俗呼貓頭鳥晝伏夜出所至多不祥燒其肉則鬼至術士以之收鬼

鬼車齊東野語曰鬼車俗稱九頭鳥陸長源辨疑志又名渠逸鳥世傳此鳥昔有十首爲犬噬其一至今血滴人家能爲災咎故聞之者必叱犬滅燈以速其過淳熙間李壽翁嘗捕得之身圓如箕十頸環簇其九有頭其一獨無而鮮血點滴如世所傳

獸之屬

豕記稱剛鬣傳曰肥腯白蹢涉波烏金致富此人家所常豢也

野豬宏治志曰越山中有野豬豬貛狗貛豪豬四種萬歷志曰野豬大者二三百觔四明山嶴及野僧饜之不以人市挼野豬其力絕大觜外獠牙尤利牙鋒所觸無不糜碎捕之頗亦不易又好食禾稼等類頗爲山鄉之患貛豬甚小穴土而居人家墳隴往往爲所穿穴豪豬箭豬也豪疏而勁長或及尺粗若箸而中空鋒甚銳著人如矢人逐之則發矢以拒行走時鏗鏘有聲

羊　有胡羊山羊二種胡羊無角尾大而毛卷翦其毛可以爲氈山羊有角毛直而尾小按本草以青羊爲勝烏羊爲次今烏者或間有之而青者則未見也

牛　有黃牛水牛兩種黃牛角短而有胡水牛角長而彎曲農家皆畜以助耕稼冬則取其乳汁以爲酪

馬　馬非虞産惟縣署及武營有之民間無畜養者

驢　亦非虞産藝肆畜以轉磨山鄉人或乘之

犬　人家畜以警夜有毛長而卷者曰獅子狗亦呼西洋狗或畜以爲玩山家有畜獵狗者甚俊高大逾於常狗又凡狗食毒草則爲瘈狗爲所噬者無不死謂之癲狗狗中其毒者宜急求癲狗藥以解之

田狗　爾雅翼豻胡地之野犬也似犬而小又有海狗者比常狗高大尾下垂每食家畜間或噬人粵匪後有之

竹狗長尾色黃腹下白毛好食家
畜其皮可製爲裘俗稱南狐

貓一名狸奴毛五色俱有養蠶者必畜之正二月產者爲頭蠶貓三四月產者爲二蠶貓有一產五頭者謂之五吏貓尤善捕鼠其睛應時而轉諺云子午卯酉圓如鏡辰戌丑未棗兒形寅申巳亥一條綫埤雅曰貓旦暮目睛皆圓及午則斂如綫其鼻端常冷惟夏至一日煖蓋貓陰類也故其應陰氣如此又按貓睛一紅一碧者爲日月眼品最貴

虎不多見間出傷人則設穽捕之達溪箬龍山有虎窠嶺相傳爲虎之巢穴

豹埤雅豹花如錢黑而小於虎文本草集解曰豹自惜其毛采其文如錢者曰金錢豹宜爲裘如艾葉者曰艾葉豹次之按此亦不多見相傳虎生三子必有一豹

豺爾雅翼似狗牙如錐足前矮後高而長尾今人稱豺狗按豺體細瘦故謂人瘦者曰骨瘦如豺豺性能噬

虎而見狗輒跪羅願以爲
狗乃豺之舅亦俚言也
鹿太平寰宇記蘭芎山有素鹿三
脚此鹿若鳴官吏必有殿黜
麖剡錄云靈運自注山居賦曰麖音京能跳擲字書曰
麖大鹿也一角似牛犀王梅谿嶀山賦曰皐書亭畔
又看麖
滯之蹤
麂剡錄爾雅曰麂大鹿旄毛狗足元稹詩庭狎山翁麂
池游縣令息按麂小於鹿狗足趫捷捕之必於雪中
本草字
作麐
羱剡錄云出山居賦爾雅注曰羱羊似吳羊而大其角
椅義訓曰羱羊養草以盤旋注曰暑天塵露在其角
上取生草戴之而行愛之獨寢按羱一作莧郎山羊
安吉劉志曰有大至數百觔者其血爲外科要藥
兔崔豹古今注曰口有缺尻有九孔玉篇曰毛可爲筆
湖雅曰兔毛褐色有白者人家畜以爲玩或云白者

乃碩鼠
非兔也

野貓卽貓狸斑如貓圓頭大尾善竊雞鴨安吉伍志曰野貓夜入人家食雞不聞其聲頭小身長蓋差異於貓者雙林志曰一名偷雞豹

香狸本草釋名曰有文如豹而作麝香氣者名香狸雙林志曰卽靈貓皮可製裘肉甚香所過處有麝香氣正統志云香狸之毛可爲筆

獺埤雅曰似狐而小青黑色膚如伏翼一名水狗湖州談志云水鄉處處有之蒐捕魚食其骨療食魚骨鯁蘇頌曰諸畜肝葉皆有定數獨獺肝一月一葉十二月十二葉其間又有退葉魚鯁久嗽肝燒服之愈按其皮可飾領袖今或以爲暖帽之檐又獺有二種此水獺也居水中出水亦不死別有一種山獺

猨亦作猿埤雅曰猨長臂善嘯便攀猨好上茂木渴則接臂而飲因話錄曰李約養一猨曰山公嘉泰志曰

柳子厚云猿好踐稼蔬所過狼籍山之小草木必陵挫
折撓之會稽山間陸種如豆麥胡麻萊菔蔬果竹萌之
類多爲殘毀李白剡中詩曰謝公宿處今尚在綠水
蕩漾青猿啼又鄞縣寶慶志曰四明有猿謂之鞠侯
猴 一名狙俗呼爲猢猻亦作胡孫白虎通猴侯也見人
設食伏機則憑高四望善於候者也埤雅曰此獸無
脾以行
消食
猬 武康劉志曰形如鼠而重毛外若栗房其皮治
胃逆孝豐郭志曰偏身有刺俗呼爲刺栗蒲
田鼠 湖雅曰田鼠即稻鼠有大小數種夏小正田鼠者
嗛鼠也淮南時則訓高注田鼠鼫鼵鼠也然則釋
獸之鼫鼠鼸鼠鼷
鼠皆害田之鼠矣
鼠 常鼠也湖雅曰牡鼠
糞名兩頭尖入藥用
松鼠 桃源志曰腹白食
松子大者名松狗

栗鼠桃源志曰腹紅食栗子天台山志曰松鼠尾小栗鼠尾大

鼬鼠即黄鼠狼廣雅云江東呼爲鼪通雅云太平御覽有鼠郞邪曷以鼪爲鼠狼趙凡夫曰夏小正有鼬鼬即鼠狼今曰狼貓江北曰黄鼠狼此狀即狼貓也

伏翼亦作服翼即蝙蝠爾雅曰蝙蝠服翼也似鼠而有肉翅晝伏夜飛一名夜燕古今注云一名飛鼠其矢謂之爲夜明砂湖雅曰相傳鼠食鹽則化蝙蝠能食蚊其屎入藥名天鼠矢一名夜明砂屎中皆蚊眼按蝙蝠介禽獸之間而究爲鼠類故附鼠後

鱗之屬

鯉陶隱居曰鯉爲魚中之主酉陽雜俎云脊中鱗一道每鱗有小黑點大小皆三十六鱗嘉泰志曰今會稽池澤中大者亦十餘觔魚惟鯉最壽有至千歲者又曰越人謂鯉之小者爲鯉花萬歷府志曰越中在在有之

按嘉慶志有赤色鯉注云出邑舜江然攷萬歷府志則所謂舜江者在汪姥橋西是餘姚境內之舜江非虞境之舜江也今刪之

鱧魚剡錄云出山居賦爾雅曰鱧鮦也陸璣疏曰鮦鱧也本草經曰蠡今作鱧字正字通鱧一名烏魚萬歷志云鱧之小者爲鱧臏鄞縣嘉靖志云出湖河身圓鱗細而黑頭有七星如北斗夜半仰首向北

青魚嘉慶志作渾青剡錄云頭色微青劉邵七華曰洞庭之鯽青鱖朱尾蓋即此類池中所畜不及溪中者向過娥江漁人數連網得此魚可三四尺湖雅曰今湯魚以此爲最美腹中腸臟并頭尾亦俱肥美遠勝鯇鯉而詩及爾雅無文故無正名安吉劉志借用鯖字云以螺螄鯖爲上又大青魚名鱄見玉篇按吾鄉亦稱螺螄青

魴即鯿魚萬歷志曰一名鯿細鱗縮項闊腹所謂縮項鯿也其廣方其厚褊味特肥美嘉慶志云麥熟時出

俗呼麥鱊備稿云出指石山下者佳

魴　魾　爾雅釋魚魴魾注音毗魴或作鰟湖雅曰魴魾郎鰟沽吳興掌故春三月有小魴名鰟沽大者三寸亦時物也過清明則瘦又曰形似魴而小故郎以魴名呼之然則形似魴耳非眞魴也備稿以爲郎鯿之小者非

鰷　湖雅曰一作鯈郎白鯈又云郎説文鯈魚釋魚鮂魚黑鰦注郎白鯈魚鯈鮂同字變爲鰷音亦變爲條矣形似白魚而首尾不昂舊志及諸書乃以狀如柳葉之鰲鰷當之誤矣

鰲鰷　湖雅曰形似鰷而小故郎以鰷名之按吾鄉亦曰鰲魚

鱮　郎鰱魚埤雅鱮魚似魴而弱鱗性亦旅行故制字從與亦或謂之鰱也甯化縣志曰小口細鱗肥腹色白形扁略似鯿魚其種來自九江大者味亦美李時珍曰酒之美者曰醥魚之美者曰鱮陸佃曰鱮好羣行相與

也故口鱮相連也故曰鰱傳曰魚屬連行是矣嘉泰志曰鰱鱮也弱鱗而色白北土皆呼白鱮

鱅卽花鰱俗呼鲂頭亦曰胖頭以其頭獨大也詩疏云鱮魚之不美者故里語曰網魚得鱮不如啗茹其頭尤大而肥者徐州人謂之鰱或謂之鱅按此卽今所謂胖頭也鰱之美在腹鱅之美在頭謂不如啗茹亦言之甚矣

鯇卽草魚一名鰀魚有青白二色剡錄爾雅曰鱧鯇也陸璣疏曰鯇似鱧狹而厚江東呼爲鱧魚亦作鯇通雅曰鯇卽鰀魚也以其食草呼爲草魚

鱸嘉泰志曰鏡湖中小者纔數寸許最珍海鱸絕有大者煮熟則鬆淪以沸湯亟取乃脆美可食具區志曰鱸魚潔白鬆軟又不腥在諸魚之上

土附魚或作土步養魚經曰似黑鯉而短小附土而行不似他魚浮水故名山堂肆攷謂之杜父魚又

謂之主簿魚湖錄謂之蕩部南潯志謂之鱸鯉亦謂之
荼花鱸湖雅曰或作渡父土附土鮒土部土哺又名鱸
土皆聲之轉與鮒無涉廣雅鰫鮒也易射鮒禮用鮒莊
子涸轍之鮒呂覽洞庭之鮒皆今鯽魚也宋程大昌演
繁露創爲臆説以古書之鮒悉指爲今之土附反謂埤
雅指爲鯽魚失之至爲謬妄按虞邑荼花黃時者佳謂
之荼花
土步

鮆即鱭魚爾雅鮤鱴刀疏云鱴刀今之鮆魚也九江有
之亦呼爲魛魚山海經郭注鮆魚狹薄而長頭大者
尺餘太湖中今饒之一名刀魚任注即鱭魚魏武食制
謂之望魚本草謂之鱭魚養魚經云鮆魚長者盈尺俗
呼刀鱭初
春出於湖

鱨即黃顙魚亦名鉠軋乾隆府志謂之猰貐閩中海錯
疏云鉠軋本名黃顙四明謂之鉠顙湖州談志謂之
黃鱨魚吾鄉謂之鉠刺雙林志云可發瘡痏嘉泰志引
陸璣詩疏而以爲白條魚誤按陸疏云鱨一名揚今黃

頰魚燕頭魚身魚之大而有力解飛者江東呼爲黃鱨魚據所說則似今之橫鑽魚橫鑽者有力橫飛能鑽者也今魚蕩中有此魚則養魚箔斷悉爲穿穴黃鱨橫鑽音亦相近橫鑽恐即黃鱨也

鱖山海經郭注鱖魚大口大目細鱗有斑彩養魚經云鱖魚仙人劉憑嘗食名桂魚今此魚鄉之人猶有桂之呼張志和漁父詞云桃花流水鱖魚肥萬歷府志云亦桃花時肥按虞邑向無此魚近始有之

鮒即鯽魚呂子曰魚之美者洞庭之鮒鮒小魚也埤雅云此魚旅行吹沫如星以相即也故謂之鯽以其相附故謂之鮒神異經謂東南海中有長八尺者食之宜暑而避風寒湖雅曰鯽當作鰿亦作鰿鯽乃烏鰂之鰂相沿借用不可復正矣又有背黑者名鯉鯽鯽與鯉交所生味劣或云即本草鯽魚一名鰟魮鯽是也嘉慶志云產皁李孔家二湖者佳

銀魚本草銀魚一名王餘出蘇松浙江嘉泰志曰浙河以北所產大如指此州所有僅如箸末然軟美過

之博物志謂之吳餘鱠魚云是孫權食鱠棄其餘水中化爲魚也鄞縣至正志曰爾雅翼釋魚王餘長五六寸身圓如筯潔白而無鱗但目兩點黑耳即此類舊志在比目項下載吳都賦曰雙則比目片則王餘實附會之說非也太湖備攷以大者爲鱠殘魚小者爲銀魚絕大者爲挨冰鱭鄞縣寶慶志云又一種極小者名麪魚按山會人呼爲糊魚吾鄉呼爲梅魚惟梅雨時有故名與小春魚之梅魚別出通明江派濟閘下者佳

鯔　一作鰖一作鰦嘉泰志曰色黑如緇衣故曰鯔魚本草云生江海淺水中今會稽瀕海處皆有之爾航雜錄云似鯉生淺海中專食泥身圓口小骨軟肉細介象與吳王共論魚以鯔魚爲上取其益陰萬歷府志曰其頭微小而扁杭人謂之蛇頭魚魚之最美者然易餒郎鹽者不能數日故難致遠湖雅曰一名子魚獺喜食之按虞邑縣西後海產之

比目魚　湖雅分鰈魪兩種以名鰈者爲爾雅翼之板魚浙謂之鞋底魚亦謂之箬葉魚其狀如牛脾魪

則吳都賦所云雙則比目片則王餘也兩魚合成梭形長四五寸無鱗肌理白膩全似鱠殘魚故亦有王餘之名與鰈迥別今虞邑所產則狀如牛脾之箬葉魚也嘉慶志一名箬獺鄞縣志曰閩中海錯疏四明謂之江箬又謂之箬潔以其行潔潔故名

鮎別名鯷江東通呼爲鮧本草圖經鮧背青而口小者名鮎

石首魚　雅俗稽言石首魚一名黃魚一名洋山魚蓋洋山所出也能鳴網師以長竹筒插水聽之聞其鳴則下網每獲至千餘小者名梅魚頭大於身亦呼爲梅頭出四明梅山洋或曰梅熟魚來也嘉泰志曰本草云和蓴作羹開胃益氣加鹽曝乾食之名爲鯗宏治府志曰生東海中春水既至則羣至海濱淺處散子求魚者聞水底鳴如鴨乃下網其魚夜視有光鮮食甚佳曝乾成鯗海味之珍嘉慶志云來自定海邑後海亦間得之按春初至者吾鄉謂之報春

春魚嘉泰志云似石首而小歲以仲春至岸以此故得
　名鱐鹽浥而乾之曰含肚見大業拾遺記越人鹽
　耕以含肚
　鯗爲上饌

梅魚嘉泰志云小於春魚而頭大最先至一曰當名麋
　魚蓋以善爛得名萬歷志云梅魚梅花時有之按
　俗呼梅
　公頭

鱭魚萬歷府志云其大如筯味頗似建業之鱭魚產餘
　姚之梅嶼溪小麥熟時有亦名小麥魚按虞邑後
　海亦
　有之

鱓一作鱔爾雅翼鱓似蛇無鱗夏月於淺水作窟本草
　云有青黃二色生水岸泥窟中鄉人取以爲臛甯化
　縣志曰鱓腹黃故世稱黃鱓異苑作黃䱇音旦似蛇無
　鱗體多涎沫夏出冬蟄南人鬻鱓以缸貯水畜數百頭
　夜以燈燭之其蛇化者必項下有白點通身浮水上當
　棄之湖雅曰夏日食之易致霍亂故有戒食者按虞邑

多產田中穴土而居田水足
時每爲穿漏鄉人甚患之

鰻 一作鰻鱺一作白鱓埤雅云無鱗甲白腹似鱔而大
青色焚其煙氣辟蠹有雄無雌以影漫鱧而生子本
草鰻鱺背有黃脈者名金絲鰻又云鰻鱺魚乾者名風
鰻宏治府志曰越人每於秋中風潮起時取之謂之風
鰻按小者謂之鰻綫萬歷山陰志
云鰻之初生者數寸瑩白如綫

鰌 一作鰍爾雅鰼鰌疏云一名鰌即今泥鰌也埤雅云
鰌泥鰍似鱓而短無鱗以涎自染難握與魚爲牝牡
莊子所謂鰌
與魚游是也

蝦 嘉泰志曰字書云長鬚蟲也海中大蝦鬚長二丈海
蝦鱐濤潑生食以寀酒殊俊快河蝦可烹食越人謂杜
鵑曰社豹社豹時漁人取小蝦名社豹蝦又有小蝦大
如穅覈曰穅蝦按蝦出溪河者色青黑出江海者色白
色青黑者熟則變赤色白者雖熟不變又一種蘆蝦色
青相傳蘆葦所變又一種泥蝦產田中云是稻花所變

均細
小

介之屬

龜李時珍曰龜首常藏向腹能通任脈故甲可補心腎血皆以養陰也湖雅曰俗呼烏龜小者爲金錢烏龜卵蛇龜即爾雅攝龜也今白龜亦時有之多在古塜中其殼板治顛狂神效龜能害菱菱結實爲其一齧即黑腐業菱蕩者最忌之龜又能啖蚊蠻

鼈俗謂之團魚亦謂之甲魚爾雅翼鼈卵生形圓脊四周有帬按今人皆以充饌其帬尤美南唐僧謙光常願鼈著兩帬洵有以也

黿爾雅翼似鼈而大至一二丈介蟲之元也嘉慶志云邑後海閘有之按出前海大者一二百斤齒迅利非網罟可致近得神仙釣法亦多有獲者

蟹　呂亢蟹圖記云蟹有十二種一曰蝤蛑蟹之巨者兩螯大而有細毛八足亦皆有微毛二曰撥棹子螯足無毫後兩小足薄微闊其大如升三曰擁劍色黃其一螯偏長三寸餘有光四曰蟛螖以鹽藏而貨於市吳人呼爲彭越五曰竭朴黑殼斑有文章螯正赤常以大螯障目小螯取食六曰沙狗似蟛螖壤沙爲穴七曰望潮殼白色潮欲來舉螯如望不失常期八曰倚望大如蟛螖居常東西顧睨九曰石蜠大於常蟹八足殼通赤十曰蜂江如蟹兩螯足極小十一曰蘆虎十二曰蟛蜞大於蟛螖小於常蟹按酉陽襍俎云蟹八月腹內有芒眞稻芒也長寸許向東輸與海神未輸芒不可食蓋蟹至秋深食稻而肥臍尖者爲雄臍團者爲雌團者含黃滿殼尖者白膏盈筐語曰九月團臍十月尖虞邑所產者曰螃蠏出縣西經仲溝者佳曰黃甲蟹亦曰横甲蟹產海邊大於螃蠏其螯無毛曰蟛螖蟹蟹之小者嘉慶志云多出後海曰玉堂蟹似蟛螖稍大二螯有紅色產舜江曹江冬日取其子曰蟹子味亦佳

蟶　本草蟶海中小蚌閩粵人以田種之謂之蟶田呼其肉爲蟶腸山堂肆攷蟶生海塗中穴居似馬刀而殼薄長二三寸性寒能消渴通雅云浙東之蟶皆女兒蟶也而荔支則女兒中之佳者按蟶有大小二種小者尤佳湖雅謂之孩兒蟶宏治府志曰甲蟲之珍味

蚌　爾雅蚌含漿疏曰蜃屬謂老產珠者也一名蚌一名含漿周禮謂之貍物甯化縣志曰易離爲蚌與蛤同類而異形圓者曰蛤長者曰蚌老蚌含珠殼堪爲粉按蚌蛤之大者越中呼爲上湖春亦曰雞冠腹中往往有珠

蛤　即蛤蜊俗呼白蛤亦曰圓蛤乾隆府志曰會稽三賦注蛤有文故謂之文蛤元微之詩鄉味尤稱蛤按梅雨時最肥美吾鄉謂之梅蛤

蚶　爾雅釋魚魁陸注云魁狀如海蛤圓而厚外有理縱橫即今之蚶也萬歷府志曰亦名瓦稜子田種者佳

按今俗稱麻蛤近又有一種大者曰洋麻蛤味遜

蜆形似蛤蜊而畧小有黑色黄色二種黄者曰黄蜆黑者曰墨蜆味不甚佳黑者尤劣

螺螄一作嬴易離爲嬴亦作蠡爾雅翼公輸般效蠡閉戶而設門殼有旋紋形似蝸牛多生水岸邊淸明前肥可食湖雅曰畜青魚者必以此飼之故有螺螄青之名又一種狹長而細者爲海螄亦曰香螄

田螺大於螺螄生水田中稻熟時尤肥冬則伏於泥中可抉土取之

吐鐵萬歷府志曰狀類蝸而殼薄吐舌含沙沙黑如鐵至桃花時鐵始吐盡味乃佳按桃花吐鐵最佳據姚燮詞所謂桃花吐鐵者乃定海桃花山所產者耳

蟲之屬

蠶嘉泰志曰蠶陽物也惡水蠶書曰飼蠶勿用雨露溼葉蓋蠶性惡溼春蠶多四眠餘蠶皆三眠越人謂蠶

眠曰幼謂之幼一幼二幼三幼大蠶死則謂之眠熟故諱之而謂之幼按虞俗勤儉頗擅蠶桑之利採飼之法亦極詳備養蠶者謂之看蠶所看者止頭蠶二蠶出蛾生子留爲來年蠶種不養再出之原蠶嘉泰志謂民間一歲至有三蠶者今無是也

又按殭蠶蠶砂皆入藥品

蜜蜂能造蜜者爲蜜蜂一日兩衙應潮上下主蜂所在則羣蜂旋繞之故世謂蜂有君臣禮又蜜蜂採花皆挾於腿腰獨採蘭則負於背昔人謂蘭品珍貴蜂亦重之非也蓋蘭心獨大幾如豆粒勢不能挾於腿故背負之非重蘭也余曾目驗而知之

黃蜂黑蜂甯化縣志曰蜂類甚多形畧相同色黃者居九黑斑者十一其螫人有甚有不甚然人萌擊撲之心蜂乃螫人人忘殺機即安行而入蜂市不相傷也採瓜果之人有畏螫者人教咬舌尖而往蜂果飛颺而讓避所謂術也

蠮螉　湖雅云即蜾蠃蒲盧俗名鐵胡蜂又名獨脚胡蜂又云陶宏景曰蠮螉生子如粟米大捕取草上青蜘蛛以擬其子大爲糧詩云螟蛉有子蜾蠃負之言細腰物無雌皆取青蟲教祝便成成已子斯爲謬矣寇宗奭李時珍及爾雅翼並從陶說是也

鼅鼄　一作蜘蛛本草云蜘蛛有十餘種爾雅所載七八種耳格物論云能於空中作懸網狀如魚罾者名蚍蟱按一種草蜘蛛背有花紋或成好女形眉目宛然如施粉黛亦一奇也

蠨蛸　爾雅蠨蛸長踦疏云小蜘蛛長脚者一名長踦俗呼爲喜子

壁蟢　事物原始云壁蟢子也一名壁蟢能捕蠅作窠於門壁之上其結窠似幕其圓大如錢山堂肆攷云壁錢蟲似蜘蛛而身扁俗呼爲壁蟢一名扁蟢一名壁鏡

蠅虎　古今注蠅虎蠅狐也形似蜘蛛而色灰白善捕蠅一名蠅蝗一名蠅虎子山堂肆攷謂之蠅豹

蠼螋湖州談志曰蜘蛛又有緣壁而大者能齧人影成瘡腫湖雅曰此非蜘蛛乃蠼螋也廣雅作蛷螋按今俗稱八脚

螳蜋爾雅疏不過一名蟷蠰一名蟷蜋又云莫貈一名螳蜋一名蝆郎上不過也捕蟬而食有臂若斧奮之當軼不避按其子曰螵蛸本草別錄云桑螵蛸桑枝上螳蜋子也

蜨亦作蝶安吉劉志云有小蝶花蝶蝴蝶蛺蝶等種古今注蛺蝶一名野蛾大者謂之鳳子又名鳳車採蘭襍志謂之春駒甯波志云土人呼黑而有彩者曰粱山伯純黃色者曰祝英臺

蜻蜓爾雅疏一名負勞一名桑根方言謂之蝍蛉呂覽注謂之白宿古今注謂之青亭又名赤衣使者又曰赤弁丈人埤雅云蜻蜓六足四翼遇雨即多好集水上

蠛蠓湖雅曰即醯雞俗名蠓蠛子列子謂之蠓蚋郭璞所云風春雨磑者也又稻稈及花草上多有抱稈

小蟲俗名蠓蟲又名蟎蟲有有翼者有無翼者皆蠛蠓之類蟲多則苗悴以菜油灑莖上可除按此蟲今俗呼油蟲

蝗詩傳曰食心曰螟食葉曰螣食根曰蟊食節曰賊陸疏云此四蟲皆蝗也實不同按飛蝗之害南方較少久旱則有之捕蝗之法陳芳生捕蝗攷言之甚詳又蝗子曰蝻即爾雅所謂蝝蝮蜪也

蚱蜢即阜螽物類相感志阜螽如蝗蟲江東人呼爲蚱蜢蜢小者即土螽爾雅疏云土螽一名蠰谿今謂之土蝶江南呼虴蛨又名蚱蜢似蝗細小善跳者是也湖雅云蚱蜢小而頭尖俗呼尖頭蚱蜢又云土螽即泥蚱蜢色黑而小亦呼泥虼蚤

蚊蚋夏小正疏白鳥蚊蚋也湖雅曰說文秦晉謂之蜹楚謂之蚊是蚊蚋一也後人乃分大曰蚊小曰蚋按花腳者爲豹腳爾雅翼蚊生草中者吻尤利而足有花文吳興號豹腳蚊子蘇軾詩風定軒窗飛豹腳即此

也又按蚊有爲水蟲所化者爾雅翼惡水中孑孓所化又有爲鳥所吐者爾雅鶌蚊母注云此鳥常吐蚊故因以名圖史補江東有蚊母鳥亦爲之吐蚊鳥

蚤山堂肆攷蚤生積灰俗呼爲疙蚤或曰布穀鳥所吐蚤如蚊母之吐蚊也故三月蚤多至四五月漸衰格物總論蚤出於塵土間或以爲蟻化聞見錄云以芸香置席去蚤五雜組云治蚤者以桃葉煎湯澆之盡死湖雅曰以茱子殼散布席上須臾蚤皆匿其中乃掃而棄之

蝨說文蝨齧人蟲也蟣蝨子也抱朴子云頭蝨著身皆蝨稍變而白身蝨處頭皆漸化而黑蓋頭蝨皆黑身蝨皆白也

螕湖雅云說文螕齧人飛蟲也段玉裁注欲改人爲牛螕不知螕齧牛亦齧人也以人爲重故但云齧人耳俗呼牛螕又有牛蝨一名牛螕螕音轉讀如鼈

蠅　湖雅曰俗呼蒼蠅有麻蒼蠅青蒼蠅食糞則變金色曰金蒼蠅青蒼蠅一名飯蒼蠅朿疔不走黃塗瘡疤生髮蠅生子為蛆又有狗蠅或呼狗蠨蠨亦讀如鼈按狗蠨不能飛與狗蠅是二物乃狗蝨也

蜚　湖雅曰有二種一曰蜚蠊俗呼糊塗蟲一名行夜俗呼鰶櫕蟲皆臭蟲也按鄞縣志以行夜為蟑螂

蠘蜋　湖雅曰或作蠏蜋蠘即蟑螂一名蛸蛷蟲亦臭蟲也本草綱目拾遺謂即蜚蠊非也治疔毒臌脹小兒疳積人家竈上最多生舟中者不臭不入藥

蛣蜣　爾雅疏蛣蜣一名蜣蜋噉糞土喜取糞作丸而轉之莊子蛣蜣之智在於轉丸按能化蟬

竈馬　酉陽雜俎竈馬狀如促織稍大腳長好穴於竈側俗言竈有馬足食之兆山堂肆攷云竈蟲一名竈馬一名竈雞無翼而褐色身弱而易死其聲亦曰織織湖雅曰形與蟋蟀並似蟋蟀惟不能鬬

飛蛾　符子不安其昧而樂其明是猶夕蛾去暗赴明而死也湖雅曰俗呼撲燈蛾又名粉蝇凡能飛之蛾

皆喜撲燈形色不一又有小蟲如蟻蠓青色亦喜撲燈
按此即俗所稱青蟲亦喜投水能游行水中入油則死
又按撲燈蛾
俗名耍火

絡緯即草螽袁宏道促織志有一種似蚱蜢而身肥大
京師人謂之聒聒南人謂之紡織孃食絲瓜花及
瓜瓤音聲與促織相似而清越過之露下淒聲徹夜酸
楚異常俗耳爲之一清湖雅曰俗呼紡績孃陸璣詩疏
所謂草螽奇音青色者即詩之草蟲也又一種俗名叫
哥哥小者曰蟄兒形近絡緯而鳴聲不同按此即蟈蟈
兒蟈之轉
音即哥也

螘一作蟻爾雅疏螘通名也其大者別名蚍蜉大而赤
色斑駁者名蠪一名杙螘方言蚍蜉齊魯之間謂之
蚼蟓西南梁益之間謂之元蚼燕謂之蛾蜉其場謂之
坻或謂之垤古今注謂之元駒按亦呼螻蟻俗稱馬蟻

白螘最喜齧本連甍大廈往往爲所蝕比湖雅以爲即
飛螘亦有黑色者按白螘亦有兩種飛者齧木猶

可不飛者更甚

蛭　湖雅曰即釋魚及說文蛭蟣也俗名馬蟥能入人肉吸血青靛調水服可解其毒雞誤食之有死者斷之猶活以鹽及石灰糝之則化爲水

蛇　蛇類名目甚多毒有甚有不甚惟采花蛇無毒人家常有之

蜥易　似守宮而大博物志有蜥蜴求雨法湖雅曰即石龍子俗呼四脚蛇蜴星歷切即蜥之或體諸書皆誤以蜴爲易字當從說文作易

守宮　湖雅曰即蠍虎俗名水潛龍諸書多以蜥蜴守宮爲一物唯漢書東方朔傳分爲二是也守宮尾細而易斷斷後節節皆活蜥易尾粗而與身連雖有四足截然各異按一名蝘蜓說文在壁曰蝘蜓在草曰蜥易

鯪鯉　即穿山甲入藥品

蜈蚣　五襍俎蜈蚣長一尺以上者則能飛龍畏之常爲雷所擊一云龍欲取其珠也抱朴子蜈蚣見蛇能以氣禁之蛇卽死按雞喜食蜈蚣有爲蜈蚣螫者急以雄雞涎塗之卽愈否則雞鳴時痛亦解蓋氣類相制也

馬蚿　湖雅曰一名鵋一名馬陸一名百足蟲亦呼百脚又有蚰蜒一名入耳同類其形並似蜈蚣

蜩　說文蟬也毛詩稽古編曰爾雅蜩蜋蜩螗蜩首一蜩總諸蜩也蜋蜩與螗蜩七蜩中之二也湖雅曰俗統名蛀蟟亦作遮了亦作知了又云古人入藥用蚱蟬今用蟬蛻

蜉蝣　爾雅疏云蜉蝣一名渠畧南陽以東曰蜉蝣梁宋之間曰渠畧朝生暮死湖雅曰有生水上者名白露蟲

螻蛄　一名蟪蛄本草一名夫螻廣志小學編云會稽謂之蝹蛄邵氏爾雅正義曰穴地而生立夏後鳴聲如蚯蚓湖雅曰爾雅釋蟲螜天螻注螻蛄也夏小正曰螜則鳴喜夜鳴聲如蚓聞者無以別也

蚓　爾雅疏云螼蚓一名堅蠶郎蛩蟺也蛩蟺蚯蚓也江東呼爲寒蚓高誘曰蚯蚓生乎土一名螼一名蜸蟺一名朐腮一名土龍又名蜷蝙白頸是其老且大者也湖雅曰俗名曲蟺亦作曲蟮白頸者入藥用名地龍

螢　崔豹古今注螢火一名景天一名丹良一名燐一名丹鳥一名夜光一名宵燭本草綱目云有三種一種能飛有光乃茅根所化呂氏月令腐草爲螢是也一種長如蠶尾後有光無翼乃竹根所化亦作蠲明堂月令腐草爲蠲是也一種水螢居水中湖雅曰有化生初似蛹名蠲亦名螢朏俗呼火百腳後乃生翼能飛爲螢有卵生今年放螢於屋內明年夏必出細螢

蟫　爾雅疏云衣書中蟲一名白魚一名炳魚本草謂之衣魚湖雅曰穆天子傳蠹書於羽陵古書乃簡策非縑紙必非衣魚所能蝕乃使衣魚千載獨蒙蠹書之名冤矣按此辨雋快可喜

蠹　廣雅食木蟲也本草云亦名蛀蟲

土鼈本草陶注形扁如鼈故名土鼈湖雅䗪蟲俗名地鼈亦呼灰鼈土鼈雄者以刀斷之自能連屬能制白蟺又有伊威一名鼠婦同類或合爲一物則非

蟋蟀詩疏蟋蟀一名蜻蛚楚人謂之王孫幽州人謂之趣織里語曰趣織鳴懶婦驚是也古今注蟋蟀一名吟蛩一名蛩秋初生得寒則鳴一云濟南呼爲懶婦又云莎雞一名促織一名絡緯一名蟋蟀促織謂鳴聲如急織絡緯謂鳴聲如紡績也促織一名促機一名紡緯按絡緯似蚱蜢鄉草螽非蟋蟀也又五襍俎云促織惟雌雄者有文采能鳴健鬭雄者反是以立秋後取之白露則夜鳴求偶以雄進不當意輒咋殺之又進又咋則爲將軍殺三雄則爲大將軍持以決鬬所向無前湖雅曰鬭蟋蟀者爭賭財物謂之開柵場有以此傾家者雄者三尾雌者兩尾兩尾者鬭育之陶盆中不啻慈母之愛子及鬭敗則磔裂而棄之以飼雞飼蟺按此風山會有之虞邑尚鮮湖雅又云有小如豆米者曰金鈴子鳴聲甚微不能鬭亦畜以爲玩按又有一種大者俗呼牛

卽令卽令象其鳴聲牛者言其大也

蟾蜍　湖雅曰俗呼癩龗或曰癩團或曰癩蛤蚆身多排癗目中白汁曰蟾酥入藥品

蝦蟆　湖雅曰俗亦呼蛤蚆背有黑點身小善跳能鳴作呷呷聲

鼃　一作蛙俗呼田雞亦曰水雞生稻田者尤肥可食以其能食害稻之蟲故常爲官府所禁人亦戒食之

螻蟈　雙林志云卽吠蛤在水田鳴其聲甚繁農家云三月三日多不鳴鳴則歲必稔按此語越中亦有之又湖雅云鳴聲如曰孤格孤格俗亦呼蛙呼田雞而不可食或以此爲鳴蛙蛙爲青蛙以別之

蝸牛　爾雅蚹蠃一名螔蝓郭注蝸牛也說文蝓蠃背負殼者曰蝸牛古今注蝸牛陵螺也形如螔蝓殼如小螺宛轉有文章曰華子云蝸郎負

殼蜒蚰　按本草綱目俗名蜒蚰蠃

蜒蚰　說文無殼者蛞蝓山堂肆攷蛞蝓俗呼涎牛又名蜒蝣本草蛞蝓一名土蝸一名蠡牛亦曰瓜牛按

蚹蠃螔蝓蛞蝓諸書說各不同似可爲無殼有殼之通稱唯稱爲蝸牛者則確是有殼稱蜒蚰者則確是無殼耳爾雅翼云似小蠃白色生池澤草木間頭有兩角行則出驚則縮首尾俱藏入殼中盛夏日中則自懸樹葉下往往升高涎沫旣盡隨卽槁死以其有兩角故以牛名此有殼之蜒蚰也聞見錄云陰溼之下蟲名蚹蠃每循牆上升掉首弓腰盤礴委曲未半途則沫旣涎竭精潰力竭竟黏壁而死此無殼之蜒蚰也湖雅曰或曰當名涎游不必借毒蟲蚰蜒二字而倒用之亦似近理

蜎 卽孑孓俗名水蛆能化蚊

强 湖雅曰釋蟲强蚚卽米中小黑甲蟲俗呼揚子按吾鄉俗呼强子亦曰强蟲

米蟲 米湖雅曰身白頭黑似蛹生米廩中纏米以自固米中多置蟹背殼則不纏

金石之屬

鐵雜溪沙中淘而出之南鄉多鐵廠棚民之寄居者多業此

鍾乳梅福四明山記云南一峯石壁數穴生石乳

石燕梅福四明山記云南峯之北巖生石燕按本草石燕有二種據全祖望詩則似禽然以鍾乳推之恐是石乾隆府志石燕厠鍾乳紫石英間則亦以爲是石今禽類石類兩存之

紫石英產縣南琵琶山玉色光明似玉

甎瓦嘉慶志云甎瓦出不一處惟阜李湖堅實尤佳

飲食之屬

鹽詳見鹽法

酒紹興之酒甲於天下皆山會兩邑酒也然虞邑所釀亦不亞山會唯不及山會之盛耳有名冬報酒者尤

佳

醋事物原始云今用米如造酒法上者色紅名珠兒滴醋按今醋用米釀者佳曰米醋別有壞酒變酸者亦可作醋曰酒醋味淡不甚佳

糟未蒸燒酒者爲香糟可以糟雞鴨之屬香味殊勝既蒸燒酒則純爲糟粕飼豬而已

燒酒即火酒糟中之精液也蒸而出之亦有用大麥者曰麥燒

楊梅燒鮮楊梅以燒酒漬之夏月飲之最能消暑可蓄至數年不壞

甜酒俗呼蜜林檎

醬屑豆麥爲餅和鹽水煮之或日曬之即成醬紅色者爲紅醬黑者爲生麪醬可以醬瓜蔬之屬又霜降時釀者曰霜降醬

食當作甚

醬油　即醬之汁液也

菜油　蕓薹菜子所造可注燈亦可食

麻油　胡麻子所造香壓諸油入饌最佳

豆油　雖可食而味不食佳故多用以炷燈

蜜　蜜蜂所釀冬月取之其渣滓爲黃蠟

餳　以米爲之釋名餳洋也煮米消爛洋洋然也飴小弱於餳形怡怡也蓋稼穡作甘不必蔗漿始甜也虞俗雅善製此名小鑊糖以玫瑰桂花或脂麻薑汁爲餡者尤佳

豆腐　以布包壓成小方塊者曰豆腐乾亦曰香乾壓爲薄片者曰千張未凝結爲腐者曰豆腐漿漿面之衣曰豆腐皮切豆腐成方塊油熬之曰油豆腐又豆腐黴爲乳腐以醬醃之者色紅曰紅腐乳以鹽醃之者色

白曰白腐乳色青曰小青方以糟醃之曰糟腐乳虞俗製白腐乳浸以酒汁經年不壞味最佳

豆豉　豆和醬製成

油煎豆　去殼者曰玉蘭豆不去殼四劈之離而未絕者曰蘭花豆皆蠶豆爲之

筍乾　亦曰筍脯詳竹屬

藕粉　野藕粉尤佳市中往往以山粉襍之備槁云出縣西皁李湖者佳

醃菜　菘芥俱有

乾菜　菘芥俱有惟白芥鹽漬風乾用壜築實曰倒築菜虞邑最爲著名

魚乾　青魚最佳

蝦乾　海蝦溪蝦俱有

茶詳見茶屬

年餻亦曰餈餻歲暮家家爲之吾虞土産此爲上品出南鄉童郭者尤佳其土性宜於秔也　國朝王煦詩三三五五鬧中宵碓杵聲隨鼓角高叵耐老人眠不得披衣坐聽擣年餻

角黍青箬裹稉米爲之名雖爲黍非實以黍也俗呼糭子度歲及端陽皆用之

湯圓稉粉爲丸度歲祀竈用之又有大於湯圓者曰燈圓元宵用之

蠶繭果稉粉和餹爲之作細腰形養蠶者以祀馬頭孃

月餅中秋祀月賞月用之兼饋親友

餛飩有湯餛飩蒸餛飩或油煠之亦佳冬至薦祖或用之

餃米粉爲之有餹餃肉餃成尖角形者爲水餃卽水角子麪粉起油酥者曰酥餃蕎麥粉者曰蕎麥餃以佛

耳草擣和者
曰艾青餃

麪　卽湯餅也生日用之曰長壽麪又夏至
祭祖或用之諺曰冬至餛飩夏至麪

燒餅　備稿云出梁湖者佳　國朝李端本詩餅成如月
更如酥爲慶團圓巧樣模製法不齊名各異由來
珍重是
梁湖

方餻　秔粉爲之餡豐於餹故味佳南貨鋪及茶食鋪所
市尋常不作惟夏間買之亦不多作市者必爭先
購之始得最著名
差小者曰茯苓餻

茶食　餅餌之屬不勝枚
舉以茶食統之

布帛之屬

絲　蠶成繭後取繭烘乾然
後入鍋以繅車抽之

緜繭外散絲裝
衣裏奇溫

緜綫　南潯志云銅叉木柄左手擎之置緜於叉上叉有木鋌貫銅錢十數文上貫蘆管其形如錘以右手旋轉撚緜成綫繞管而積按此與吾鄉頗相似吾鄉謂之打緜搭綫

絲綢　繅絲所織甚光淨不作花紋

緜綢　即緜綫所織光淨不及絲綢

棉花　即木棉花有草木二種虞邑所植者皆草棉也備稿云出縣西北下七鄉

棉絲　紡棉成絲可織布亦可縫紉

冬布　即棉絲所織亦名土布

苧綫　夏間婦女漚麻漬之至秋乃紡成綫又和石灰煮之漂水中月餘潔白如雪縣西西華窰人多業漂

綫者

夏布即麻布有粗細二種

紗篩紗備稿云出縣西黎壑　國朝王煦竹枝詞黎壑撐絲細織紗奄絲蟬翼莫須誇不傳女子傳新婦闔縣從無第二家

四緊紗宋陳文信上虞帖云上虞素出四緊紗見岳珂寶晉齋法帖贊

紙筆之屬

紙嘉慶志出縣南鄉備稿云格古要論上虞縣有大箋紙一種至厚一種稍薄按今南鄉多紙廠皆以嫩竹爲之精者質白而堅粗者質黃而鬆

烏金紙嘉慶志出縣西北蔡林今惟九都趙姓人能製之閩亦傳媳而不傳女恐傳其法於外人也

貍毛筆正統志云香貍之毛可爲筆萬歷志云擇貍束筆

日用之屬

蠟燭萬歷府志云多以桕油作之甚堅耐燒

桕油俗呼白油桕子所榨澆燭甚堅又色青者曰青油用以注燈

花油木棉花子所榨祇可注燈不以入饌

桐油塗澤器皿及檐柱之屬亞於漆誤食之則瀉

柹漆取青柹擣爛和水釀成可漆雨傘

雨傘甚堅靭可久用出城中

香柴出雞山采製爲香最佳

薪　斫松樹爲段曰大柴襍樹細枝帶葉者曰箬柴

炭　有白炭條炭桴炭窰炭之名

鹹灰　鹽竈敗蓮上灰可以糞田

栳皮　出黮山

靛青　藍草之汁以染藍色

棓子　染皁色

槐花　染緑色

桃樹果　染黑色

上虞縣志卷二十九

食貨志

積儲

常平倉正統志云在縣治儀門東南元至正丙戌尹于嗣宗簿列沾沙勉諸里正就以僧人助役錢剏建廢久萬歷志云在縣儀門東南今廢嘉慶志云在縣治儀門外西側及聽事內外兩旁朱紹興間令趙不摇建　國朝嘉慶三年令方維翰將聽事外兩旁改爲六房辦公之所改建是倉於典史署前今亦久廢

便民倉二一在西門外嘉靖間令李邦彥移置等慈寺東其西門舊倉基通計八畝外堂三間曰龍光駐節廳曰望湖堂後曰報功祠以奉邑令鄭公朱公楊公香火門左右店房前後共二十間其中空地俱栽桑作圃歲收花利可贍公費一在驛亭堰萬歷志萬歷三十二年令徐待聘將遺趾改爲義塚康熙志

預備倉附便民倉內萬歷志舊在縣西門外明嘉靖四十三年令李喻齊從耆民霍世恩請改建等慈寺旁未落成李令補諫議去令楊文明續成之嘉慶志○邑令楊文明記曰上虞預備倉

舊在縣西門外頹圮日久耆老霍世恩等呈欲修葺且稱舊倉有大不便者二一曰地坐城外巡邏弗嚴守之者寡窺之者衆是倉適以啓盜也一曰縣孔道倭寇數經萬一匪茹而城之攻其據倉取食必矣是倉適以資寇也故莫若徙之便虞令喻齊李公韙其議上之監司暨部使者僉報曰可爰相城中得等慈寺旁隙地一所周圍凡五十七丈集公鳩材敏於經始頃之李公以遷諫議去余適承乏之重茲偉圖懋終厥緒椒為倉廒二十二間繚之以垣固之以門愼密而免為侵耗爽塏而免於溼爛通邑之人驩然以為得所惟是通邑樂於徙故費亦取諸通邑是役也肇庚申九月二十五日訖癸亥三月二十日嘉靖四十四年乙丑孟秋撰

國朝雍正五年添建倉廒九間每間貯穀五百石七年添建九間八年添建十一間浙江通志後廢僅存基趾道光間署令楊溯泮改建為經正書院備稿

米倉在縣門內北燬兵正統志　米倉在縣門內今廢萬曆志

際留倉在縣治西廡右今廢正統志

社倉分設在各都祠廟中積穀備荒道光五年邑令周公鏞奉部議建立

邑令周鏞勸捐社倉引

救荒無奇策然而不可無策策之於未然積貯而已矣常平倉貯於官者也謹其蓋藏時其出入而民已受賜社義各倉貯之民者也藏民間自備之粟供民間不時之需經理得宜利較常平爲更溥然小民可與觀成難與慮始是在倡之得人勸之有法而已歲之初夏奉大憲檄籌所以備荒者諄諄以義倉爲善其時雖豐稔有象而場穀咸登思所以藉手報命而不能邀天之庇邑大有秋際此盈甯之告成益思天災之代有爰舉大憲之剴切曉諭者一一爲吾民共示之使咸悉乎法良意美纖悉不遺之至意吾虞風俗淳厚必有樂善好施之士競相勸勉爲鄉里表率以共成此舉者嗟乎邑有令

守此土者也任守土之責使蚩蚩赤子偶逢偏災飢寒流離而無術爲之補救其咎謂之曠職邑之諸君子籍此土者也生長於斯聚族於斯偶有偏災其饑寒流離者非祖宗之遺支卽閭里之姻婭而無術爲之彌縫其咎謂之不仁不仁之咎與長吏之曠職等夫以一家之有餘補數家之不足以平時之有餘補臨時之不足以豐歲之有餘補歉年之不足其事至重而其力易行是在諸君子之共竭其力耳破慳解囊成裘集腋亡羊補牢不言晚口乾舌敝不言勞自免厥咎而長吏之咎亦藉以幸免矣福田廣益之說非可溷仁人長者之聽也

日久漸廢二十年署縣事龍公澤澔查復計一百六十處藏捐穀萬七千八百餘石錢八百餘緡社田三百畝詳定條規由該地紳士董理春放秋收今或存或廢備稿

咸同間匪亂盡燬光緒四年知縣唐煦春奉憲札照江

西章程辦理積穀派捐一萬六千石已勸捐足額或仍舊倉基址或寄祠廟其未及建倉者暫存各紳富家十五年秋霪雨成災散賑積穀九千九百七十石六斗四升六合尚存六千二十九石三斗五升四合其散去之穀俟豐年勸捐補足

見存各倉

一都社倉　一在梁皇廟　一在智果寺

三都社倉　一在孔長官廟　一在視聖廟

八都社倉　設嵩鎮市東暎水菴

十都社倉設百官大舜廟右廊即道光間舊倉

十八都社倉一在一里丁宅街聖官廟即道光間舊倉基址　一在三里澄照寺

二十三都社倉一設大陡坂　一設朱巷龍王廟　一設湖頭

鎮都社倉設五夫鎮

鹽法

疆域

曹娥場在會稽縣曹娥鎮東至曹娥江百官渡一里至石堰場界五十里南至三界四十里北至三江場界八十里西至縣八十里兩浙鹽法志

金山場在上虞縣十都百官鎮地方距運司二百五十里所轄場地東至石堰場界西至西匯嘴界南至曹娥場界北至海延袤四十五里（重修兩浙鹽法志）

金山場在縣十都百官鎮地方東至石堰場界四十九里西至曹娥鎮三里南至三界四十里北至三江場七十五里（乾隆府志）

鹽官（越絕書朱餘者越鹽官也越人謂鹽曰餘）

金山場鹽課大使一員住百官

乾隆五年七月吏部為遵

旨議奏事據浙江巡

撫兼管鹽政盧焯疏內稱曹娥舊場原署東扇在上虞
縣地方聚有百官瀝步東南等團共竈二十四條歸新
設場員管理衙署即於東扇百官鎮擇地建造其地有
金雞山即名金山場請照新名給以印記其員缺請以
部發人員胡宏智補授所有員下俸銀應請於本縣正
項內編設每年支給照例報銷至駐劄衙署請照佐貳
等官建署之例撥給銀一百六十兩飭令搬造應設攢
典門皂馬夫等役照各場之例額設募充所需役食銀
兩亦於本縣編設支給等語均如所請臣部行文禮部

照例鑄給印記仍令該撫將分征課稅數目及建造衙署動用銀兩款項當即造具清冊咨報戶部查核可也奉

旨依議欽此

金山場大使俸銀三十一兩五錢二分本縣支給加俸銀八兩四錢八分藩庫支給皂隸二名工食銀一十二兩本縣支給增設皂隸二名工食銀一十二兩藩庫支給增設門子一名工食銀六兩藩庫支給增設馬夫一名工食銀六兩藩庫支給○重修兩浙鹽法志

場地

曹娥場辦課灘蕩一萬八千九百七十八弓

本場上中下各則稅蕩二萬八千五百五十二畝二分七釐七毫四絲六忽內原額稅蕩二萬四千二百三十六畝八分六釐八毫五絲　報陞稅蕩三千九百一十二畝二分二釐七毫九絲六忽　備荒稅蕩四百三畝一分八釐一毫　又征正項車兩木稜拖船稅　又備荒車兩木稜稅○兩浙鹽法志按此乃東西扇合併數也

金山場額分辦課灘場八千七百二十七弓九尺七寸二分

本場額分上中下各則稅蕩一萬六千二百三十一畝四分七釐七毫二絲五忽

本場續陞塗蕩六千七百九畝八分三釐二絲八忽五微

本場係曹娥場分設所有劃給東扇灘場蕩田塗地及乾隆九年十六年續陞塗蕩六千七百九畝八分零詳載由單今照現征開列重修兩浙鹽法志

竈丁萬歷府志曹娥場十四團二千九百二十三丁

曹娥場竈丁四千一百七十七丁口兩浙鹽法志

金山場竈丁一千二百九十一丁口重修兩浙鹽法志

本場竈丁二千二百五十二丁口嘉慶志

食鹽戶口

上虞縣戸口人丁三萬七千九百七十七丁口兩浙鹽法志

課額

上虞縣額征功績等銀一百九十六兩八錢七分四毫

上虞縣額徵水鄉銀四十二兩九錢八分八毫三絲五忽

滴珠銀四錢二分九釐八毫八忽三微五纖以上兩浙鹽法志

金山場額徵銀七百八十四兩七錢五分三釐滴珠銀七

兩八錢四分八釐共正珠銀七百九十二兩六錢一釐

是場乾隆五年分設應徵上虞縣屬曹娥場額課銀七

百一十五兩三錢三分三釐乾隆九年至十六年止共

實陞銀六十九兩四

錢二分統徵前數

上虞縣額徵牙稅銀二兩五錢滴珠銀二分五釐

上虞縣額徵備荒銀八兩滴珠銀八分

金山場分徵上虞縣屬曹娥場額征備荒銀五十一兩滴

珠銀五錢一分以上重修兩浙鹽法志

金山場額徵正課滴珠銀八百六兩八錢四分六釐兩浙鹽法

續纂

備考

鹽課已入地丁者歸縣徵解未入地丁者隸縣隸場隨

時定制有竈丁竈蕩竈糧各課有正課新陞車珠等額

凡沿海沙塗田地東坍西漲此盈彼縮雍正七年奉文

查丈至今歷鹺糧數俱有定額乾隆府志

場竈宋史食貨志紹定元年以侍御史李知孝言罷上虞餘姚海塗地創立鹽竈

金山場舊團額　瀝湖團　百官團　後郭團　前江團

雁埠團　東上團　東下團　南上團　南下團

新聚團額　雁埠團十一竈　東團十四竈　塘灣團五竈　百官團一竈　共四團煎竈三十一座鍋盤三十一副俱筏盤乾隆府志

現煎團額　雁埠團　東團　塘灣團　百官團煎竈向有三十一座現煎者不過十餘竈因銷路阻滯啟閉靡常不能確指爲某團幾竈也○金山場冊報

金山場所產鹽斤配銷上虞嵊縣肩票二引外餘配季鹽竈戶均領商本煎燒定例每竈按旬交鹽一萬斤兩浙鹽法志

煎辦

煎法用刀刮土以牛挽之貧則人力挑積堆垛傍築小槽如坑廣四尺長八尺封塗於底覆以剖竹鋪以淨茅實土二十四擔於槽上灌沃淸水滲及週時泥融水溢滷方流出池內隨土之鹹淡而爲滷之多寡此係舊志原文於煎辦之法尚未明悉詳考於左

謹案西溪叢語及海鹽圖經所載煎鹽有刮土掊灰刺滷澳滷攤曬試蓮諸法其法於傍海近潮之處開闢坦地剷去草根光平如鏡名曰攤場又謂之灰場分上中下三節近海爲下場以潮水時浸不易乘日曬也其中爲中場以潮至即退恒受日易成鹽也遠於海爲上場潮小不至必擔水灌灑方可曬土也凡潮汎上半月以十三日爲起水至十八日止下半月以二十七日爲起水初三日止潮各以此六日大滿故當潮大三場皆沒自初三十八以後潮勢日減先曬上場次曬中場最後

曬下場故上中每月得曬二場下場或僅得其一也灰場者言其土細如灰也盛夏二日或三日秋冬四日曬力方足嚴冬則西北風尤勝日曬也所刮之土三月者俗謂之桃花土六月者謂之伏土九月者謂之菊花土伏土最鹹桃土菊土次之試蓮之法採廣東石蓮用兩竹管約長六七寸並縛於細竹竿頭分置十蓮於管內管口用竹絲隔定採入滷井滷沃蓮浮浮三四蓮味重五蓮俱浮尤重浮取其直若橫直相半則味薄蓮沈於底則其味薄滷不成鹽　重修兩浙鹽法志

鹽斤

每滷四擔成鹽一石兩浙鹽法志

每滷一擔成鹽二十五斤乾隆府志

色味

其色白其味鹹兩浙鹽法志

倉厫

永金永利兩倉兩浙鹽法志

引目嘉泰會稽志上虞每歲住買入千七百斤萬歷府志曹娥場十四團二千九百二十三丁濱海

本色鹽二千六百七十四引五十四斤二兩有奇折

色鹽二千五百七引九十七斤二兩有奇水鄉折色

鹽二百十四引一百八十斤
十三兩有奇於上虞縣帶徵
鄞縣慈谿象山餘姚上虞五縣派行引目一萬一千五百
六十六引商肩莭銷重修兩浙鹽法志
上虞縣年銷票引一千五百四十引又計丁加引七百五
十引共銷二千二百九十七引兩浙鹽法志
上虞縣年銷票引六百五十引又計丁加引一千四十一
引共銷一千六百九十一引重修兩浙鹽法志

肩鹽

各縣票引原有派定配銷場分法禁奸販越買以侵引地

亦藉以歲稽各場竈戶煎鹽數目以杜售私但許小販肩挑不得違例船載致滋影射夾帶轉販之弊其各縣肩引止於本縣城鄉市鎮貨買越境者治罪至商人給引肩販限滿即准繳引不得刁蹬措擱以苦窮民重修兩浙

鹽法志

肩販定例由商給保領引挑銷額引一道赴挑八日對竈支鹽每日一百斤由場稱驗蓋戳按照定界挑銷各於要路設有巡役盤查前經乾隆四十三年兩江總督高晉會奏浙江老少鹽斤案內奏明各縣肩販人數多

寡不等嗣後間有增添亦仿貧籌之式設立販籌載明姓名年貌居址由司申詳鹽政烙給不許籌引相離以嚴稽察重修兩浙鹽法志

本縣肩販十六名每年額銷一百二十引

雍正八年奉前宮保李稟核題定該縣地方毘連場竈接壤肩住引地額設住引商鹽於城鎮開張店銷之外設立肩鹽捍衛住地年銷肩引一百二十引肩販十六名例定在於小穴嵩下瀝海梁湖蒿壩五鎮挑銷其間村市繁多自三都至十一都共計九都皆銷肩引上連

住地十二都上浦爲界下連住地二十一都華渡橋爲
界各分界限久定章程并於該處立石爲限以示遵守
嘉慶
志
鹽釐總局議定章程向章紹屬肩販鹽斤出於東江錢清
曹娥金山石堰五場行銷山陰會稽蕭山餘姚上虞五
縣以八百斤爲一引每日定銷百斤限以八日挑銷逾
限即以私論向給籌牌爲憑自遭賊擾以後人多遷徙
死亡籌牌遺失不全現已飭場招募舊時籌牌一概勿
用仍由場造具肩販花名冊呈送總局由局另換葫蘆

式様腰牌塡明年貎籍貫蓋用烙印爲記發場轉給以
別眞僞並傳齊向燒肩鹽各竈戸令其每出鹽一斤繳
捐錢四文查竈戸煎鹽一日計四千斤應令繳捐錢十
六千文一面飭知各場員將竈戸煎鹽盤數按旬申報
捐款仍由竈戸自解總局庶得有總匯免致散漫無稽

兩浙鹽法

續纂備考

肩鹽年額現銷三百二十引

原額六十道每道四引計二百四十引兵燹後加認二
十道共計八十道現在年額三百二十引以八百斤成

引原定課則每引計銀一錢九分四釐四毫㸌後改爲每斤繳錢四文按月由商繳場由場繳局經巡商呈報冊

住鹽

各縣商銷票引又名住引其於正引之地距場竈尙近而於肩引之地場竈較爲窵遠准令商人設店住買以便民食當商鹽捆運仍賫單引入場以符定例重修兩浙鹽法志

鹽釐總局議定章程向章住鹽出紹屬之金山一場運銷新昌嵊縣上虞三邑但向由曹娥蒿壩就近行走故歷來均在曹娥地方過稱現雖改票應仍舊辦理在於該

處設局委員監掣仍以四百斤爲一引但金山場竈距
新嵊上地頭不遠易於私販釐課似宜少減約計每鹽
一斤酌收錢八文責令於赴局領票時全數完納清楚
以免周折
紹所住鹽僅銷新嵊上虞等縣在曹娥地方過掣情形
與季鹽本不相同倘有認商承認祇須釐課有著應請
責成認商以免周折其原定每斤釐課錢八文不給滷
耗現擬責成認商將釐課完納原定耗錢即予免抽肩
鹽數目零星應按照每年額數責成竈戶收捐以免遺

漏以上兩浙鹽
法續纂備考

經巡商包課住買鹽店在本縣城中玉堂橋側

住鹽正額六百五十引又計丁加引一千四十一引其

餘引例無定額向由商人儘銷儘完不拘正餘每引完

銀一錢九分四釐四毫無論多寡隨時由商赴司完納

兵燹後改章每引完錢一千九百二十文每斤計錢四

文八毫額數則改爲每年一千引嗣於減課匀引案内

加認五百引復於乙亥綱起由嵊縣住引内撥來五百

引先後合計上虞住額每年定二千引以四百斤成引

除肩銷五鎮九都外皆行銷住引地界經巡商呈報册

季鹽

本場季鹽赴紹所掣驗融銷徽廣金衢嚴等處歲無定額

貧籌

上虞縣貧籌五十名

各縣貧難鹽斤向例老小年六十歲以上十五歲以下及少壯之有殘疾婦女孤寡無依者方准赴竈買鹽挑賣亦止許於附近場分地方肩挑背負易米度日鹽不得過四十斤人不得過五六名地不得過十里之外奸

鋪不得窩頓違者以私鹽論罪嗣因承平日久生齒漸
繁乾隆元年經大學士浙江總督兼管鹽政嵇曾筠奏
准照場分之大小銷地之廣狹設給木籌加有定額每
逢出退頂補由縣查驗取具保鄰各結退繳舊籌刊刻
新籌載明住址年貌由司申詳鹽政烙給所支鹽斤按
照定界零售乾隆四十三年奏請案内又將各地額數
聲明在案歷久遵行額定上虞縣五十名重修兩浙鹽法志

支買

上虞縣商肩票引於曹娥金山二場支買

嵊縣商銷票引於金山場買補

貧難鹽斤赴金山場支鹽以上重修兩浙鹽法志

現定商銷佳引在金山場東下團阮通祐並王恩王榮三

竈內支鹽配銷

肩販在百官團陳兆賢竈內支鹽

老小販二十六名在百官團陳兆賢竈內支鹽又老小販

二十四名在雁埠團阮敬德竈內支鹽每日於寅卯二

時憑籌赴竈支取以上經巡商呈報冊

例限

單引入場金山場五日

各按季掣引目先期編定鹽運司印給單引單內填註某年某季某所商人某上納某場若干引各商齎領下場買補單帖入場違限問罪爲限一箇月者引目沒官

各場稽賣文簿登塡申報扶捏者重究重修兩浙鹽法志

出場到所金山場限九日

各商在場買補旣足運鹽聽掣並以號票實塡出場之日爲始如到所違限三日以裏免究十日以裏問罪十五日以裏引鹽三分沒官二十五日以外引鹽全沒仍

究轉販情弊若該所塡報不實通同作弊者坐贓重究重修兩浙鹽法志

票引銷賣上虞縣限四日

票引一項卽明之大中小票也其銷賣限期舊鹺志開載每大票十票至十五票限二箇月二十日六十票至一百票限四箇月中票折半扣限至小票如仁和錢塘山陰上虞慈谿會稽鄞縣等縣定限四日蕭山餘姚奉化象山海鹽平湖等縣定限五日而餘縣不列焉又開載萬歷十一年鹽院孫旬案行凡小民願領小票者量

加寬限准於六日內銷繳　本朝改票行引因肩銷票引原以地近場竈私鹽熾盛不得已而行票使無業窮民領引納課收羅私販而悉歸於官故各販赴場支鹽許挑賣入戶自某日赴場起至某日止引上搭用木印立限如期繳銷毋許過違該場驗明日期不得混支兩浙鹽法志

肩老各販烙籌例定五年更換一次由肩引商人選舉結保稟縣加結詳充經巡商呈報冊

運鹽程途

金山場引鹽赴掣由曹娥江經錢清達新開河抵所凡二百五十里重修兩浙鹽法志

巡鹽關隘

金山場從石堰路經由上虞縣過壩出口最爲要隘團竈場員督役巡緝協同營汎稽查重修兩浙鹽法志

緝私

乾隆元年正月二十日奉　上諭緝私之禁所以除蠹課害民之弊大夥私梟每爲强盜逋藪務宜嚴加緝究然恐其輾轉株連故律載私鹽事發止理人鹽並獲

其餘獲人不獲鹽獲鹽不獲人者概勿追坐至失業窮黎肩挑背負易米度日不上四十斤者本不在查禁之內蓋國家於裕商足課之中而卽以寓除姦愛民之道德意如是其周也乃近見地方官辦理私鹽案件每不問人鹽曾否並獲亦不問販鹽斤數多寡一經捕役汎兵指拏輒根追嚴究以致挾怨誣攀畏刑過認干累多人至於官捕業已繁多而商人又添私雇之鹽捕水路又添巡鹽之船隻州縣毗連之界四路密布此種無賴之徒藐法生事何所不爲凡遇奸商夾帶大梟私販公

然受賄縱放而窮民擔負無幾輙行拘執或鄉民市買食鹽一二十斤者並以售私拏獲有司即具文通詳照擬杖徒又因此互相攀染牽連貽害此弊直省皆然而江浙尤甚朕深爲憫惻著浙江督撫嚴飭各府州縣文武官弁督率差捕實拏姦商大梟勿令疎縱其有愚民販私四十斤以上被獲者照例速結不得拖累平人至貧窮老少男婦挑負四十斤以下者概不許禁捕所有商人私雇鹽捕及巡鹽船隻幫捕汛兵俱嚴查停止毋得滋擾地方俾良善窮民得以安堵欽此重修兩浙鹽法志

乾隆元年六月戸部題覆大學士浙江總督兼理鹽政嵇
曾筠案內題稱商人自雇之商捕雖係私設奸良難辨
原應停止但此輩係壯健有力之人熟悉梟販往來蹤
跡每月工食幾及守兵兩分名糧一旦革除數千人頓
然失業情極無聊勢將轉成梟販誠有如督臣李衛所
云者臣參酌情事有官始有役商人固無設役之理而
縣役有限不能四處查緝商捕亦有難裁之勢查商捕
工食俱係商輸請嗣後將商輸銀兩按季交與該地方
官照數按名給發不許刻扣絲毫此項商捕改爲官役

卽令該地方官造入卯簿同鹽捕一體派差并不時約
束稽查如妄拏平人縱放鹽梟按律治罪等語應如所
請飭令各商將一切商捕報明地方官造入卯簿以便
約束至所稱嗣後商輸銀兩按季交與該地方按名給
發之處查此項銀兩向係各商自行給發今若責令交
官轉給未免紛擾且恐不無扣剋情弊應仍照舊例聽
各商自行交收又此項商捕係商人專爲緝私而設亦
未便同鹽捕一體派差致滋分身倘有妄拏平人縱放
私梟等弊一經察實卽行按律究治又稱水路之有巡

船猶陸路之有馬匹若無巡船則私梟揚帆飛渡兵役
在岸徬徨莫能追趕况兩浙引地瀕沙帶河巨梟積販
多係用船裝載尤藉兵役駕舟巡緝但向日巡船或係
商人承造或將所獲私鹽船隻撥結或係兵役自備均
未畫一易滋紛擾請將緊要水陸隘口必須巡船地方
令有司會同營汛逐一確查責商修整編列字號造册
通報存案以備巡緝之用所獲私鹽船隻俱變價解抵
功績亦不必令兵役自備致啟藉詞需索之漸至巨商
領運官鹽每有飛渡灌包夾帶情弊鹽引相離即屬行

私應令巡船兵役一體查拏交與地方官據實訊究按律定擬其人鹽並獲者亦交有司速審完結不得株連平人等語應如所請又稱巡查私鹽惟賴兵役若賞罰不當則兵役志氣易隳不克盡力巡查臣查閱舊案細加斟酌應以功過之大小定賞罰之次第請嗣後巡鹽兵役能拏大號海船人鹽並獲者將鹽船入官私鹽變價即於變價銀內賞給十分之四船鹽已經拏獲人被脫逃或未全獲者減賞一半鹽雖獲而鹽數無多者將鹽變價亦於變價銀內賞結十分之二獲鹽不獲人者

將鹽變價賞給十分之一如係兵丁拏獲全數賞兵捕役拏獲全數賞役兵役同拏各半均分倘兵役圖賞混拏官鹽誣指平人者照誣告例治罪見有私梟並不上前追獲者兵役各責四十板革糧革役受賄賣販者照枉法贓計贓科斷兵役自行夾帶私販及通同他人運販者照私鹽法再加一等治罪等語亦應如所請分別賞罰如有混拏誣指等弊應令敕明刑部按律分别究治奉

旨依議欽此重修兩浙鹽法志

上虞縣緝私巡丁向無定額兵燹後私梟充斥商人自備

巡費雇募巡丁或三十名四十名不等並由紹郡鹽釐總局派炮船二隻駐紮東鄉謝家橋幫同協緝近年私梟斂迹現雇巡丁十六名由司頒發腰牌年更年換並留炮船一隻駐紮原處經巡商呈報冊

謹案緝私之設本以裕課足商而商捕不法滋生事端亦往往爲民間之害恭讀乾隆元年

詔旨仰見

純皇帝明見萬里而窺法生事之弊無不在

聖明洞鑒之中蓋此輩皆市井無賴何所不爲上有商人爲

之庇護動以裕課為辭雖官府亦有時不能過問如虞邑巡丁之弊誠有不堪殫述者虞地逼近餘私巡緝固不可不力然苟於沿江一帶偵察嚴密何能入虞境一步故向例巡江而不巡村蓋巡江嚴則無由入村也乃巡丁舍此不問專以搜家為事見鄉愚之殷實者輒藉口搜私入室徧行翻檢雖內室不避雖深夜不顧偶見食鹽一二觔則指為私鹽即一無所得而若輩身邊原帶有私鹽帶私搜私理無不獲鄉民之畏禍者輒重賂求息或至破家蕩產誣服而後

已甚者且搜索婦女身畔以資調謔此固虞民所疾首痛心而苦無可訴者也今必欲因噎廢食弛緝捕之力勢固有所不可然誠守巡江不巡村之說止於江上嚴緝不入村以滋擾則私販既無從入之路而良民亦得安堵豈非計之兩得耶夫私之入村正由巡江不力所致至於私已入村若輩正有應得之咎尚欲肆其咆哮乎查律載妄拏平人者加三等治罪科條具在若輩亦宜知畏所願巡丁奉公守法而商人亦嚴加約束專事巡江則庶乎可以兩全今當修

志成時附著其說爲虞民請命或疑言之過甚而不知搜村之弊種種擾害其情形正有言之未盡者倘何過甚之有覽斯志者有以整頓而除其弊斯眞造福無窮矣

上虞縣志卷二十九

上虞縣志卷三十

建置志

城池 衙署附

上虞縣城　舊治在百官　據水經注○按水經注江水東逕上虞縣南條下引晉太康地記曰舜避丹朱於此故以名縣百官從之故縣北有百官橋又縣東有漁浦湖又縣南有蘭風山據是則縣治正在百官　唐長慶中徙今地　據太平寰宇記○按寰宇記云唐長慶初廢併其地入餘姚後復置移此理是今縣塙係長慶中徙也乾隆府志引嘉泰志云自唐永慶中徙今檢嘉泰志無此文且唐無永慶年號誤　縣舊無城　府舊志所稱縣城周一里九十步者　嘉泰會稽志云縣城周一里九十步高一丈七尺厚一丈見舊經　蓋縣治之衙城也元至

正二十四年方國珍據有浙東始建議築城東南平衍西北因山爲隍西南則跨長者山周迴十有三里高二丈有奇厚一丈五尺置樓堞通五門東通明南朝陽西晝錦北豐甯西南金罍其水門在通明晝錦金罍三門之側汪文景記略曰至正二十四年大尉方公與賓佐僚屬議曰上虞東連句章西阻娥江南蹹剡川北枕鉅海邊圉未甯實爲要害之地城池不設何以奠民居而固士志郎與弟知行樞密院事國珉率賓僚等來咨故實相近地以令役於近地之州縣餘姚奉國鄞慈象山定海並上虞爲八邑其役之贏縮則視田賦所入爲差惟上虞當六之一凡爲城十三里其址厚二丈有五尺五分其厚之四以爲城身之高十分其高之九以爲城面之廣其上則每二十步架樓櫓以宿巡警之卒其下則於四隅列營房以屯駐札之士纍甓爲障樹木

爲柵塹以深濠懸以飛梁守禦之具無一不備爲旱門者五爲水門者三門皆環石爲洞下闢重扉上屹層閣錮以金鐵絢以丹雘嚴嚴翼翼旣固旣飭而山川形勝爲之一新矣經始於是年之十月踰年而告成

至明信國公湯和徙上虞城石往築臨山衞城縣城惟存土基嘉靖十八年知縣鄭公芸因故址興役築城高厚視故稍增周圍共□□□百丈有奇內外俱甃以石仍置樓堞通五門改東曰啟文西曰來慶南曰百雲北曰叢桂西南曰通澤三水門如舊南城增便水門二以通百雲東西溪之水入城城下留馬路六尺內亦如之

邑人朱袞撰復石城記略曰唯嘉靖十有八年己亥春正月我邑侯莆田鄭士馨芸下令復石城故有址就其復於

隍者起之侵者歸夷者崇再旬而土功訖至於秋孟逎
外障以石堞其巔總高若干丈延袤十里許爲城門五
爲水門三上咸覆以屋穴水洞二引離坤二溪之流而
隍則外繞如故爲馬道外内惟周越明年三月告績始
戊戌之秋鄭侯更劇自松陽覽山川嘻曰壯哉邑乎吾
其何以乃詢猷於三峯山人山人曰惟令主利其次莫
若安嘗以水利議聞諸郡守湯侯矣鄭侯曰吾責哉舉
尤要者決河通江堤復沙湖冬逎續民相顧色喜鄭侯
曰釋城而安得乎山人曰恃陋不備其奚可蓋嘗按志
而著論焉顧其體大其復艱圖惟慎哉鄭侯退而條畫
林可材山可石陶可甓匠氏可工惟金奚出民兵歲募
可裁田丁歲需可通惟力奚征編戶以里起可周畚鍤
以時集可程神詮機運城屹然吾目中矣具請諸當道
得報可遂諏日告神鳩衆啟土合諸官屬分局董率躬
與諸僚幕日巡督之四望猝起鄭侯曰亟就其奚以永
逎改責諸殷戶九十九名諭之曰若等力宜任惟三歲
弗圮乃爾功否則罰已而更度易機櫛基纍石子遴家
幹斬焉成式而門匾尚虛鄭侯曰故題不當新乎山人

曰概以局殊名可義定東啟文西來慶南白雲北叢桂西南通澤兼寓期待云乃大書而顏諸楣輯轃觀望舉欣欣曰於曠哉斯復吾屬其永奠乎是役也費移之公而斂弗加勞分諸里而力弗困無昔者旁近之佐而計以裕慮不爲浮議所奪而績以底險設弗失其故而勢以劑非慮衷定命鰓鰓焉致勤於民曷觀厥成雖然險固設於周官而役非春秋所貴夫亦以禮義之防爲圖安之要辨名分嚴等威異物采銷侵僭斯則體險之大用草野揖讓羔羊委蛇固莫大焉茲鄭侯所習聞而尚焉者嗣今君子尙其無隳前績無專外圉以丕昭先民本末之義庶我邑永永有藉哉○以上均萬歷志

嘉靖乙卯丙辰間知縣張書紳復增修 謝讜記曰我皇祖混一區宇外服羣夷罔不讋若惟日本阻海爲險命湯襄武城沿海以備之澄謐歲久迺嘉靖壬子倭擾吳越閒殲我官吏掠我貨貝刳孕剁嬰有不忍言者是年陷黃巖明年陷鄞衢昌國爵溪又明年陷崇德繼而陷慈溪陷仙居其村聚成礫鄉鎮爲莽者又莫之紀常熟雨山張侯以名進

士令上虞適值其變雖德教以爲藩威武以爲屏而有形之險亦靡敢弛上虞故有城襄武徙以城臨山嘉靖己亥之歲虛亭鄭侯築如故侯閱而卑之且崩剝彌望守禦維艱遂與大夫士謀欲益卑以崇易圮以完謀既協請諸當道僉報可迺諏日起工始乙卯冬迄丙辰夏凡八閱月而功告集是役也費取諸公力均諸里横議不撓毅然獨斷既董率以身復選民之殷且能者若干人分董之用是亟底於績高二丈一尺延回一千五百三十丈有奇爲門五爲水門三亭樓輝峙雉堞皓飭凡我邑衆胥恃以無恐侯之功厥惟碩哉庸勒之石俾其光烈不朽云　是時倭寇臨城者三卒獲安堵據萬歷志參用沈奎補稿自

崇禎甲申三月聞變後江干阻兵横弁肆掠民無甯歲

國朝順治三年夏入版圖時故明餘氛未靖王完勳結寨大嵐山紛擾四出五年戊子春三月破縣城覩纂

司李劉方至死焉次年再入焚縣廨及兵營城市爲墟雉堞盡毁會平南大將軍金先檄援勦用土團子弟兵爲鄉道支黨以次就擒而完勳亦死丙申春餘黨投誠復叛居民逃避一空大將軍宜檄甯紹二府合兵勦蕩十五年部院李率泰檄行增雉堞高六尺凡一丈爲一堞開大隙可發矢銃又計遠近設有砲臺康熙志參乾隆府志康熙八年十一月知縣鄭僑重修浙江通志乾隆三十一年知縣冉士道詳請增修嘉慶志道光二十年英夷寇甯波上虞戒嚴知縣龍澤澔捐民錢詳請增修是時改西門爲鎮武北門爲靖

海咸豐三年署知縣林鈞設法復修備稿同治元年經粵匪竄擾城多坍壞署知縣祕雲書稟請擇要補修除罰款公款外祕令自行籌墊錢二百四十餘千同治二年署知縣翁以巽修五門營房八年知縣王嘉銓復籌資增修光緒二年知縣唐煦春蒞任稟請各憲奉批大修因設法籌資一千餘緡十一年署知縣王承煦復捐廉興修邑紳王濟清出己貲四百二十千有奇續修十四年知縣唐煦春復籌資修葺東城并五門營房十五年北城樓燬唐煦春又籌資重修據縣冊新纂

黄家堰巡檢司城　在縣西北七十里纂風鎮接會稽界爲方一百四十丈高一丈三尺厚二丈五尺南北環以月城城樓一窩鋪四女牆一百一十地下有池深一丈二尺廣四丈五尺舊在府城東北六十里黄家堰明洪武二十年徙瀝海所西爲海潮所齧宏治間徙今所故址尚存萬歷府志　國朝康熙間巡檢司裁城廢備稿

瀝海所城　在縣西北七十里接會稽界爲方三里三十步高二丈二尺厚一丈八尺城門城樓角樓敵樓月城各四池深一丈五尺廣五丈五尺兵馬司廳四窩鋪十

六女牆六百十一墩臺四萬歷府志○按城爲洪武二十年湯和建會上分轄會稽管轄西北二門上虞管轄東南二門國朝雍正八年檄署會稽縣知縣楊沛重修浙江通志

廟山巡檢司城　舊在餘姚之廟山明洪武二十年徙上虞五都之中堰東南去餘姚六十里方一百四十丈高二丈五尺厚二丈二尺城門一城樓一月城二窩鋪四女牆一百一十萬歷府志今圯乾隆餘姚志

公署

縣署　由秦漢至六朝皆在百官按名勝志本司鹽都尉治唐長慶中

移治今所宋建炎己酉火於金人紹興中知縣趙不搖
重建廳事額曰公生明兩廡爲吏舍常平貨帛庫在焉
祠後知縣陳炳建左軒曰懷古北曰騰笑其南有圃北
有蓮花池知縣趙希惠於圃中建瑞豐堂池上建信芳
堂知縣袁君儒於東南地垣上建亭曰千巖勝概又移
閒居於北圃額曰月庭嘉定己酉按嘉定無己酉疑癸酉之譌知縣
樓杓闢縣廳西北爲圜扉西廳曰種德東偏爲恕齋又
於縣南通衢作南門牓曰上虞縣樓更鼓其上謂之衙
樓嘉定癸未大風圮壞淳祐丁未知縣魏珉重建其西

臨河建觀風亭景定辛酉知縣廖由建思政堂按舊志廖令建堂在陳令建軒上咸淳乙丑攝縣事王瑹建對峙二亭時代乖舛今正左曰詔令右曰敎條景炎丙子按舊志作元至元張世傑潰卒奔玉山故婺寇經剡而來剽掠縱火邑居燬典籍碑志化爲灰礫縣官僦民居視事元至元甲申監邑烏馬兒尹展熙重作廳事額曰公明堂外翊門廡又以出入路紆折西南因縣南新衢展而甃之行者便焉戊子監邑火儞赤尹李文道建道愛堂於公明堂後邑人陳自立記略至元甲申忠翊校尉監邑火儞赤莅邑之四年政成人和作堂於廳署之後明年夏訖事取言游述孔子語額曰道愛

余謂吏之近民邑爲最其道固易行其爲愛亦易溥然道本大公愛非小惠能以道溥愛庶幾哉武城之政矣縣自有虞氏支庶誕封厥繇姓著帝風渾灝式克至今治事在蘿巖之陽抗山負海宋紹興始庀而大之丙子春燬於兵槭棘蔽翳故老蠹然前任烏馬兒肇新蒞事之所廡翼矣門閎矣將退食燕息則地闕弗稱忠翊下車撫兹蕞殘以煦以濯保障繭絲弗亟弗弛而人戴之不啻父母道化之效有不期至而至者忠翊猶不遑曰民吾知也不吾釋也何以慰他日桐鄉之思乎乃諗於尹李文道相與經工掄材考極相方夷址之窪爲屋十有四楹位置面勢悉還其初而開爽闓燠顯敞靚深視昔倍蓰凡匠石瓴甓板幹之費捐俸不足義助於邑士毫不强取於民使客迎勞授館如歸議政獻酬班坐有序宴乎其在此堂也夫而後優游道化由斯堂以出者其起四境之絃歌又可想矣故爲之記

辛卯主簿余自明移譙樓於儀門

前監邑瞻思丁始制刻漏其上元楊彞有壺漏銘載金石作東廳曰

博愛堂郎慕廳繼額曰自考後額曰贊政後圮後至元中尹智紹先視譙樓傾頹更新之而刻漏無存尋繕拜墀甬道門廡賓館倉庫郵傳戒石亭綽楔臺門庖湢犴獄中霤之祠凡宜有者略備明初重搠正衙於道愛堂後郎協恭堂門臺前廳後寢翼以兩廂後搆四知軒於東荷香亭於西後崇土墩以地脈所來也洪武中知縣張易按職官表作張翼於譙樓南浚放生池橋其上皆甃以石東西搠旌善申明二亭旌善亭書孝子順孫義夫節婦凡爲善者於上以示勸申明亭書有過犯惡逆重罪者於上以示懲宣德庚戌縣廳圮知縣吳倖重建立儀門兩廡作六房置吏

舍於西廡之西左庫曰耳房在廳事東收貯官銀右庫
曰架閣在廳事西後皆因之邑人張居傑記略宣德戊申富陽令吳侯俸調宰上
虞顧聽政之堂傾圮歲久謀諸僚佐各捐俸屬醫學訓
科貝宗瑾掌其出納鳩工興役卽故址上畚以沙礫繚
以垣墉營構正堂三間前後爲軒左右翼以兩廂閎偉
壯麗規制合度計役若干自是聽政有堂燕息有室禮
賓有館視昔殊備矣經始於宣德庚戌九月落成於辛
亥三月邑之士民請余識其事余邑人也奚容辭故爲
之記侯字以廉雲間人成化甲午復圮辛丑知縣邢昊重修新昌俞欽
記略邑治舊在百官爲江潮衝激唐長慶間徙今地歷
年六百餘廢興不知幾矣自宣德辛亥吳侯經營改作
規制略備至成化甲午復圮視事者就燕處之地等威
莫辨歲戊戌邢侯昊來任慨然有修緝意首捐俸爲創
發公帑羨餘勸民協助鳩工市材經始於成化辛丑冬
十月明年秋七月告訖時僚佐皆缺侯獨任之鞭撲不

加而功底完美可無紀乎侯字仲高雲間人丙子鄉貢進士正德中知縣陳言按職官表作陳賢額廳事曰牧愛繼額曰忠愛曰節愛今面南改曰實心實政前軒曰青天白日曰天監在茲廳事前甬道中仍立戒石亭刻宋眞宗命黃魯直書孟昶語曰爾俸爾祿民膏民脂下民易虐上天難欺

舊譙樓搆以木正德中知縣伍希儒始伐石疊基作洞門丙子知縣劉近光復搆重樓於上會稽董玘重修譙樓記略上虞故有譙樓實維縣外門久而圮前令伍君汝員疊石爲基營搆未畢而召爲御史以去今令劉君汝敬繼之爲樓五楹周以闌檻高廣與基稱材取諸羨力取諸隙無廢前功無後後觀經始於正德丙子春至明年丁丑秋而落成夫事有似緩而實急觀人之政有於其細而徵其大者過其境而田萊辟入其邑而牆屋固宿其郵而更鼓

明此昔人之所以觀政而齊之李崇宋之張希賢皆以善政載在國史所謂於其細而徵其大者然則茲樓之作可以徵君之政矣記之固宜縣有百樓山層巒複嶂若樓然者在其南與樓相値雲氣異物恍惚萬狀俯瞰清池倒影浮動而廛闠分布沃野長袤河流隱見皆在履舄之下所謂居高明遠眺望亦爲政之助故附書之君名近光與伍君皆起江右進士伍君名希儒汝眞汝敬皆其字君樸而有文敏而有執試之令者如此其名位未可量云

嘉靖乙酉知縣楊紹芳因縣衙衢口舊坊基建承流宣化坊又置仁育義正坊於東西乙未六月火知縣張光祖移坊於放生池前易以石額曰宣化辛酉知縣李邦義重建土地祠於儀門外左禮賓館於儀門外右額曰親賢堂堂之前爲犴獄對獄爲總鋪設重門於

譙樓之東縣治前直南爲接官亭額曰臨洋駐節在運河邊即宋觀風亭元以其故址爲曹娥站水館至明洪武初改今名亭後設照牆對縣治衙後有巡更路一帶設更舖二間巡警者遞換止宿萬歷戊子知縣蔡俶逵以縣治儆壞選耆民十六人發贖鍰修治凡正廳儀門譙樓左右兩廊悉爲重新閱十月功竣無何兩廊燬於火壬辰知縣楊爲棟復捌併修縣治邑人顏洪範記略夫廊堂之翼也所以崇上飭下嚴制而集事也虞治故有廊歲久傾圯一旦又不戢於火綦江楊公來令意無先是役者而公曰令以親民吾民內不飽半粟而外迫於前後公賦之不辦何廊之爲日孜孜圖治若弗及且公以覲行矣明年壬辰公以受計還虞適有旱魃憂乃觸烈日徒步行七十里雩龍於雞山龍爲見旋雨霑足其

年遂爲有年公始欣然曰廊事可稍稍起矣費罔公帑力罔私藉其人相偶其序相繩不再閱月而廊成諸僚屬相勞苦楊公喟然歎曰夫孰有先是役者而吾爲因循至今不忍以翼如之廊重困吾民也然終不可以無廊故以所仰屋而思持籌而計者若而宵卽庇有材鳩有工矣而又破耗息惕之是虞所左目案牘而右目攝作前語折獄而後語度工者若而旰而今始有成廊也且是役也固他旁邑所咄嗟而就者而余獨拮据甚焉夫亦爲虞難乎余重有感於楊公之所爲特爲紀其始末且俾後有嗣公而至者倘亦不藐茲翼如之廊而曰固他邑所咄嗟而就者庶不負我楊公拮据之思乎而於吾虞亦有賴哉楊公字伯隆萬歷己丑進士丙申遷水部郎去士民思之立碑儀門之左詞曰温温其度確確其守賦簡刑清民肥吏瘦士安於校農狎於畝善類楊眉黠魁斂手召杜齊名循良稱首　丙申秋知縣胡思伸繼之莅任幾八年旋壞旋葺以非大役故不著述末年新甃照牆於放

生池前以重屏蔽甲辰知縣徐待聘以土地祠湫隘譙樓敝壞各更新之又移耳房於協恭堂左建收糧房於儀門内萬歷志歲久材木朽蠹國朝順治丙戌知縣朱應鯤鳩工更新甫成戊子三月山寇入城燔燒一空自是廳事鞠爲茂草譙樓圮壞僅存廢址康熙庚戌知縣鄭僑鳩工興作自堂徂門迄於麗譙材用瓦甓悉捐清俸勸助樂輸佐以罰鍰不踰時而集公堂峻塏門庭軒朗譙樓翼翼復搆二堂以爲退思之所建兩廊俾胥吏承事康熙志道光己亥署知縣龍澤滺重修譙樓額曰藝

春備稿咸豐辛酉粵匪之變全署被毁同治乙丑邑紳谷南林捐建儀門三間戊辰知縣王嘉銓籌捐建復大堂三間東西廡列曹吏科凡二十六間又西爲自新所三間大堂前儀門左右待質公所合七間又前東爲土穀祠二進各三間西爲蕭公祠三間又前爲譙樓五間樓更鼓其上大堂後爲宅門門內二堂三間前列耳房東西各四間又東爲土地祠三間又東爲庖湢所四間三堂三間前列耳房東西合五間堂之西廂房一間又西爲花廳三間廳前濬池廳後書室三間堂之東爲書房

四進各三間堂後爲內宅五間前列耳房東西各二間用錢一萬六百餘緡邑紳連仲愚董理之○據縣册新纂○元余自明縣治譙樓詩笑敵危樓對廣庭碧欄四繞映朱甍前瞻秀嶂千屏列俯瞰清池一鏡横已喜漏壺無斷續何愁更鼓不分明蒙頭正少黄綢被肯使萍鄉擅美名

儒學教諭署儒學訓導署詳見學校

縣丞署　在縣署西南其廳事曰見山堂堂後有自公軒軒後有池池上有簡靖軒宋丞范承嘉建按職官表作范承棠西軒曰日哦丞張嵒建按職官表作張偘西南有池池上有野航亭丞周大受建元至元壬午汰冗官裁丞明初復置署

在縣署東稍北門廳寢室廂房俱備後圮萬歷志國朝康熙庚戌丞王衡才重建康熙志○浙江通志云鄭僑重建咸豐壬子丞趙景銘重修備稿辛酉燬同治戊辰知縣王嘉銓籌捐建復用錢二千八百餘緡據縣冊新纂志

主簿署　在縣署西其東序曰容齋萬歷志後爲典史署嘉慶志

典史署　在縣署西南卽宋元尉司詳見古蹟尉司條下明初在丞衙南麗譙樓左門臺廳事寢室廂房俱備萬歷志後移居簿署歲久頽廢國朝康熙丁未典史張鳳麒捐俸重

修康熙志咸豐辛酉燬戊辰知縣王嘉銓籌捐建復用錢三千餘緡據採訪冊纂

監獄舊在署東道光間邑人王之楨稟縣移建於西咸豐辛酉燬同治甲子知縣翁以巽建復新纂

城守營署在縣治東南乾隆府志舊向北道光甲辰駐防俞國耀改建南向備稿咸豐辛酉燬同治丙寅知縣王嘉銓捐集民貲癸酉知縣李世基建復新纂

曹梁汛署在曹江西今圮新纂

布政分司署在啟文門外即南司明嘉靖以倭患燬知

縣熊汝器重建並於署東建振武亭萬歷志久廢康熙志

按察分司署　在縣治東北一百步即舊北司元季方國珍行府明初知縣趙允文改爲司萬歷志久廢康熙志○明徐待聘曰仁人與民休息傷財動衆固所深念然自有不容已者如虞之北司是已邑爲浙東孔道舊有南北司一在郭外一在郭內爲往來停驂之所今存者僅郭外司耳而湫隘不雅觀或一旦使節並臨何以館之非儆駐民居必憩息蕭寺其亦守土者之責歟余嘗欲復北司又以絀於物力輒爲齟齬雖然公家興作之費非能天雨非能鬼輸苟非循吏民之受其朘削者實甚多也奚必加賦且亦未有不加賦而用足者也靈臺靈沼聖王猶不免勞民況末世乎彼爲名高者特末之深思耳若曰取辦於贖鍰民又何辜焉因時通變亦俟後之舉墜者而已

金山場鹽課大使署　在十都百官市　國朝乾隆五年
設嘉慶志

梁湖巡檢司署　在十都百官市舊在梁湖明洪武戊寅
江潮衝圮移置萬歷志

黃家堰巡檢司署　在七都會稽延德鄉界舊在八都黃
家堰萬歷志　國朝康熙二十九年裁嘉慶志

廟山巡檢司署　在五都近夏蓋山萬歷志

娥江分署　在曹娥驛西明萬歷十二年知縣朱維藩建
三十三年知縣徐待聘重修萬歷志　國朝康熙間復廢

新纂

衙東公館　在縣東一百步城隍廟東側久廢至萬歷間知縣徐待聘卽其地剏建文昌閣萬歷志國朝康熙間復廢新纂

衙西公館　在縣治西南　國朝咸豐辛酉縣署燬同治丙寅知縣王嘉銓籌款購民房爲辦事公所戊辰縣署建改爲公館光緒辛卯改爲積善堂新令蒞任仍得暫憩新纂○詳見義產積善堂條下

通明會館　在縣東門外三里爲送迎駐節之所明萬歷

甲申知縣朱維藩即故址重建辛丑知縣胡思伸重修

門臺東西有撫院劉及令胡捨學田二碑萬歷志後館廢

碑尚存嘉慶志

鵝山公館　在蒿壩南已廢遺址尚存萬歷志

梁湖接官廳　在十都外梁湖咸豐辛酉燬光緒丙戌知

縣唐煦春建復新纂

停艇亭　在縣治南運河北岸即明接官亭故址光緒丙

子知縣唐煦春重建額曰停艇爲往來泊舟之所新纂

上虞税課局　在縣南一百步元時不立衙宇明洪武初

建弘治間圮局官居無定所嘉靖壬辰裁課附本縣其址改建陰陽學萬歷志

三界稅課局　在上浦嘉靖間裁其址爲張神殿萬歷志○案嘉慶志云舊在嵊邑都界

五夫稅課局　在縣北三十五里五夫市即宋戶部五夫坊賓馬渚酒庫元改爲稅務設提領大使各一員攢典一名月辦中統鈔一十一定四十七兩二錢歲該一百四十三定一十六兩四錢直隸總府明改稅課局廳軒門臺俱備大使司吏攢典各一歲辦課鈔一千七百九

定九百九十文後裁課附本縣正統志

河泊所　一在十都百官市一在通明門外俱洪武間設其在通明門外者隨設隨廢其址爲南司其在百官市者嘉靖間裁魚鈔歸縣萬歷志

演武場　在縣治東舊北司右萬歷志

陰陽學　在縣治南一百步即稅課局故址嘉靖乙未知縣張光祖拓侵地改建已廢僅存空地萬歷志

僧會司　在等慈寺萬歷志

道會司　在明德觀方丈萬歷志

上虞縣志卷三十

建置志一